目　录

导　论

1937 年 7 月，中日军队在北平（现在称北京）郊外卢沟桥发生的小规模战斗升级为全面战争，抗日战争全面爆发。为确保日本在伪满洲（中国的东北三省）地区的经济特权，1931 年日本军队占领了这一地区，自此之后中日之间的紧张局势不断加剧，而"卢沟桥事变"则引爆了这种紧张的局势。最初，中国的国民政府奉行绥靖政策，而这种不抵抗的立场激怒了许多将日本侵略视为国耻的爱国人士。然而，国民党当局及其领袖蒋介石却把消灭中国共产党作为第一要务。蒋介石本人也直至在被赞成"安内必先攘外"的己方军队软禁之后，才开始同意与共产党一起建立抗日民族统一战线。1937 年的冲突爆发后，国民党当局决心不再让步，于是中日两国走向全面战争。激烈的战斗和包括 1937 年 12 月的南京大屠杀在内的恐怖暴力活动，都标志着日本对中国发动了全面侵略。不足一年的时间，国民政府就已处在崩溃之边缘。

1938 年 6 月，蒋介石命令国民党军队炸毁地处华北的河南省黄河南岸大堤，希望能够以此阻止日军的进攻。由于夏日的雨季尚未到来，黄河浑浊的河水还未涨起，所以起初河水流动缓慢。但是，随着汛期到来，水流开始持续不断地涌出大堤缺口，朝东南奔流，从而切断了日军行进的道路。但是，炸毁大堤这件事情，其实仅仅只有事发地附近的居民接到了政府当局的通知。平坦的冲积平原遍布于河南东部的村庄和田野，随着大雨倾盆，河流奔流直下，洪水在大地上漫溢肆流。此时，恰逢农业收获季节，地里的小麦要么已经成熟，要么刚刚被收割，正在等待脱粒。村民们犹豫不决，他们极不情愿放弃他们的作物和土地。一些村民试图通过修建和加固堤坝来保护他们的土地和房屋，但当洪水真的来临时，很多人还是决定逃离。那些还没有被彻底吓坏的人们，则把他们的财产堆在小推车和牛车上，或者扛在肩上，然后加入了长长的难民队伍。人们竭力营救孩童和老人，保存工具、牲畜、谷物和其他物品，然而他们并没有足够的时间来挽救一切。许多人死于洪水，而在随后的数月和数年时间里，更多的人死于疾疫和饥饿。不过，黄河改道却阻止了河东岸的日本人，使之放弃了向西进军，位于郑州的铁路枢纽也暂时安全了。武汉，这座在南京陷落后国民政府的临时首都，也暂松了一口气。[1]

　　黄河的战略性改道也许是世界史上最具环境破坏性的战争行为，它使长期建设的水利系统陷入一片混乱，由此引发的洪水一直持续到抗日战争结束后。战争期间洪水导致河南、安徽、江苏三省数十万人死亡，数百万人流离失所。[2] 1942—1943 年，更严重的灾难袭击了河南，与战争有关的洪水、厄尔尼诺现象、交通中断和中日军队的粮食需求，在该省引发了一场极其严重的饥荒。约有 200 万人死于这场饥荒，与大体同时发生的孟加拉大饥荒的死亡人数几乎相同，此外还有数百万河南居民为逃避这场生存危机而流徙他乡。[3] 正如本书所示，如何应对洪水和饥荒所产生的后果，成为战争年代不同时期分据河南的各种政治力量——国民党、共产党、日军及伪军——竞争的焦点。本书旨在通过考察战争引发的灾害及其后果，加深我们对军事冲突和自然环境之间相互作用的理解。

将战争与环境联系起来的研究已经发展成为环境史领域成果丰厚的分支。这项研究把军事冲突的生态后果作为人与自然关系演化的核心要素予以考察，既从战争作为一种塑造环境变化的独特力量的角度把握其重要性，也关注环境在塑造战争中所扮演的角色。环境因素塑造了士兵与平民的战争经验，同时战争和军事化也改变了人们一直以来与环境的关系。[4]

历史学家同样强调了现代中国政治、经济和文化对战争和军事化的决定性意义。[5]第二次世界大战期间激烈的中日冲突（中国人多称之为"抗日战争"，以下也都称为"抗日战争"[①]），已经引起了极大关注。[6]但正如罗芙芸（Ruth Rogaski）所指出的，对 1937—1945 年中日战争的环境影响的研究有些"姗姗来迟"。[7]这一观点其实更适用于历史学家关注更少的有关国共内战（1946—1949 年）的研究。

尽管有关战时中国的军事史和政治史总是提到 1938 年黄河决堤和 1942—1943 年河南饥荒，但都是一笔带过而已。本书将从环境史的角度深入研究这些事件，为这些事件以及事件背后的军事冲突提供新的解读。战争如何影响中国的环境？又如何影响人们与环境的互动？战斗以及由此造成的混乱对动植物群落和土地造成了什么样的直接影响？战时动员对资源的调配给环境带来了何种影响？战争的生态后果如何改变了军事和政治背景？战争的环境

---

① 本书中如无特殊说明，"抗日战争期间"均指代 1937—1945 年的全面抗战时期。——编者注

影响会持续多久？本书接下来的阐述将试图回答以上这些问题。

鉴于中国广阔的地理范围和丰富的生态多样性，任何对抗日战争时期中国的环境史及其影响的重要研究，都必须从局部甚至是次局部范围着手。因此，本书将以河南地区的环境与抗日战争之间的相互作用为论述中心。1938 年至 1945 年河南因遭受战争所引发的生态灾害，生动地表明了人工水利基础设施和农业生态系统在暴力冲突期间的脆弱性。有关河南农村人口如何渡过这些大动荡的研究，通过呈现战争及其生态影响之间密不可分的关联，增加了我们对 20 世纪中国所经历的复杂而多面的军事冲突的理解。黄河与其他地方的环境特征，以及中日军队之间的冲突，共同塑造了河南农村人口的战争经历。有关战争的环境史和社会史常常会互相交叠，而这也使我们有必要反思它们之间的界限。

在抗日战争期间，河南是中日双方激烈交兵之地，遭受的人为环境破坏不亚于中国其他任何地区。由于日本入侵，以及与战争有关的洪水饥荒共同造成的创伤，河南的难民人数远远超过了其他省份。从 1937 年到 1945 年，河南约有 14,533,200 人（占战前全省人口的 43%）至少在一段时间内沦为过难民。[8] 本书评估了河南战时生态灾难的深远影响，以及由此导致的人口迁移。[9] 本书关注的空间主要是豫东地区，这片地区在战时遭受了洪水和饥荒的冲击。本书的大部分研究集中在河南的郑县、中牟、尉氏、鄢陵、太康、扶沟、西华、淮阳、鹿邑等县，同时也关注到其他县。从 1938 年开始，到 1947 年黄河重回故道，这些地区一直都是河南黄泛区的中心。战争年代数十万遭受洪水和饥荒的难民逃往河南西边的陕西省，基于这种情况，本书的叙述也将跟随上述诸县的难民转移到陕西。

军事化景观中的能量学

为了将战争、洪水和饥荒联系起来，本书采用追踪社会和环境之间能量流动的方法，分析战争期间河南的生态灾难及其所带来的后果。[10]生物的新陈代谢转化能量和物质，使生命系统（无论是有机体还是更高等级的生态系统）能够维持存续、生长和繁衍。社会经济系统同样依赖能量和物质的流动来维持其内部结构。人类社会通过开发各种能源，改变土壤、水源，培育和驯养植物和动物，以满足其自身需求。"社会新陈代谢"的概念是比附有机体的生物新陈代谢而来的。不同于生物学概念，这种社会生态概念将能量和物质流动与社会组织联系起来。社会经济领域的生产和消费系统存在着跨时空的分野，不同系统中可利用的资源数量，及其物质构成和来源也各不相同。而这种方法不仅能够分析不同空间和时间功能下社会新陈代谢的模式，同时还能够考察它们对环境的影响。[11]这是一种关注能量流动的研究方法。它把人类社会嵌入更大的有机系统中，进而可以在那些通常被历史学家视为毫无关联的事件之间建立起清晰的联系。这种研究框架并非人为地分离社会经济和生物物理过程，而是强调社会、军事系统和环境之间的相互关联和依存。

军队像所有的社会经济系统一样，也具有新陈代谢功能。所以，正是自然界的能量才支持了战争。与所有工作一样，战斗和备战都需要消耗和利用能量。人员、牲畜、机械、原料、后勤网络、工程设施和许多其他要素的集合构成了军队。没有来自环境的能量输入，任何军事系统都无法运转。军事系统从环境中获取食物、燃料、建筑材料和其他资源，并且向环境中排放废物。本书分析了抗日战争期间河南发生的能量流动变化，并且描述了由它引起的大规模生态混乱。聚焦能量及其变化，比割裂"人"与"自然"，更有助于我们理解战争与环境的联系。同样的能量既造成河水流动又驱动人类活动——包括发动战争，所以如果我们可以从能量角度思考，那么，将黄河作为军事冲突的历史参与者就变成了可能。

大部分采用新陈代谢方法的环境史研究，都试图量化整个社会尤其是工业时代的能量和物质流动。相比之下，本书把新陈代谢作为概念模型，这可以帮助我们从环境维度更好地理解战争和军事化。本书的研究以能量和能量流动的观点为中心，认为军队和社会的新陈代谢决定了指挥官的选择、地方社会的命运和环境变化的过程。这个分析框架有望适用于其他时期和地点发生的有关战争的环境史研究。尽管具体细节上有很大不同，但是，承认自然界的能量对所有军事冲突而言居于首要地位，可以为比较研究开辟新的道路。

我们通常将能量定义为做功的能力。所谓"功"，就是力作用在物体上，使之发生与受力方向一致的位移。移动物体意味着做功并消耗能量。所消耗能量多少取决于物体的大小、移动距离以及遇到的阻力。能量的呈现有多种形式，所有形式都有可能产生功。我们获取更多的能量并更有效地利用它，使其可以做更多的功。在这个星球上，主要的能量来源是太阳。太阳能在各个层面推动能量转换。光合作用即是植物吸收和储存太阳能，将其转化为化学能的过程，这对地球上的生命至关重要。正如埃德蒙·伯克三世（Edmund Burke Ⅲ）所解释的那样："所有复杂的生命形式都涉及获取储存于植物中的太阳能的方法。人体的新陈代谢使我们能够通过食用植物直接地或通过食用动物间接地获得这种能量。在复杂的生命形态中，只有人类已经拥有了储存和利用太阳能的方法。"[12]

能量流动遵循两则定律。首先，热力学第一定律指出，能量可以从一种形式转变为另一种形式，但不能被创造或消灭，且能量转换前后总值保持不变。[13]其次，热力学第二定律规定，每当发生能量转换时，其中部分能量就会转变成热量。能量转换永远不会百分之百有效。一些能量总是变成热量并消散到环境中。如果没有能量从集中状态降级成更为分散的状态，能量转换就不会发生。复杂实体运行涉及许多能量转换，一些能量被用来做功，一些则变为热量。转变为热量的能量仍然是能量，但不能再用于做功。能量总量守恒，但其性质并非如此。能量转换链不断延伸，有效做功的潜力不断下降。"熵"[①]这个概念就是被用来衡量有效能量的耗散程度的。

所有的复杂结构都需要从环境中输入能量，以维持其组织形态并保持其运行。在封闭的系统中，由熵引起的能量耗散将导致其复杂性丧失，造成更高的同质性和更多的无序性。然而，实际上，大多数能量转换都发生在与周围环境相互作用的开放系统中。复杂实体通过输入和代谢能量暂时抵抗熵。它们出现于一种在环境中被用来做功的可用的自由能量和释放的熵之间的平衡之中。优质能量的输入使复杂结构能够抵御内部的衰变。在这个过程中，他们也会散发出大量热能，总体上增加熵（损耗）。生命体作为复杂系统，需要保持持续的能量流入和流出。新陈代谢使生命体能够通过从环境中吸取能量来避免衰变和保持活力，但他们维持其

---

① 熵：热力学中表征物质状态的参量之一，用符号 S 表示，其物理意义是体系混乱程度的度量。——编者注

结构的代价是熵对周围环境的影响增加。[14]

为了更好地从环境维度理解战争和军事化，我们应该考虑能量如何转换为军事用途。军队可以被看作是一个有机的系统，它不断地与环境相互作用，参与能量和物质的转移。军队必须不断寻找新的有效能量来源，并开发更有效的机制来操控大量的能量流动。军事系统作为复杂的社会组织，需要通过汲取自由能量来运行并维持其内部组织，同时通过熵（耗损）来释放低级能量。

维持"军队新陈代谢"的能量形式是极为有限的。这些有限的能源也同样被利用于其他的复杂系统，包括农业生态系统和水利网。当它在不同的空间范围传递时，能量的形式也会有所改变。但是因为能量的总量守恒，所以，战争和备战占用能量必然导致其他方面失去能量。即使战争和军事化推动经济部门开发出了新的能源形式，他们恐怕也无法将这些能源用于军事之外的目的。军队必须为获得战略优势以及获取驱动新陈代谢的能源而奋斗。军队越能搜集、储存和调配能量，他们就越有潜力进行有组织的暴力、胁迫和破坏。军事系统利用有限的可用能源来维持自身运转并实现扩张。此外他们还释放热量、造成污染并且排放其他废物。应该指出，这种耗损发生在生态系统的层面，也发生在人体的损耗上。建立复杂的军事结构并扩大其作战范围，增加了（我们所赖以生存的）环境的混乱、无序和退化。

本书采用的以能源为中心的方法是对其他关于战争 – 环境关系的研究方法的一种补充。例如，埃德蒙·拉塞尔（Edmund Russell）认为把军事补给链比作食物链进行分析，将"有助于我们发现军队与平民、农业以及自然系统之间那些间接的、隐藏的却绝对有必要的联系"。拉塞尔指出，对食物链的思考表明"军事化景观的地域范围远远超出战场和基地，它随着补给链地延长而越来越广"。[15] 对生态学家来说，营养层级金字塔代表着食物链中不同生物的作用。在陆地生态系统中，植物处于最底层，食草动物次之，而食肉动物则处于最顶层。"每个等级的物种不仅直接依赖他们下面的一个等级，而且依赖处于他们下层的所有等级——尽管随着食物链延长，较高等级对较低等级物种的依赖性变得不那么明显。"[16]

虽然拉塞尔没有详尽阐述这一点，但值得强调的是，营养层级金字塔在食物链的每一环节都反映了生产者和消费者之间的能量转换。正如他解释的那样，"金字塔的宽度代表生物量（生物的重量）①。将能量从一种形式转化为另一种形式总是要以能量损耗为代价的，因此每个等级的生物量必须始终低于它的次一等级"。[17] 拉塞尔将营养层级金字塔模型有效地应用于军事化的生态影响："从最底层级开始，我们可以依次标记为自然系统，农业系统，政治、经济和技术系统，以及军队系统。"维持军队有赖于政治、经济和技术系统。"尽管不那么明显，但军队同样依赖于支持政治和经济系统的农业和自然系统。此外，由于每个等级必须获取比自身更多的生物量才能生存，军事消耗的影响会随着等级下降而扩大。这意味着军事化在变得越来越不明显的同时也变得越来越普遍。"[18] 如果我们要充分理解战争和军事化对生态的影

---

① 生物量（biomass）是生态学术语，或对植物专称植物量（phytomass），是指某一时刻单位面积内实存生活的有机物质（干重）（包括生物体内所存食物的重量）总量，通常用 kg/m^2 或 t/hm^2 表示。植物群落中各种群的植物量很难测定，特别是地下器官的挖掘和分离工作非常艰巨。出于经济利用和科研目的的需要常对林木和牧草的地上部分生物量进行调查统计，据此可以判断样地内各种群生物量在总生物量中所占的比例。——编者注

响，就需要探究食物网金字塔各个等级之间的能量转换。

为了将"战场之外"的战争环境史扩展到"战争深刻影响下的半边缘地区"，马修·埃文登（Matthew Evenden）分析了商品链——"商品从生产到成品的过程中所涉及的劳动以及在这个生产过程中所涉及的种种联系"。[19] 正如埃文登对第二次世界大战中铝生产的开创性研究所阐述的那样，"商品链没有将第二次世界大战的环境史分割为一系列国别史，而是在各地之间架起桥梁并在几个空间尺度上把社会和环境变化联系了起来。因此，商品链提供了一个有效的视角，帮助我们理解远距离间的战争动力和环境变化"。[20] 埃文登的方法考察了一些新生生产地区的发展，军事行动保卫了这些地区的重要商品链，同时，这些具有重要战略意义的过程对环境又产生了的反作用。正如埃文登所表明的，战争期间扩大铝生产增加了环境影响的性质和范围。[21] 商品链研究表明"在第二次世界大战中，人类前所未有的收集和散布物质的能力，给人类和环境造成了难以言喻的影响，也将那些此前没有必然联系的地区联系了起来"。[22]

商品链作为一种探讨战争与环境之间联系的概念框架，与本书研究——关于抗日战争及其在河南的影响的话题——所采用的分析模式颇为契合，只不过本书更关注的是能源转换，并以此考察战争和军事化的生态维度。就我们的目的而言，最为重要的是，战争期间铝商品链的扩大"需要大量的物质和能源投入"，而这些投入需要来自世界不同地区的技术，从热带土壤开发技术到用于水力发电的水坝建设。另外，还有一点需要注意，那就是"供应链中的这些关键环节是由化石燃料的长途运输系统联系在一起的"。[23] 商品链，像新陈代谢的概念一样，使我们对一些问题更加关注，比如：军事系统是如何获取生存和运作所需的能源和物质的？这些能源和物质的流动又给环境造成了怎样的后果？本书的研究从埃文登和拉塞尔提出的框架中得到启示，以能量转换的视角，从环境维度来更好地理解第二次世界大战的历史。

能量和力的释义

我们不需要照搬热力学和生态学的术语去分析历史档案。事实上，真正引起我关注的是，战争期间有关河南的资料里出现的一些有关能量的特定用语。1937—1945 年中日战争的亲历者反复谈论与我们现在提到的"能量"形式相近的话题。只不过他们叙述时是按照自己的方式，使用自己的概念和语义。我查阅了有关战争期间河南的档案文献和其他资料，其中都没有汉语"能源"一词。现代词典将"能源"翻译为英语"energy"。不过，他们反复提到的是"力"这个字（而非"能源"），这个字的意思是力量和做功的能力。战争时期的文献在多种场合下提及"力"，例如兵力、人力、民力、物力、畜力、生产力。这些用语代表各种具体的能量和力量。相关文献生动地描述了中日军队如何利用相应的"力"，以及战争对有限能源的需求。

汉代（公元前 206—公元 220 年）成书的《说文解字》对"力"的解释是："力，筋也。象人筋之形。治功曰力，能圉大灾。凡力之属皆从力。"[24] 这一定义将力与肌肉力量以及它在从事工作、完成任务上的应用联系起来。而且所有形式的力都是一种广义能力的不同表现。之后，清代（1644—1911 年）学者段玉裁的《说文解字注》详细阐述了力的含义：

力，筋也。筋下曰肉之力也。二篆为转注。筋者其体，力者其用也。非有二物，引申之，凡精神所胜任皆曰力。象人筋之形。象其条理也。人之理曰力，故木之理曰朸，地之理曰阞，水之理曰泐。[25]

肌肉和力之间存在着一种基本的统一性，他们就像物质和功能各自作为同一实体的本体一面和功能一面那样，具有内在的联系。肌肉是本体，而力是它的功能。力指肌肉运用。力流经人的身体，宛如物理特性塑造了景观，木材布满了纹理，流水可以在岩石上刻出花纹一样。这种重要的推动力是造成所有有力行动的基础。力是在人类和环境之间流动的活跃力量，它不断改变着自己的性质和表现形式，时而丰富时而稀少地集中出现于不同的时间和地点。

进入 20 世纪，"力"的上述含义仍然得到了保留，此外它还获得了其他含义。19 世纪末 20 世纪初，"力"像许多其他汉语词汇一样，被用于翻译当时传入中国的西方科学概念。这种语义传播常常转手自日本，因为日本是翻译西方术语的先驱。[26] 在 20 世纪 30 年代出版的《辞源》有关"力"的词条中，既保留了旧辞典的释义，同时也新加入了现代物理力学概念的介绍："（1）筋力也，动物筋肉之作用，所以运动其肢体有所作为也，科学上凡使他物运动或禁止及改变方向之作用，均谓之力；（2）凡精神所及处皆曰力；（3）物所胜亦曰力，如笔力、马力；（4）尽其力曰力，如力战、力田；（5）为人役者曰力。"[27] 新的释义没有取代"力"早先的含义，而是在此基础上做了补充。我们在此看不到文化传播的"突破"，而只能看到语义的层层堆积。战争时期文献中"力"的含义，把科学上的概念"力量"与"力"早先的释义结合起来，用于表示做功的能力。

对身体及其肌肉运动的强调一直贯穿于对力的理解中，这与与约翰·R. 麦克尼尔（John. R. McNeill）所称的"体能管理体制"（somatic energy regime）相呼应，在这个体制中能源主要表现为人和牲畜的肌肉力量。在"体能管理体制"下，更多的人和牲畜意味着更多的生产力。无论作为主要能源的作物是丰富还是稀缺，人口和畜群都将宛如"社会能源系统中的飞轮"，因为他（它）们随时都可以被动员起来。由于肌肉是主要的能源，获得力量就需要控制和协调大量的人口和牲畜。[28] 实现政治统治和军事胜利的唯一途径就是直接控制"体能管理体制"，并利用其盈余，投入战争。从这个角度来看，农业是"由人类控制的太阳能系统，人类垄断了其中作物的能量输出并将之完全服务于人类"。因此，国家和军队也把人当作"太阳能动态储存系统"。[29] 牲畜是人类用以劳作或者作为食物的能量来源。人们对这些能源利用程度的不同，造成了各种人类群体之间力量大小的差异。

因此，我们可以把"力"视为力量，可以将其理解为人类追求自身目的时积攒和利用的能量储备。抗日战争期间，中日军队都在努力操控大自然的能量，并希望利用这种力量打击其对手。在 20 世纪 30 年代到 40 年代，华北平原仍然遵循一套"成熟的有机经济"模式，缺乏使用化石燃料的重要工业部门。当地也没有任何机械可以用于开发和运输煤炭、石油资源，或者将其加工成对现代军队有用的形式。[30] 在中国的这个特殊地区，发动战争需要在战区内大量集中人员、牲畜、食物和燃料。而从河南东部饱受战争蹂躏的环境中汲取能源储备，无疑会使当地脆弱的生态系统陷入混乱，并最终产生灾难性的后果。本书主要阐述的是抗日战争时期的环境史，着重描绘了能源和力量争夺的后果，叙述了战争双方试图对生态系统造成的干预，以及这种干预对生态所造成的破坏。此外，本书也探讨了平民是如何为自身生存获取能量的话题，所以，本书也是一本深入考察黄泛区的河南居民如何在一连串战争和灾难中生存的社会史著作。

历史资料提到黄河的能量时，没有使用"力"这一字眼。转而使用了与"力"相关的汉字"势"，比如水势或者流势。[31] 值得注意的是，《说文解字》解释"势"时，明确地把势与力联系起来："势，盛力权也，从力执声……"[32] 换言之，"势"指强大的力量。从字形和含义上看，"力"明显是"势"的词根。我们最好把"势"理解为一种坡度或力场，"势"在特定方向上移动物体，下坡相对容易，而上坡则需付出极高成本。在 20 世纪 30年代，《辞源》仍然将"势"的释义与"力"联系起来，称："（1）行动之力也。力奋发之甚者，皆曰势。如火势、水势，行动之状态亦曰势，如手势、姿势。（2）形势。（3）权力也。"[33] 河流的"势能"是一种力，是普遍存在且重要的一种驱动力，而水能不过是力的多种表现形式之一。

力流经社会和环境，形成了强弱不同的区域。从一处获得力必然会导致他处失去力。按照这种说法，战争环境史涉及了多种多样的人类和非人类实体之间持续不断的能量（力）得失。本书叙述了中日军队之间、国民党政权与各地方次级机构之间对能源的激烈争夺。同时，本书还展现了（军队）为了直接获得军事优势而释放出黄河能量，与随之而来的人力、畜力、农业产出和其他资源的损失之间的矛盾。关注能量的流动和转换，可以洞悉军事、农业、水利和自然系统之间的重要联系。我们可以想象，能量转移将原本遥不可及的各种网络编织在一起，各种各样的力量争夺者们占据着这张网络上的节点，并且从一个节点移动到下一个。能量转移发生在广阔的空间中，军队和其他（非军事）争夺者们反复协商他们各自扮演的角色和拥有的资源。这些力量的争夺者们可以收紧能量转移网络中的一条线，从而破坏另一条。

地理与环境

生物的物理景观是历史演进过程中不可或缺的一部分。河南省位于中国中南部人口稠密的农业腹地，面积约为 167,000 平方

河南省

千米。在地形上，河南可大致分为两部分：西部的高地，以及由黄河和贯穿全省的其他水道冲积形成的广阔的东部冲积平原。河南省地势西高东低，地形从西北向东南倾斜。气候方面，河南地处温带和亚热带之间，位于中国寒冷干燥的北风和南方温暖潮湿的季风交汇处。该省气候温和，季节之间有明显的过渡性，降水量年际变化大。这种气候的不规则性和不可预测性意味着河南存在着连续多年遭受暴雨或干旱的可能性。河南年均降水量在600—1200 毫米之间，降水量从北到南稳步增加。夏季的降雨量最大，占当年降水量的 45%—60%。冬天寒冷干燥，夏天炎热潮湿，年平均气温为 13℃—15℃，但在一年之中，气温变化很大。最热的夏季，平均气温为 27℃—28℃；最寒冷的冬季，平均气温为 0℃左右。河南的植物生长期较长，全年超过 10℃ 的时间约为210—230 天。较高的积温为农业提供了充足的太阳能。河南曾经拥有相当大的森林覆盖率，但随着人口增长，农业用地越来越多，大部分森林已经在公元后的前几个世纪消失了。[34] 该省旱作农业占有主导地位，主要种植小麦、高粱、小米、棉花、豆类、甘薯、芝麻和烟草等作物。[35]

虽然温和气候使河南拥有丰富的农业资源，但几个世纪以来，河南也极易遭受洪水侵袭。河南的脆弱性主要来自黄河。河南境内的黄河全长约 700 千米，流域面积占该省面积的 21% 以上。黄河与流经山陕的渭河在河南西部边界交汇后，转而向东流去。自此，黄河进入河南，由东北偏东奔腾而下约 130 千米后，进入东部平原。由于降雨量的季节性变化，黄河在夏季会暴发洪水，冬季水位则下降到仅剩涓涓细流。黄河流量随季节波动大，夏天（雨季）常常会发生洪水。在洪水泛滥期间，水流常常会裹挟着山陕地区黄土高原（此地贫瘠且植被遭到大量砍伐）上的泥沙。每逢下雨，泥沙就会从侵蚀的山坡上流入河中。当这条带着泥沙沉积物的河流，流经河南的东部平原时，随着这里地势的平缓，河床的变宽，水流速度便会减慢，大量的泥沙也就因此在这里沉淀了下来。[36]

在帝制时代，中国的国家和地方社会通过组织堤防建设约束黄河，以防止土地被其淹没。这条河流中的泥沙不断在堤坝内淤积，导致该河流的河床高于沿岸的村庄。因此，堤坝必须被建造得越来越高。然而，河流还是经常会冲破堤坝倾泻到平原上，来寻找地势较低的河道，而这往往会引发洪灾。在过去的三千年里，黄河多次改道，在中国的山东半岛南部和北部来回摆动。每当黄河改道时，黄河为选择较低的河床，通常都会夺取其他河流的河道。由于黄河的不断改道，泥沙淤积形成了河南东部的冲积平原。洪水的沉积物塑造了这里的景观。平原上的冲积土往往是多孔的，颗粒状的，有机物质含量较低的。由于黄河的河床高于两岸的平原，两岸的低洼地带经常会被水淹没，这导致许多地区的土壤出现盐碱化。此外，由于黄河沉积物的堆积，从宋朝（960—1279 年）开始，河南的部分地区就已经开始被贫瘠砂砾所覆盖。在干燥多风的早春季节，这些砂砾一经大风吹起，便会引发严重的沙尘暴。[37]

从 12 世纪开始，黄河与淮河便交织在一起。淮河发源于桐柏山脉，流经豫东。淮河在河南流域范围达 8,810 平方千米，流域面积约占全省土地面积的一半，是河南最大的水系。河南东部平原的南部是淮河流域的一部分。从 1194 年到 1855 年，在黄河河道南徙时期，黄河携淮河支流，由西北向东南汇入淮河干流。淮河最大的支流沙颍河发源于豫西高原，它也拥有自己的支流，包括沙河、颍河、贾鲁河和双洎河。沙颍河东北方是淮河另一条

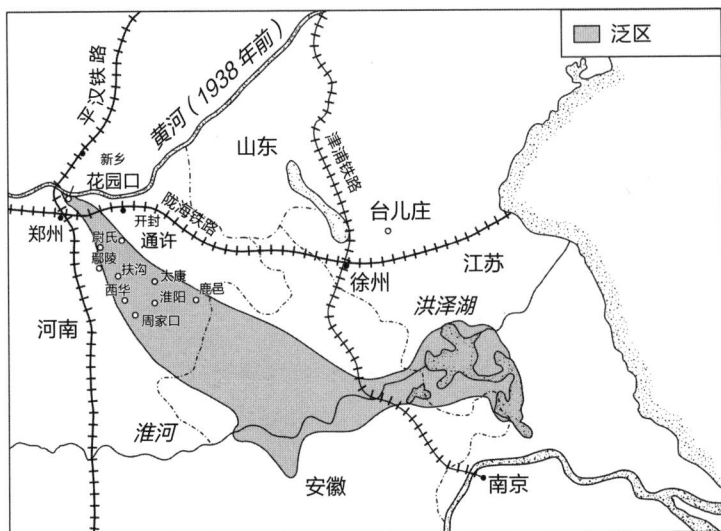

黄泛区

支流涡河。19 世纪 50 年代中期黄河北徙，这对淮河系统造成了巨大的破坏。[38]

　　20 世纪初，河南铁路的修筑极大地改变了该省的社会经济地理。虽然以化石为燃料的运输线穿过了广阔的华北平原，但它们并没有改变其赖以生存的"成熟的有机经济"能量管理体制。尽管如此，铁路公司在改变生产和分销模式方面还是做了很多工作的。一些地区变得繁荣，而其他地区则陷入贫困。以前商业产品的运输依赖于内陆水道，而从 20 世纪初开始则主要依赖于铁路。河南那些曾经作为水运枢纽而一度繁荣的地区，逐渐失去其重要性。贯穿河南南北向的平汉铁路和贯穿该省北部的东西向陇海铁路使得诸如郑州这样紧挨着铁路的新商业中心开始兴起。吴应铣（Odoric Wou）将修筑铁路后的河南划分成三个"生态区"：欠发达的西部，东部低洼退化带，以及沿铁路地区和豫北地区。他的这项研究主要关注 1938 年后豫东平原黄泛区的战争环境史。[39]

　　水路、铁路和战争互相交织。河南地处中国地理的中心位置，长期以来具有军事战略意义。从战略上讲，从北方入侵的军队将河南视为"通往中国中部的门户"。到了 20 世纪初期，平汉和陇海铁路纵横贯穿河南，并在郑州交错，这让河南拥有了更大的军事重要性。在 1937 年至 1945 年的全面抗战期间，正如早期中国历史上的军事冲突一样，河南的中心地位使其成为激烈的战场。[40]由于几乎没有其他地理屏障阻止军队穿越华北平原，对水道的操纵便可发挥至关重要的战略功能。为了延缓日本军队的入侵，中国国民党军队采用了一种历史悠久的战术——1938 年，他们通过掘开郑州附近的黄河堤防，使河水南泛。在接下来的九年里，黄河之水通过其支流向东南漫延至淮河。而有关这段历史的起点，则需要从豫东淮河支流沿线的各县说起，它们遭受到的洪水影响最为严重。

　　除了关注发生在河南的与战争有关的生态灾难外，本书还评估了国民政府对战时流徙难民的重新安置给景观所造成的影响。沿着战时黄泛区难民的迁移路径，本书中研究的空间范围向西可延伸到陕西的渭河流域和北部的高原地区，该地区在战争期间吸收了数十万来自河南的难民。渭河自西向东流经陕西，然后在陕西、山西、河南交界处汇入黄河。自帝制时期以来，渭河已成为华北平原东部至甘肃西部（河西）走廊的主要运输路线的一部分。西安市大致位于渭河河谷中部，长期以来一直是重要的交通枢纽。在发生洪水、饥荒和战争的时候，人们不断地逃至河南或者迁离河南。20 世纪二三十年代的公路建设，以及陇海铁路于 1934 年和 1938 年的两次延长（1934 年延长至西安，1938 年延长至宝鸡），都强化了区域之间的联系。鉴于陕西省与华北平原之间的良好关系，在战争期间，大量洪水和饥荒的受害者从河南向西流徙至陕西，聚集在西安和渭河流域的一些地区——这些地区包括渭河河谷以北的延绵不绝的山脉，其中包括东部的西北—东南走向的黄龙山。在抗日战争期间，国家主导的难民安置计划，将成千上万的难民带入这个人口稀少的高原，从而彻底改变了这里的景观。[41]

战争与华北的农业景观

战争和军事化利用并瓦解了河南的人工农业生态系统，因为，这一系统也需要大量的能量投入。所有的农业景观都是人为的或"人工的"。从清朝晚期开始，人的劳动对中国农业景观的塑造就达到了前所未有的程度。维持这些高度人工化的景观需要精细化管理，持续不断的劳动力和资源投入。如果缺少这些投入，就会导致生态环境迅速恶化。由于忽视人工景观的脆弱性，战争期间的人口损失导致生态环境出现了迅速且严重的衰退。换言之，建设和维护农业生态和水利系统需要消耗大量的具体表现形式为劳动力和物料的能量。20 世纪 30 年代和 40 年代，军事冲突导致能量流动转向，并进而造成环境退化与混乱。[42] 本书中，"退化"主要是指对人工改良环境的破坏，并使之变为中国人眼中无人居住的"荒地"。

华北人工环境既不是纯"自然的"，也不是完全的人工产物。相反，这些人造景观建立在"自然与文化交错的区域"中，这就是伊曼纽尔·克雷克（Emmanuel Kreike）所称的"环境的基础设施"的特征。"环境的基础设施"的例子包括耕地、农场、田野和水利管理系统。然而，人类组织在创建这种基础设施上不起决定作用。相反，正如克雷克解释的那样，"使用形容词性的'环境的'一词，正是在强调人类对这些基础设施的控制、使用和作用既不是绝对的，也不是唯一的"。作为环境的参与者，人类"与自然合作（既是参与者又是媒介）而不是支配自然或被自然所支配"。人必须"与其他地方、区域和全球的参与者，以及各种因素和过程（例如气候变化）相互作用，进而才能够去创造、配置、维护和改造'环境的基础设施'"。人类社会在自身与环境相互作用和维护环境方面所发生的任何变化，都将对环境基础设施产生影响。[43]

20 世纪初，维护华北环境基础设施的任务带来越来越大的生态成本。这项对河南黄泛区的研究，通过分析暴力冲突对这些脆弱地区的影响，强调了基础设施在战争环境史上的重要性。20 世纪 30 年代末日本入侵之前，华北环境并非处于原始或"自然"状态。数百年的集约开发和管理已经彻底改变了这里的景观。森林和其他植被被清除，为建设农场让路。生态的多样性和恢复能力都在下降。人口增长将资源压缩到极限，生态缓冲功能丧失。马立博（Robert Marks）认为："汉代以来，华北平原已被过度开垦，森林在宋代已被砍伐殆尽，因此它成为中国首批环境出现明显恶化迹象的地区也就不足为奇了。"[44]

数位历史学家认为，到了 19 世纪，华北地区面临着严重的环境危机。森林砍伐加剧水土流失，造成黄河、淮河和许多水系的沉积物堆积，导致更频繁和更具破坏性的洪水，为此人们不得不修筑更高的堤坝。植被减少导致燃料和建筑材料严重匮乏。[45]这使得维持水利系统和农业系统之间的平衡需要更多的能量。在李明珠（Lillian Li）看来，20 世纪初期，"环境的衰退，特别是河流淤积，史上罕见……几个世纪的森林砍伐，土地集约利用和对河流地过度控制，（这些问题不断累积）造成了前所未有的严峻问题"。民国时期（1912—1949 年），洪水和饥荒发生的频率和规模"远远超过以往的任何时期"。[46] 在这种情况下，由抗日战争造成的混乱，更加严重地破坏了脆弱的环境和不稳定的生态平衡，并引发了灾难性冲击。

抗日战争期间，日本入侵和黄河改道造成的动荡，导致大量人口流离失所，这就使得表现为劳动力的能量被分散，河南无法对"环境的基础设施"进行集中管理。这一结果造成了生态的急剧破坏。人工的农业生态和水利系统与军队及其他复杂结构一样，在建立和维持其内部秩序时也需要耗费能量。但是，用于维持军队和打仗的能量——或者由于战乱而分散的能量——不可能被用于其他目的。没有足够的劳动力和资源投入，河南的农业和水利系统很快便陷入混乱，而恢复几乎是不可能的。征兵耗尽了当地社会的劳动力，而军队对能量的需求又夺走了平民的粮食供应。随着能量流动方向的改变，农业景观被破坏性的人类行为转变为"战争景观"。[47] 战争引发的洪水和饥荒使数百万人流离失所，并迫使他们适应新的环境，在这种情况下，他们不得不想方设法获得生存所需的能量。他们的生存策略也对土地产生了影响。战时政府安置难民，开垦荒地从事农业生产。但是，失去家园的难民给移入地区本已稀缺的资源带来了额外压力，并极大地改变了安置区的环境。所有这些生态变化都对难民人口的健康和福祉产生了不利影响。

本书的论述是否是威廉·克罗农（William Cronon）所谓的一种日渐恶化的"衰败论"叙述，很大程度上取决于本书考察的时间范围。[48] 虽然抗日战争明显给中国的景观造成了巨大破坏，但战争破坏和加剧的环境恶化只是这段历史的一部分。评估战争的长期生态影响，还必须考虑到社会将被战争破坏的土地恢复生产的能力。[49] 只有通过积极的人力管理，战争所造成的生态退化才能够得到修复。抗日战争结束后，即使中国立即卷入了内战，但豫东黄泛区的居民还是被进行了重新安置，社会环境以及人工农业景观也得到了重建。复苏需要大量的劳动力和资源投入，同时也需要政府机关对这些投入发挥引导和协调作用。本书不仅提供了军事冲突所产生的直接影响的生动例证（这也是以往战争环境史的重点），还详细说明了冲突后将遭受战争破坏的土地恢复成生产性农业生态系统的情况。若故事止于 1945 年，人们看到的是一种被完全破坏的生态。然而再过几年，到 1952 年，豫东大部分的原黄泛区便重新开始耕作，农业生产也恢复到了战前水平，如此一来，人们就会发现，起初生态的急剧恶化在逐步转向重建。因而，若是将这一故事延伸到 20 世纪 50 年代末，则叙事所呈现出的主题便会兼有衰落与复苏。

第一章

军事化的河流：1938 年黄河水灾及其后果

20 世纪 30 年代末，当处在汛期的黄河流经河南大地之时，目睹之人无不惊叹于它巨大的能量。所有人都清楚为控制这条河人们耗费了大量的人力。理查德·怀特（Richard White）指出，抽象意义上说，河水流动和人类的劳动是能量的不同表现形式。人类为了控制河流而付出的劳动，使人类与环境的能量紧密相连，乃至牢不可分。[1] 要使能量做功，两点之间必须有一个梯度或其他差值。[2] 太阳能能够蒸发海水，然后由风将水气吹向内陆与高山。当云冷却时，水气就化作雨落到地面。重力使得水流从高海拔流向低海拔地区，进而形成河水流动。就像怀特所言，"雨落之处，诞生河流"。[3] 当天气系统把水蒸气转移到中国西北青藏高原的高海拔地区时，黄河和其大多数径流就诞生了。[4]

能量和做功与"力"一词交织在一起。在一些情况下，"力"被用来指代测量能量流动和能量使用的功率。有时，"力"意味着做功和有效变化。而在其他的一些情况下，"力"指的是指挥他人工作的权力。用怀特的话说，"力"的全部含义，"都涉及做功和指挥劳动的能力，所谓变得强大有力就是能够利用自然界和人类的能量并通过做功去实现自己的目标"。[5]

　　能量本身仅仅是做功的能力。只有当人类出于动机和欲望开发能源时，能量才会产生动力。能量流动是一回事，人们获取和利用流动的能量是另一回事。把能量转化为动力是人们追求和实现目标的手段。类似的含义也适用于汉字"力"，"力"同时指力量和做功的能力。抗日战争期间，中日军队在争夺军事和政治权力的过程中竞相利用黄河的能量。而这些对能量的利用，最终给河南黄泛区的居民造成了一场旷日持久的灾难。

　　20 世纪以前，中国出于军事战略目的开挖河流水道已经有了不少先例。长期以来，中国遍布四处的水利系统一直是一把"达摩克利斯之剑——几乎任何人都能割断悬着的那根线"。[6] 为了在军事斗争中占据上风，并且把河流变成抵御外来侵略的战略屏障，军队不止一次地故意改变河流的流向。[7] 蒋介石及其部属也以同样的战略眼光看待黄河。1938 年 6 月，国民党军队破坏了河南的黄河南岸大堤，把自然界的强大能量化作一种武器，作为对抗日本的军事力量。以这种方式操纵河流，可以被视为一种改变敌人能量需求的方法。炸毁堤坝增加了日军行军所需的能量和其他后勤需求。当然，这些后勤需求也是一种能量需求。

　　在最初改道后的很长一段时间里，黄河在中日战争中发挥着关键作用，它挫败了人类塑造其流向的努力，进而也挫败了人类妄图以此重塑军事版图的努力。在整个军事冲突期间，中日军队都在从事水利建设，目的是调整河道方向，以巩固其军事地位，进而强化其权力。斗争双方在与黄河的合作、治理和斗争上消耗了大量的能量。他们的斗争是一场"力"之争——争夺由谁来控制这条河流，进而改变它的流向和利用它的能量。但是黄河不是被动的改造对象。它抵抗人类的种种行为，使人类陷入混乱并带来不可预见的后果。

操纵河流以获得军事优势，需要另一种意义上的"力"——从他人劳动中获益的能力。为了建设水利工程，军队和水利管理部门不得不调动大量人力、物力。然而，战争造成的混乱，尤其是 1938 年的洪水，使得这种能量难以获得。上级政府和军队把大部分负担施加于河南黄泛区各县，并从那里榨取劳动力和资源。中央政府希望将有限的能源用于国防，而灾区的地方政府则试图将能源留存以满足当地需要，于是，二者之间出现张力。对能量和"力"的争夺不仅体现于中日两国军队之间，或者军队与黄河之间，还体现在军队和地方社会之间。

20 世纪的黄河既包含了人类的各种工程技术，也包含了"自然"环境的种种特征。几个世纪的水利建设已经使黄河成为人类因素和非人类因素的混合体。它既不是天然的，也不是人工的，而是一种环境基础设施。正如伊懋可（Mark Elvin）所言，人类建造的水利系统"本质上是不稳定的，并且不断与具有破坏性的外部环境因素相互作用的"。降雨、洪水、泥沙淤积和许多其他因素都会对它产生影响。在这样的水利网络中，"社会和经济的关系往往是对立的"。[8]维持这些基础设施消耗了大量能量。清朝晚期，"治黄"成了一场"自然之力与人力之间永无止境的斗争"。[9]抗日战争期间，操纵黄河发动水利战争的战术使战斗更趋激烈。人类、环境以及人类彼此之间的敌对关系给社会和生态系统造成了巨大负担。因此，中日军事冲突重新塑造了人类劳动与自然能量的关系。能量流动因战争而扭曲，并在物理上重新塑造了环境，这进而导致人工水利和农业生态系统被破坏，并使它们几乎无法被复原。短时间内，河水减缓了日军进攻，使国民党军队受益，但是，黄河改道也令后者陷入了自己制造的泥潭。

以水为兵

　　1937 年 7 月，中日两军在北京（当时称为北平）郊外的卢沟桥发生冲突，日军随即向中国的心脏地带发动全面进攻。日本人用了不到一个月的时间就占领了北平和天津。更大规模的战斗发生在长三角地区。淞沪会战最终以中国军队付出惨痛的代价而收场。1937 年 12 月，日军占领国民政府首都南京，继而对城内的平民百姓实施了惨绝人寰的暴行。随后，日军瞄准了国民政府的临时首都武汉。

　　1938 年初，日军从津浦铁路南北两端——南端是南京附近的浦口，北端则为天津——同时发动攻击。日本人计划，两路日军在徐州的铁路枢纽回合，然后向西进攻河南郑州——那里是东西向的陇海铁路和南北向的平汉铁路的交汇处。日军计划从郑州沿平汉铁路向南推进，进攻武汉。日军业已消灭了中国最强大的中央军，并吸收了许多中国的地方部队，根据他们的预计，在徐州战役中他们应该不会遭遇什么抵抗。然而，出乎日军意料的是，中国军队坚守了近 5 个月。日军在徐州投入超过 20 万兵力，中国方面的兵力投入则达 60 万。3 月 24 日至 4 月 7 日，中国军队在徐州东北的台儿庄保卫战中取得胜利，但反攻却没有成功。到了5 月，日本人几乎包围了徐州，中国军队开始向西南撤退。[10] 5 月下旬日军攻占徐州后，立刻采取了旨在结束这场战争的行动。他们沿陇海线向西进攻，计划沿平汉铁路南下进攻武汉。1938 年春，日军向西进攻，河南部分地区沦陷。1937 年至 1938 年冬季，豫

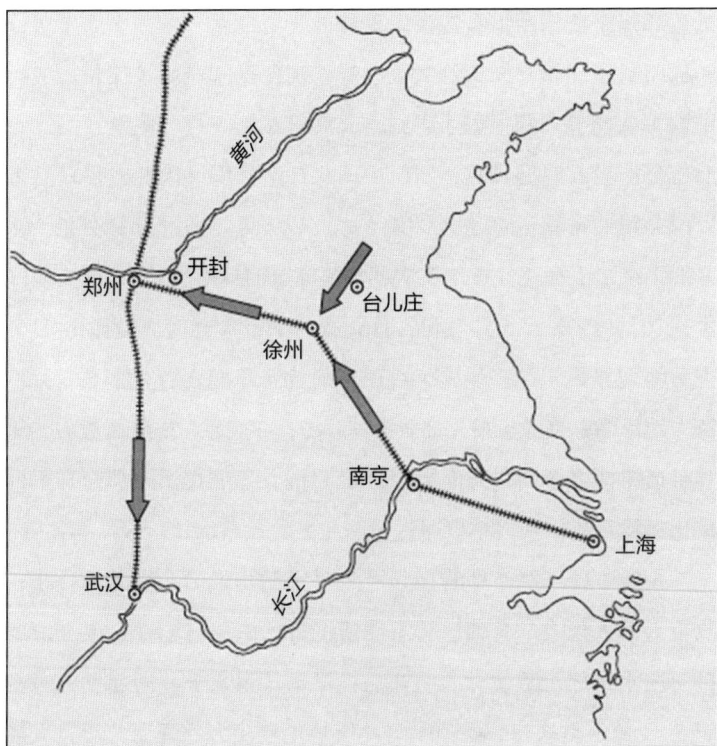

1938 年春日军在华北的进攻路线

北大部分地区沦陷，日军占领了黄河北岸的城镇和交通线。中国军队则仍据守南岸，他们与侵略者之间仅有黄河相隔。

1938 年 6 月开封陷落后，日军集中兵力进攻郑州。中国军队为阻止日军渡过黄河，摧毁了开封北边的铁路桥，即便如此，他们也无法支撑太久。日军随时会夺取武汉，中国军队的全部抵抗似乎注定是徒劳的。面对敌人潮水般的攻势，国民党军队的将领提议破坏黄河大堤以阻止日军。第一战区司令官程潜飞往郑州视察，他意识到国民党的军队无法阻挡日军，于是向蒋介石汇报了破坏黄河南岸大堤以阻止日军西进的方案。方案之目的是在日军抵达郑州之前切断沿黄河南岸延伸的陇海铁路。中国方面希望这一战略封锁能够暂时遏制敌人攻势，确保刚刚经历了徐州会战的中国军队能够顺利撤退。否则，武汉将在几天之内陷落，国民政府也可能没有时间转移，届时中国将被迫投降。因此毁堤行动可以说是没有办法的办法。[11] 国民党的军队将领经过反复考虑，在万般无奈之下孤注一掷地采取了黄河改道的策略，并将之称为"以水代兵"。1938 年 5 月下旬，蒋介石的军事参谋何成璞提出："窃查黄河现届桃汛……倘施工决口，则黄河即循故道直奔徐州，不特大地泛滥，使敌机械化部队失其效能，亦且足以摧毁其战力，使其打通津浦之企图仍归泡影。"[12] 其目的在于利用洪水摧毁日军机械化运输系统，使之难以通过中国北方的铁路网转运军队和物资。

6 月 3 日，豫西师管区司令刘仲元致电蒋介石："徐州失陷，敌主力深入豫东、鲁西，若不破釜沉舟，中州将不守。生等拟掘黄河之水，陆沉敌主力。明知牺牲惨重，为急于救国起见，曷忍痛之。"[13] 一旦决口，黄河水将冲垮日军战斗力。国民党领导人接受了这项军事上颇有必要的策略。对他们而言，国家生存远重于洪水造成的损失。因此，在蒋介石下令毁坏大堤时，属下无一人提出异议。

国民党军将领决定在郑州以东的中牟县进行黄河改道。1868 年和 1887 年黄河都曾在中牟决口，这段资料可能影响了国民党将领们的决定。而且，中牟早就有大量军队驻防。1937 年，国民党军加强了黄河南岸的防务，每隔 50—100 米即构筑碉堡，军队也已就位随时准备迎击渡河进犯的日军。但是除了黄河以外，他们别无其他手段来抵挡迫在眉睫的来自东面的日军进攻。[14] 1938 年 6 月 3 日，蒋介石在日记中提出了一个棘手的问题：倘若毁堤行

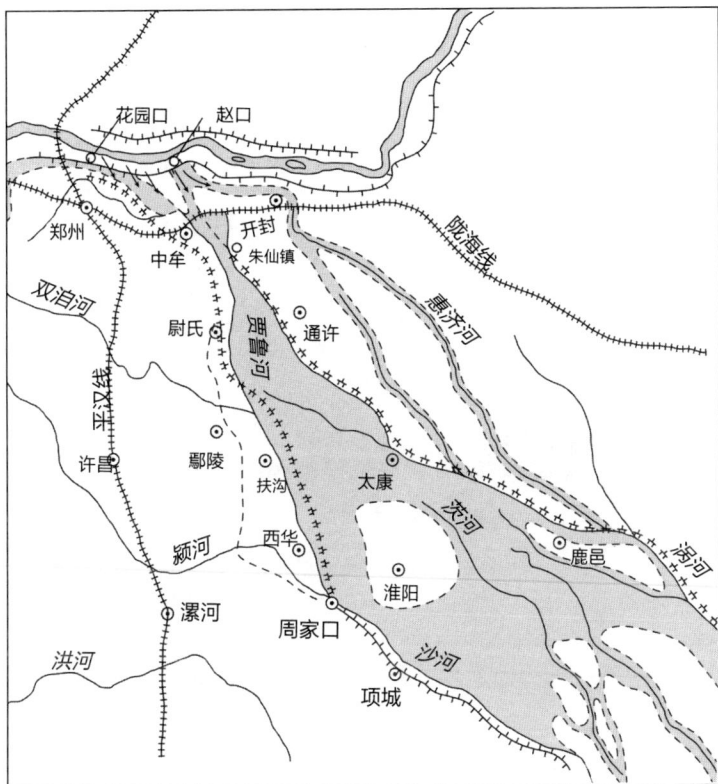

河南黄泛区

动及其造成的洪水涌向周家口，那将会带来什么结果？此时蒋介
石已决定加快国民政府的撤退工作，同时他也决定要利用洪水挡
住日军以阻止他们快速向前推进。[15]

　　中国军队着手摧毁过去由劳工们耗费巨大精力修建的水利工
程。但是毁堤工作要比先前料想的困难得多。从 6 月 4 日到 6 月
6 日，国民党军队挖掘和爆破中牟县赵口一段大堤的两次行动都
失败了。只有极少数的民众接到了炸堤警告，此举是为了防止日
军发现国民党军的意图而加速行军。蒋介石从武汉打电话给河南

国民党士兵赤脚蹚过黄河洪水

的军队将领敦促他们执行命令。几天后，国民党军队又转至郑州以北的花园口再次凿堤。6月9日，在日军离郑州已不足50千米的关键时刻，黄河决口了，河水从缺口喷涌而出。每年旱季，黄河水位很浅，无法实行洪水战术。但是日军的进攻发生在初夏，当时黄河已处于最高水位。河水不断冲击花园口大堤，使缺口宽度扩大至200米。接下来的几天里，河水上涨，又破坏了赵口的堤防。至此，黄河顺着一马平川的豫东平原向东南方向奔涌而去。[16]监督毁堤工作的国民党军将领熊先煜在日记中写道："此举本为阻止敌人，挽救全局，故不惜重大牺牲，以求最后胜利。"[17]

从战略上说，毁坏大堤阻止了日军将其在徐州的胜利扩大化，

国民党士兵指挥民工在黄河堤上工作

使日军坦克和机械化部队陷入了泥泞之中，为国民党军撤退和重整旗鼓提供了时间，也使得中国部队能够巩固郑州周围的防务。黄河改道阻止了日军攻取铁路枢纽，进而使他们延缓了几个月才夺取武汉，这给国民政府足够的时间将首都迁往位于中国西南部的重庆。河南的中国军队在巩固阵地之后，于中牟、尉氏、扶沟、鄢陵、太康发起反击，并收复上述各县的部分领土。第一战区司令官程潜指挥部队在尉氏县歼灭被洪水孤立的日军，光复了这座县城。然而，洪水仅仅给了国民党有限的喘息时间，未能为武汉提供长久的保护。日军调整了进军方向，将原先沿铁路线南北相向的陆上进攻变为沿长江的海陆军联合两栖作战。1938 年 10 月武汉陷落，而在此之前，国民政府已退往西南内陆。[18]

武汉沦陷后，中日战争陷入僵局。主要战斗已经结束，而游击战则一直在持续。随着进攻告一段落，日军占领了中国北部和东部的大部分铁路线和城市中心（主城区）。国民政府则巩固仍掌握在手中的西北和西南地区。中国的地理特征很大程度上决定了战线的走向。群山和丘陵分割了沦陷区和非沦陷区，日军无法在群山和丘陵中发动机械化战争，也无法在广阔的黄泛区建立起有效统治。[19]

战略改道造成了严重的破坏。国民党"以水为兵"计策所带来的短期效益其实得不偿失。洪水被用来切断经过黄河南岸的陇海铁路，从而延缓日军攻击。可是，黄河有自己的流向。河南东部地势北高南低，这使得决口后的黄河可以横扫河南东部地区，势不可当。地形坡度给河水足够的势能，从而使其偏离 1855 年以来的既有河道，产生新的流向。洪水不受任何地形阻隔，一路向东南奔涌汇入淮河。水流速度达到每日 10 英里 [①]，最终，洪流分散成一条条狭窄的、浅浅的支流注入淮河。洪水填满了河道，破坏了堤岸，淹没了淮河东西两侧的土地。[20]

改道之后，黄河分成一些支流。西面的一支最大，由花园口流向中牟注入贾鲁河，再向南流经尉氏、扶沟、西华、淮阳县，然后抵达周家口，并在此汇入茨河和沙河，流入安徽。这些河流及其他一些较小的河流无法承载黄河的水量，纷纷泛滥，进而淹没周围的农田。当黄河最初的冲决未能凿开赵口河岸时，东边的一条支流便又产生了。来自赵口的洪流分成两支。一支向东南流，与花园口涌出的洪水汇合。另一支行经开封北部，向东南冲入涡河等河道，而后进入安徽。1938 年 7 月初，洪水到达淮河上游，转向东北切断津浦线，而后泄入洪泽湖。洪泽湖因此泛滥，于是

[①] 1 英里 ≈ 1.6 千米。——编者注

洪水又涌入江苏，并分成三股支流流入太平洋。自然规律加剧了这场灾害，夏季的降雨使洪水更趋严重。暴雨从 6 月一直持续到 7 月，每日都是水浪滔天。[21]

黄河改道所造成的破坏规模是无法估计的，因为战时动荡，人们无法对这种破坏进行精确的统计。[22] 不过，1945 年以后编制的受灾报告表明了这场灾难的严重程度。战后调查估计，豫东受灾的 20 个县中，32% 的耕地被淹，被淹耕地总面积达到 7,338,00 亩。[23] 黄河还沉淀了大约 1 亿吨淤泥，这些淤泥覆盖了大片土地。[24] 洪水淹没了河南东部 45% 的村庄。其中有 8 个县一半以上的村庄被毁，扶沟县被毁村庄数量更是达到了 91% 以上。[25] 根据报告，战争期间洪水造成河南、安徽和江苏 80 多万人死亡。仅仅河南一省就有超过 32.5 万人丧命。根据战后的一项估计，河南黄泛区的平民死亡人数占战前河南总人口的 4.8%。这一数字超过了其他战区 0.6% 的平民死亡率。扶沟县和尉氏县平民死亡率分别高达 25.5% 和 26.8%。战争期间的洪水也使河南、安徽、江苏近乎 400 万人口——占这些地区总人口的 20% 以上——流离失所。仅河南一省，被洪水驱离的人口就超过 1,172,000 人。西华县的逃难人口占总人口的 67.7%，扶沟县为 55.1%，尉氏县为 52.2%，太康县为 32.2%，中牟县为 10% 以上。[26]

借用戴安娜·拉里（Diana Lary）的话说，这种"淹土"政策就像抗战期间国民政府无数次使用的焦土政策一样，是国民党高层在绝望和恐慌中实行的。[27] 萧邦齐（Keith Schoppa）认为，在抗日战争期间，国民政府这些自我毁灭的例子"源自对日作战的恐惧。而正是出于这种恐惧，使得当时的中国人认为，这些牺牲，都是有必要的甚至是有益的"。[28] 另一方面，国民政府为了不让民众和资源落入日本人之手，不惜牺牲他们，这一点"显示出了领导层全然不顾人民的要求，以阻挡日军的名义，几乎是在条件反射下做好了随时摧毁基础设施的准备"。[29] 纳·米特（Rana Mitter）也指出，"政府的集体心理中有一种冷酷无情的特质，这让官员们认为个体生命是可以被牺牲的"。[30] 黄河决堤事件就是这种心理的明证。国民政府不同于 20 世纪那些高度现代化的政权，在其领导人眼中，"救国"即正义，在这种正义下，他们可以要求一部分民众为之无限牺牲。

纵观整场战争，国民政府一直都拒绝为黄河改道造成的灾难负责，相反，他们声称，是日军炸毁坝才造成了这场洪水泛滥，并且国民政府还将此事描述成日军伤害中国平民的又一个典型暴行。1938 年夏天，中国报纸的报道也与政府的论述相一致。而日军却否认了这些指控，同时他们把这次洪水当作中国方面漠视生命的证据。1945 年以后，当这场灾难背后的真正原因最终浮出水面时，国民政府改变了说法，他们转而把难民们所遭受的洪水灾难描述成中国人民为抗日救国所做出的牺牲。[31]

毁堤后的控制工作

1938 年 6 月，国民党军事领导人毁堤阻敌之后，河南当地和国民政府水务人员试图建造堤坝防止洪灾。1938 年夏天的大雨使河水暴涨，当地士绅匆忙组织民众修筑新堤，以阻止洪水四溢造成更大破坏。中央下令毁堤，而当地不得不调集人力物力建堤。据当时的一位亲历者回忆："沿新黄河两岸居民，为防止灾区扩大，纷纷自动组织起来，投入大量人力物力，沿岸筑堤防水，以期束水就范，不再向外漫溢。"[32]

　　1938 年的 7 月和 8 月，扶沟县开展了治理黄河的行动。洪水沿贾鲁河向东南流去，并流过扶沟县城。在 7 月底的洪峰时期，河水暴涨至 4 米多高，并有可能冲破扶沟县城的东门和北门，淹没城中的一切。当地政府立即组织修建堤坝，保护县城，防止发生更大的灾难。国民政府黄河水利委员会代表乔广厚说，他将与扶沟县县长一起"率领全县士兵和数百名壮丁控制洪水。他命令他们从很远的地方搬来砖块和泥土，砍树制材，并设计方法指导他们进行紧急维修"。最终，维修工作取得了暂时性的成功。"通过数小时全力工作，县城脱离危险，暂时保住了。"但是胜利仅仅维持了一段时间。夏季暴雨来临，城外洪水比城内地平面高 2 米。如果水位继续上涨，情况将一发不可收拾。

　　与此同时，扶沟县以东 5 千米开外的贾鲁河东岸有数十个村庄也受到了洪水威胁。乔广厚说，这些村庄修建的圆形防洪堤出现了险情，当地向他们请求援助。于是，乔广厚又再一次和县长一起，乘船去"监督壮丁们工作，督促他们全力抢修"。幸运的是，没有危险发生。但是在一个地区投入能量进行维修，就意味着其他地区将会能量不足。双泊河南岸大堤也报告了险情。因为处理这场危机，人们忽略了其他的危机，于是，双泊河大堤发生了决口。洪流卷向西南，摧毁了附近的村庄，淹死了许多人畜。居民紧紧攀住屋顶和树枝等待救援。乔广厚指示县长，要他立即租一条船运送警察前去营救 300 多名受困灾民。但是仍有另外的一千多人需要援救。尽管扶沟遭遇了严重的洪水，但中央政府的黄灾委会却没有给予紧急援助。[33]

　　1938 年 8 月汛期结束，扶沟居民修建了民堤以防洪水再次来袭。这些项目皆始于地方倡议。扶沟县的一份报告称："沿堤百姓为了修建堤防，共同组织了一个委员会，下设几个部门，指挥附近村庄负责堵口和维修。"到 8 月底，70% 以上的堤防工程已经完成。[34] 但是，地方措施的效果有限，特别是在秋收秋种的农忙时节，人们就会将原本用在护堤上的能量转移到耕种上。后来的一份报告称：

> 县城以东正在建设民堤。但到了农忙时节，工人人数便会减少，效率也会下降。此外，失去生计的人拖家带口地逃走了，所以募工一直很困难。我们和县长一起，拼尽全力督促他们完成规定长度的堤坝。[35]

由于农业生产和难民外逃，当地劳动力供应严重短缺，使水利维护事业难见成效。战乱使维持农业生产和修建堤坝不可兼得。通过炸毁大坝，国民政府利用河水避免了军事失利，但同时却也牺牲了人力资源、农业产出和工程物资。在战争的这一阶段，国民政府主要考虑的是眼前的战略胜利，而无长远之规划。

然而，国民政府在迁至重庆后并没有轻易放弃黄河。除了地方措施外，交战双方也常常会出于战略目的控制黄河，于是人与自然力量之间展开了大规模的斗争。水利工程成为战争的一部分，黄河也依然是获得军事力量的一种工具。

甚至早在花园口毁堤之前，国民政府就已经授予军队将领对水务机构的统辖权，这迈出了水利管理军事化的第一步。1938 年 5 月初，日军侵入豫东，威胁开封，第一战区司令官程潜向蒋介石发出电报，请求他将黄河水利管理部门直接归入军事指挥之下。程潜指出，河防部队驻扎得很远，而工地却全都沿河而设，与河相连。程潜说道：

> 历史上我国管理江河的官员也指挥军队。一些国家（比如美国和荷兰）的水利管理机构和军事机构也因为共同目标而合并。这种做法习以为常。如今黄河沿岸地区已成为战区，部门分工断然无法应对当前局势。战区应建立临时河防委员会，直接监督河防机关并协调处理军事和治河事务。此举不会危害黄河水利委员会的基本河防工作，还会为军事上的临时河防工作提供方便。[36]

程潜提议，河南修防处主任到第一战区临时河防委员会任职，并由该委员会监督河防机构。蒋介石批准了这项计划，并召集军队和水务部门代表开会，协商该计划的执行。5月15日，联席会议召开，军委办公厅主任贺耀组报告说："防御黄河对我国而言是一大问题。近来抗战已进入第二阶段，河防与国防的关系日益密切。因此讨论河防必须同时注意国防。"[37]与会者一致支持程潜的提议。但是鉴于军情紧急，新建河防委员会需要耗费太多时间。他们决定黄河水利委员会依旧负责河防，但需接受第一战区司令部的监督。当天，蒋介石签署命令，令黄河水利委员会接受第一战区军事长官的指挥和监督，并"密切配合军事工作以应战争之需"。[38]

1938年6月以后，国民党的军队控制了黄河新河道西岸的地区，日军则占领了东岸的土地，于是，河南黄泛区便成了至关重要的战区。在这种情况下，第一战区司令部和黄河水利委员会采取"以黄治敌"的策略，将河防和国防融为一体。该项策略包含以下几个方面。第一，国民政府希望维持花园口决口的现状，同时防止多条河道合并为一。第二，国民政府希望能够使花园口东南方向的河水四溢，形成泥沼以阻碍日军机械化部队前进。第三，国民政府想要在花园口决口的西侧筑堤，将部分河水引入旧河床，从而破坏日军的交通和通信线路。为了实现这些目标，国民党军沿黄河西岸修筑了一道新的防洪大堤，它将使河水东流，从而威胁另一侧的日军阵地。除了尝试利用新堤牵制和引导黄河外，国民党军政要人还修复和疏浚了其他水道，从而最大限度地使黄泛区成为一个屏障。

1938 年 6 月，黄河水利委员会和河南省政府为防止黄泛区向西扩展，保证其作为有效的军事屏障，在从广武（花园口以下）到郑县的陇海铁路路基上，修建了长达 34 千米的堤防。工程建设采取“工赈”的形式，动员了广武和郑县的受灾民众。由于夏季水位高，加之资金匮乏，工程只建成了从花园口到郑县之间很短的一段堤坝。然而，这段新堤还是束缚住了黄河水道，产生的沉积物也成功阻断了陇海铁路，使日军无法沿之西进。

1939 年春，河南省政府和黄河水利委员会组织受灾各县的民工，修筑从郑县到豫皖边界的新堤。这条河堤沿洪水区域的西缘延伸，经过中牟、开封、尉氏、扶沟、西华、商水、淮阳、项城和沈丘等县。据一位当时住在太康县坡谢村的村民回忆：民工从远处赶来修筑堤坝，坡谢一时人满为患，很多人都找不到居住的地方，连 2 千米开外的村子也挤满了民工。[39]这道河堤全长 316 千米，消耗了约 340 万立方米的泥土。[40]然而，战乱削弱了堤坝的功效。工期很赶，这导致堤坝又窄又短。而因为劳动力不足，泥土并没有被彻底压实，这又导致工程质量很差。所以堤坝其实只能给黄河新河道的西岸地区提供有限的保护。[41] 后来的一份政府调查指出："当时因为经济条件和时间所限，新堤修得不够高也不够厚，许多地方是用沙子做的。1940 年洪水来临时，许多堤段根本无力阻挡。"[42]

对国民政府而言，战争加上水利控制已经使黄河军事化，并使之成为"抗战的国防线"。黄河水利委员会工程师徐福龄说："国民党中央政府提出'河防即是国防，治河即是卫国'的口号，把西堤防泛作为前线阵地，要求大家严加防守。"[43] 这是一项艰巨的任务。1939 年 7 月，新堤完工后，便由黄河水利委员会河南修防处接手负责维护工作，并常年派驻人员监督大堤维修。同时，水利工程建设亦受到军队更加严格的指导。第一战区司令部和鲁苏皖豫边区指挥部沿大堤派驻军队，何柱国（此人于 1941 年任第 15 集团军司令）负责保卫大堤，而这一切都是因为西岸大堤被看作是"第一道国防线"。国民党军队在每一段大堤上安装了发报机，以便于报告当地情况和协调工作。[44] 鉴于堤防的战略重要性，地方政府必须监测水利基础设施，并且协调人力物力去保护它。1939 年，黄河水利委员会制定了规章制度，要求河南修防处和沿新堤地区的当地行政主管督促各县治安官员维护辖区内的堤防。[45]

至此，水利工程建设完全和战争联系在一起了。1938 年花园口决堤之后，黄河最北端的主河道流向了郑县的京水，使那里成为主要的防御阵地。国民政府的报告称："郑州地处国防前线，北临黄河花园口决口，东边是黄河滚滚洪流。我们与敌人之间只有一水相隔。京水镇北面城墙紧贴南流的黄河，其对我军而言是极端重要的战略位置。"[46] 1939 年春，第一战区司令部和黄河水利委员会在花园口和京水之间修筑了长达 6 千米的军堤，8 处斜坡堤和数十个护岸，用于消除日军对堤坝及附近军事护岸的威胁。为了抵挡对岸日军的炮火，他们修建了 32 座军事碉堡。而同样出于军事目的，他们还修筑了斜坡堤以使"河流转向，阻挡敌人"。[47]

日军的对策

在日本占领区，水利工程同样与巩固军事力量和政治权威交织在一起。1938 年 8 月至 12 月，日军动员中国劳工在开封附近修筑了 4 千米长的大堤。[48] 但是地处黄河东岸太康的日本占领区却还是缺少大堤的保护。假如河水转而向东，日本人将无法据守他们目前的位置，也无法保护太康及其他的一些地区免遭洪水侵袭。漫延的洪水会破坏社会稳定，危害经济生产。尽管当地居民试图加固堤坝，但是，从 1938 年夏到 1939 年初，太康大堤还是出现了 12 处决口。日军报告提到，"村民自发地堵塞所有决口"。一旦发生严重溃堤，村民就用泥土和树枝堵住它们。但是当地的劳动力和资源无法掌控住整条河流。堤坝又小又脆弱，所以洪水威胁始终无法消除。[49] 由于黄河含有大量泥沙，其流经地区的河床便常常会因泥沙淤积而抬高，水位也就会随之上升。在整个 1939 年的汛期，黄河东岸的大堤要么被淹没，要么被冲垮，洪水泛滥，受灾地区不断扩展。[50]

对日军而言，控制黄河也具有重要的战略意义。日军对占领区不采取直接统治，而是通过中国人组成的傀儡政权进行间接统治。卜正民（Timothy Brook）认为，日本及其合作者的目标是重建社会秩序，恢复因军事侵略而被破坏的经济，并确保行政管理有效运转。[51] 日伪河南宣传处处长，曾经做过记者的邢幼杰报告说，"为防止其辖境缩小，辖区内灾民作乱"（这会阻碍他们对当地的有效控制），日军会专门派遣人员调查堤坝建设和洪水情况。他们还要求北平伪临时政府"速派遣得力人员，拨发专款，赈济灾民，修筑黄河左岸新堤"，以巩固对河南占领区的统治。[52]

北平伪临时政府在严命之下优先考虑了修筑堤坝事宜。日军的报告警告说，太康的中国游击队和"伪"（指国民政府）县长的意图是摧毁堤坝，将洪水东引，这将淹没日本占领下的部分县域。一旦雨季来临，洪水就会冲垮当地民众修建的堤坝，因此有必要立即修筑堤坝以预防洪水。[53] 为了应对洪水的威胁，1939 年春，日本控制下的华北和河南伪政权对黄河东岸堤坝的修筑和防护工程进行了监督。日本水利专家担任顾问，北平伪临时政府分配资金，伪河南公署"评估并增强该项工程的各项机能"。[54]

日军打算在豫东的太康、通许、杞县修筑堤坝，这些地区是共产党、国民党和日军共同争夺的游击区。共产党新四军部队的水东独立团，以通许—杞县—太康三县交界地带的黄河东北岸为根据地，隐蔽于尚未被洪水淹没的村庄，并重新组织起了队伍。日伪调查员因惧怕遭到共产党游击队的袭击，故而要求日军派出护卫车队保护他们。所有日伪官员晚上都住在城里，白天他们则前往工地考察，中午还要回程吃饭休息。日军不得不来回护送他们。

头一个月工程进展缓慢。后来，黄河东岸日占区的日伪县长商议决定把大堤分成几段，然后各县分别进行调查工作（分段包干）。调查之后，各县提出初步意见，这些意见经新黄河堤防整治委员会批准后方可施行。通许县和太康县的地方精英热切期盼该项目的启动，因为它有助于促进稳定，一定程度上也有利于恢复战时常态，这一方面与他们"自身的利害关系密切"，另一方面，也有利于沿岸居民的正常生活。共产党部队领导人在与当地民众协商后也同意不干涉堤坝建设工作。[55] 黄河的存在使得各方形成了一种奇特的平衡。

为了防止洪水向东漫延，日军和太康的日伪政府把修建水利工程作为首要任务。日军报告生动地描述了日占区当局是如何确保和管理当地有限的劳动力的。征召民工以县为基本单位，每保要派遣 40 名年龄在 15 至 40 岁之间的工人到大堤上劳动。如果太康当地所有组织都参与征召，估计能够提供 5 万名工人。在分工上，每保的工人分别组成小组，每组建造长约 66 米的堤坝，组长负责指挥工作。在监督建设过程中，来自"友军"（即日军和伪军）的部队负责防卫和指挥，而组长和委员则负责监督工作并督促其完工。为了跟踪工作情况，组长每天对每名工人的劳动进行两次记录和检查，并对每一个迟到的工人处以罚款。

水利管理需要巨额投资。太康受灾严重的地区收到了 50 万元用于开支，而受灾较轻的地区则只分配到少量资金。资金首先交付县长，再由县长根据每个小组的工人数量发放给组长。检查员每日检查，确保工人们收到了工资和补给，否则他将会追究组长的责任。不努力工作者会受到重罚。每个工人将会获得 30 个铜板以购买食物，组长也会得到必要的补助。工人们或住在附近的村子里，或睡在堤岸上的帐篷里，而他们做饭和取暖的材料则都是从村里"借来的"。[56]

在 1940 年冬季的黄河浮冰到达之前，第一阶段工程就已经开始了。而就在工程进行的过程中，黄河突然涨水，洪水淹没了大部分的新建堤坝，这导致工程不得不停工。唯一的选择是等到秋天水位下降之后再继续工作。[57] 1940 年的洪水淹没了河岸附近的许多村庄，灾民们纷纷逃离。[58] 秋季重新开工后，从民间征集劳力也变得愈发困难。邢幼杰回忆道："勉强找到的一部分民工，也多是面黄肌瘦，且家中缺粮，食不果腹，干重体力劳动，自难望得到高效。"由于主要工程地点大多位于游击队活动地区，如果监察人员过于严厉，年轻工人就很可能会加入游击队。此外，由于洪水淹没了大部分之前选定的堤坝路线，所以，现在人们不得不去寻找其他路线。当地居民努力使自己的村庄处于"堤坝之外"，因为只有在那里，堤坝才可以保护他们免受洪水侵害。那些最终落在"堤坝之内"（堤坝与河流之间）的村庄的村民，则全部都竭力抵制正在实施的工程，因为他们觉得自己所属的地区要么太过低洼要么位置不佳。"因此到 1940 年冬，工程仍未取得任何进展。"[59]

日军还着手扩大花园口的决口，以防止河水回到先前的河床，从而保护其控制下的从豫北新乡到开封的铁路免遭洪水之害。扩大缺口还能威胁驻扎于京水的国民党军。于是日军堵住了赵口，使河水只从花园口流出。1939 年 7 月，日军在一次对花园口的快速进攻中抓住机会，在原来的缺口东面又开挖了一个缺口，不久这个缺口就扩大到 100 米宽。1941 年 8 月，洪水冲垮了剩余的堤段，两个缺口合二为一。在黄河主河道水流冲刷下，缺口向东延伸，到 1945 年，它已经有 1,460 米宽了。[60]

为了应对日军的上述行动，1940 年 1 月 1 日，国民政府黄河水利委员会开始着手修复花园口和京水之间的重要河防设施。他们冒着日军接连不断的炮火，修建了 8 座由柳条和石头构筑的护岸，以此将河水转向对岸，从而保护了国民政府修筑的堤坝。护岸完工后，第 3 集团军立刻接管了护岸防务。[61]

1939 年夏末和秋天的暴雨导致河水冲垮了太康和附近其他

县的民堤。[62] 工巡队在国民政府控制区征召民工修缮堤坝，但 9 月底日军重新占领了太康的部分地区，修缮工作被迫中止。此后，中国军队不得不凿开位于前线最靠近日本占领区的太康的王盘和附近地区的民堤，释放洪水以确保自身安全。洪水东流，主河道分成数条支流。国民党调查员警告说，最近这次决口减少了主河道水量，减弱了黄河阻挡日军进攻的能力，"如果未来黄河水势继续减少，敌军很可能涉水而过"。为阻挡日军，调查员敦促黄河水利委员会派军入驻这一地区，并征召民工堵塞王盘决口，"以减少水淹区域，增加主河道洪流，从而保护国防天险"。[63]

1940 年 2 月，黄河沿岸的军事冲突缓和下来，蒋介石致电黄河水利委员会，告诉他们应该如何通过控制洪水，达到"以黄治敌"的效果。他首先强调，洪水的作用是阻止日军入侵，保护豫西的南阳和洛阳免受攻击。同时，洪水也可为驻扎在黄河沿岸的数十万国民党军队提供后勤保障，此外，国民政府设在陕西的陪都西安的外围安全，也有赖于洪水保护。军事胜利是当前首要任务，有鉴于此，洪水就不能为了保障民生而分成一股股细流，因为那样势必会大大降低洪水对日军的防御作用。至少，按照蒋介石的说法，在黄河改道三年之后，大部分被洪水淹没地区的居民已经搬迁，大多数被淹地区为了保护农田也修筑了堤坝，所以民众的困难不再像过去那么大了。如果黄河再次改道，人们将重新遭受新的苦难，因为这将使他们不得不再次逃离。基于这些考虑，蒋介石总结道，国民政府需要维持现状。[64]

但是黄河有它自身的能量，这种能量使国民政府难以维持目前局面。例如，1938 年，在花园口决堤后，淮阳贾鲁河以东和沙河以北的地区，有许多农田被淹。由于淮阳这段地区不处于黄河主河道，所以水流缓慢，泥沙淤积，在经过两年的沉积之后，这一地区地势逐渐升高。这种地形变化导致太康和淮阳之间的主河道东移，并几乎切断了淮阳以西和以南地区的河流。[65]

结果，洪水地区的东移导致西北的贾鲁河和东南的沙河之间形成了一座土岭。土岭以西的一片三角区域，土地重新变得干燥，人们可以把这样的土地变成农田。于是，1940 年，一些逃亡的居民回到了之前的土地。灾民们听说老家出现一线生机，便立刻重返故乡。一些人又开始种田，并期盼有个好收成。不幸的是，土岭并不能提供足够的保护来抵御夏季洪水。如果洪水淹没农田，淮阳灾民就会再次陷入绝望的境地。为了避免这种结果，当地居民召开会议，他们讨论后决定沿着土岭修建堤坝。然而，贫穷的灾民无法负担这项工程，因此淮阳的代表们向黄河水利委员会求助以建造新的堤坝。[66]

淮阳民众的请愿书中说，贾鲁河和沙河沿岸的大堤是为抗战而修建的，目的是保护周家口免受日军攻击。然而事实上，这条堤坝远离黄河主河道，是无法提供有效防御的。中国军队已经从贾鲁河—沙河大堤转移到淮阳土岭一线的防御阵地。然而，他们的阵地缺少掩体，一旦发生洪水，各军队之间将无法联络，很难抵御日军进攻。如果能够沿土岭修筑一条新堤，那么这不仅将有利于交通运输，而且，也可以形成一道防御日军的"天然战略屏障"。当然，除了这些战略考虑外，这条堤坝还将保护淮阳的许多农田。同时，把这项工程变成一个以工代赈项目，也会有助于救济灾民。[67]国民政府最终同意了淮阳代表们的提议，并积极回应了请愿书的要求。[68]为了决定封堵黄河一连串的水道，防止它们汇入沙河，并确保这些水道仍然能够阻碍日军，国民党军事委员和黄河水利委员会命令河南修防处封堵黄河水道并且在沙河以北修筑一条大堤。这项工程于 1941 年竣工，在周家口至淮阳县的沙河北面封堵了 9 条河道，修筑了超过 15 千米的大堤。这条堤坝实现了请愿书中最初的愿望，保护了 300 个村庄和超过 13,200 公顷的耕地。[69]

日占区的水利工程和地方矛盾

当中国士兵和民夫沿着黄河新河道修筑堤坝时，日军为巩固他们对占领区的统治，也在加紧资助修复应急堤坝，而修复堤坝的劳力和资源投入是巨大的。1940 年 7 月，黄河主河道东移，冲垮了日本人在扶沟江村修筑的堤坝，并且几乎淹没了太康全境。[70] "1941 年 2 月，旧黄河北岸干涸，百姓自发沿河岸修筑堤防"，到 6 月 15 日，他们已经完成了超过 35 千米的堤坝修筑。[71] 王盘东岸的民堤溃决时，洪水涌向东南，淹没了涡河。开封附近的朱仙镇和扶沟的白潭之间也出现了两处决口。直到 1941 年 12 月，太康水势才逐渐减小。[72]

溃堤之后，日本占领军当局与中国华北和河南的伪政权负责人于 1941 年初研究决定修复太康、通许、杞县的堤坝，并采取以工代赈的方式招聘民工。他们先是从徐州购买了几十万公斤杂粮，再用船运至开封，最后送至工地。每 5 名民工组成一个"大组"，然后他们将被分配到某一河段进行工作。每名工人每天可以得到 1.5 公斤的玉米或高粱。对贫困的灾民来说，修建堤坝所换取的救济粮颇具吸引力。邢幼杰回忆："新办法（工赈）初推行时，民工日益增多，效率也大见提高。" 1941 年春，堤坝开始成形。至于那些还存在困难的地段则由华北和河南伪政府派遣的监督员监管完成。环境条件也十分有利，因为 1941 年黄河水位相对较低。[73] 1941 年 3 月中旬，日军和伪政府在开封、通许、杞县以及东部的扶沟县征召了一些民工，修筑了长达 200 千米的堤防和护岸。[74] 堤坝的落成，有效阻挡了黄河东部的洪水，并将其限制在了颍河河道内。[75] 新的堤坝"发生了效力"，1941 年是日本占领该地区以来唯一一个泛区没有扩大的年份。[76]

虽然这项水利工程达到了目标，但由此导致的排水系统破坏却引发了当地冲突。1941 年秋，新堤坝阻挡了河水，使之无法向堤坝外溢出，但是，这就导致了位于新堤坝之内的地区水位上涨，许多村庄房屋因此倒塌。据邢幼杰描述：

> 村民无论已外迁或留守村内者，看到堤外村民仍能照常安居，皆甚感不平，堤内一部分村庄的居民联合起来强行破坏新堤，堤外村民则集结起来，武装护堤，双方激烈斗争，以致给新堤徒增危险。

邢幼杰出生的村子就位于太康与杞县交界处的大堤之内，他的堂兄是当地破坏大堤运动的领导者。为了保护新堤，邢幼杰决定利用自己的影响力调解纠纷。[77]

邢幼杰得到河南日本占领军高层的支持。他与日本陆军特务机关副机关长可儿廉平在几十个日本兵的保护下前往位于太康西北 25 千米外的高贤伪区公所。由伪区公所分别通知堤里堤外的各村选出代表到高贤，共商保护新堤、救济堤内灾民之办法。在双方参加会议的代表中，有的是邢的同学，还有的是邢的学生，所以邢幼杰在这群人之中拥有很大的影响力。他和代表们进行了近两小时的谈话，可儿廉平则在旁帮腔助威，最终，一半出于情面一半出于被迫，会议代表们做出了三项决定。第一，堤外各村无偿为从堤内逃出的无家可归者提供住所。第二，借救济粮给从堤内逃到堤外的无法维持生计的灾民。成人每人每日可领救济粮 0.75 斤，儿童每人每日 0.5 斤。将来修堤开工时，以他们的所得工资酌情扣还。第三，堤内外村民应同心协力保护黄河新堤，如有蓄意破坏者，查出后予以严惩，全村连坐。

堤内各村代表认为，这些决定可以使他们在严重的春荒季节渡过难关。堤外的村民则认为这些措施可以使他们以后不再为破坏河堤而担忧，于是双方达成一致。调解结束后，邢幼杰和可儿廉平告诉伪区长和工段负责人要认真执行这个决定，以保护新堤安全。双方各派两名代表偕同伪区长、工段长及邢幼杰、可儿廉平沿新堤步行 10 千米查看堤情。见到新堤大致完好，邢幼杰与可儿廉平便于第二天返回开封，向日军和伪政权高层做了汇报，并受到了高层的称赞。本以为黄河新堤可以无忧，没想到三个月后又出现了多处决口，而其中就有高贤工段。[78]

1941 年 3 月，黄河凌汛季节到来，此时，土堤堤基没有充分夯实，护岸设施也不充足，根本经不起冲击。不仅如此，此时的护堤人员稀少，材料缺乏，监管效率低下。洪水又向外漫延，窄者 1 千米，宽者则超过 5 千米。受灾最重的是太康县。在此之前，全县约有 40% 的面积淹没在水中，60% 没有被淹。而这次决口之后，半个县都没入洪水。太康县城西、北、南三面都被洪水包围，只有东门还可以通行。素日熙熙攘攘的大西关，半数房屋倒塌，商民们纷纷出逃。5 月初，伪太康县长郭成章匆匆跑到开封，向伪省长提出堵口救灾办法，伪省长认为救灾事关重大，向华北伪政府请求援助。省里拨给郭成章 15,000 元救济款，令其速回救灾。因此时北京发来的第一批工程款 150 万元已经用尽，河南也派出代表与华北伪政府洽商修堤办法，几经交涉，又领到第二批工程款 70 万元，紧急救灾款 10 万元。伪省署将领到的救灾款按此次决口受灾情况分发各县。然而，此时，春汛季节已然到来，筑堤工作根本无法进行。[79]

水利管理军事化及其对地方的影响

在河南的日军占领区和国民政府控制区，政府虽然都为水利管理动员了大量劳动力和资源，但这都无法抗衡黄河的能量。1940 年 8 月初，国民政府修筑的防洪大堤在尉氏决口。洪水泛滥于洧川、鄢陵一带，双洎河下游为黄河所夺，最大的一处决口发生于尉氏的十里铺和尉氏的其他一些地点，淹没面积超过 1,400 平方千米。[80]

1940 年夏，国民党中央执行委员会收到一份修复河堤的提案，它论述了水利设施迅速恶化的影响："自黄河改道以来，敌我两军夹河对峙，使之成为至关重要的国防线。"同时洪水也影响民生。尽管从花园口到豫皖交界，已经修建了许多新堤以阻挡河水。然而，1940 年汛期，频繁的暴雨还是冲垮了 50 余处脆弱的堤防，西部地区再次遭遇洪灾。护岸设施和临时应急而建的柳条护岸也被洪水冲走了。这些腐朽的防洪工事不足以抵抗汹涌的河水，反而留下了诸多"隐患"。

而日本人的水利工程则给国民党的军队造成了更大的军事威

胁。引用国民党修堤提案的话说，"此外，敌军花费 50 万元，强
迫东岸民众修筑和防护河堤，控制水势，破坏我军防线"。虽然我
军已经想出攻击和阻断敌军的办法，但还没有完全落实。随着汛
期临近，情况愈发危机。除非修堤责任人加紧修缮，否则河水横
冲直撞可能会冲垮河堤，造成险情。提案总结道，"不仅军事和国
防会受到巨大影响，而且几十千米范围内的民生也会不堪设想"。
因此要做好全面的准备，国防与河防并举。加固黄河新老堤防是
当前最紧迫的工作，不能有丝毫拖延。该提案要求黄河水利委员
会为修复河堤做好技术准备，河南省政府负责征发民工，中央政
府提供以工代赈的资金。[81]

　　国民政府迅速采取行动以应对这场危机。1940 年 8 月 10 日，
黄河水利委员会河防处处长陶履敦、河南修防处代理主任史安栋
和郑州专员杨一峰在尉氏县政府办公室会见了河防人员、军队将
领、县政府工作人员和地方士绅，筹划修堤事宜。根据会议记录
显示，本次会议商讨了河南洪涝地区的战时水利管理对劳动力和
物资的需求，以及国民政府当局对于这些资源将如何进行筹措。

　　确保充足的劳动力供应颇具挑战。会议一开始，陶履敦、史
安栋、杨一峰就提出征召民工来修缮尉氏县大堤的具体方案。他
们说："目下河水湍急，工作形势亦十分紧急，加之洪峰期长，洪
水难以预测。为了保护尉氏段堤防，我们必须堵住决口并采取应
急措施，如此受灾地区不至扩大，施工为力。"为了达到这个目标，
他们提出了组织和管理民工的办法，"以避免推脱责任和纪律松懈
的弊端"。那些幸运的未受洪水破坏的地区，每个保出 100 名强壮
男丁，而受灾地区，则每保出 50 名强壮男丁。当地保长负责监督
民工工作。洪水摧毁了大部分民工的房屋和财产，因此黄河水利

委员会不得不给他们提供食物和住所。

鉴于工程浩大，专员杨一峰认为应该"集中劳动力"完成该工程："十里铺大堤是一项巨大工程，必须尽早完工以堵住河水。要使工程顺利开展，就要集中劳动力，分工协作，做到事半功倍。"为此，黄河水利委员会河防处和河南修防处的工作人员将指挥河防部队和民工，当地的相关组织则负责采购粮食，而县长则将负责强制征召民工和征调补给。

为了修复河堤，就必须要争取资源，然而，争取资源的难度是很大的。修堤所需的生物量巨大，而战时的混乱状况使之难以获得。黄河的破坏性力量毁灭了治水所需的物质资源。尉氏县县长卢丙寅强调，"堵住决口和修复危险地段需要大量木桩、柳条、高粱秆和麻料。而目前本县灾情严重，根本无法提供这些物资"。尉氏县呼吁周边各县帮助提供物资，为此会议决定，政府将从其他地区采购麻料。尉氏县则要尽可能地筹集木桩、柳条和高粱秆。如果当地筹措不足，郑州专员公署将要求附近各县帮忙筹措。

另外与会代表还提出了几项临时动议，他们要求政府补贴购船和修船费用。船只不用太多，但也不能没有，因为其对运送劳动力和物资而言是必不可少的。由于物价上涨，与会代表还要求黄河水利委员会向监工的军官和保长们提供口粮。[82] 堵口完工最终耗时三个月，使用了 17 万立方米的泥土、5 万公斤麻类植物和 15 万公斤柳条。[83]

维护水利工程给当地劳动力和资源供给造成了负担，而日本入侵和洪水已经造成了这些资源的短缺。政府档案表明，当地政府对中央的要求以及提出这种要求所持的理由都有意采取一种回避态度。战争局势没有消除各级政府之间的分歧，反而加剧了他们之间的纷争。

1940 年 9 月，鄢陵县财务委员会呈请尉氏段抢堵临时工程委员会，要求他们减少对抢险修堤的人力和物资征调。尉氏段决口发生在麦收季节，而当时鄢陵百姓正忙着建设和维修黄河沿岸的其他堤坝。因此，鄢陵很难为尉氏段抢堵工程提供人力和物资。他们无法同时兼顾修堤和耕作。黄河水利委员会理解鄢陵居民的困难，但是驳回了他们的呈请。委员会承认征调的物资可能超出了几个保的能力范围。但毕竟物资费用由全县分担，而且黄河水利委员会也给予了补偿，所以他们认为修堤不会给当地带来过重负担。呈请书写道，当地高粱秆的供应已经降至正常时期的十分之一。委员会则称，考虑到鄢陵种植高粱的面积，供应这些物资不会有太大困难。呈请书还称，鄢陵也无力提供木桩。黄河水利委员会则回应，如果把征收任务分散到全县所有的村，那么每村所供的木桩也不过十根而已。同时，黄河水利委员会还强调，这次征调与之前"军事河工材料"征调完全不同，物资当即付款，老百姓没有必要担心。而且，由于每个连保① 都提供了四轮马车运输物资，老百姓们连手推车也都不用再雇用了。[84]

争论的焦点在于修筑河堤究竟是中央的责任还是地方的义务。鄢陵县表示，堵塞决口是"国家财政的事"，应由中央政府出资。但黄河水利委员会坚称，采取抢堵措施以应对险情才是他们应该承担的责任。为此，委员会令沿海各县负担修堤工程。中央政府会进一步拟定一个全面的计划以分配物资和资金，但目前的险情必须另做处理。尉氏段决口淹没了鄢陵大部分地区，黄河

---

① 国民政府统治时期推行的保甲制度的主要内容之一。十户为甲，十甲为保，若干保为连保。——编者注

水利委员会对鄢陵县的困难深表理解。然而，之所以选择在鄢陵征调人力物资也是因为该县地处尉氏县下游泄洪区的尾端。因而它与抢堵工程的关联较其他县更为紧密。为了自力更生免受灾难，鄢陵不得不提前行动以协助完成防范措施。

无论是在战争面前，还是在水利管理方面，国家利益都要求人们无私奉献。鄢陵居民修筑堤防的主要原因还是为了保护家园，根据黄河水利委员会的说法，他们对大规模的水利管理工程毫不在意。正如指令告诫的那样：

> 百姓是无知的，不知如何尽力完成综合性的堤防工程，只是一味地筑堤和堵口。若比之于战争，尽力于综合性堤防工程，就是建设国防事业，而修堤和堵口就是只在自己家周围筑起高墙。何者有利，何者不利，一目了然，无须多言。[85]

按照黄河水利委员会的说法，鄢陵百姓必须超越狭隘的地方主义，参与水利管理，并全力投入到更大的国防事业之中。

但是，颇具讽刺意味的是，恰恰是因为国民政府的军事行动，才导致当地缺乏投入水利管理的能量。鄢陵的呈请书写道，征兵已使全县半数以上壮丁"为国报效"。麦收季节修建军事防御工事本就已经妨碍了农业生产，而修筑堤坝则进一步打乱了农业节奏，这使得鄢陵难以在维持农业生产的情况下担负更多的责任。站在当地的立场，将能量（精力）投入打仗和筑堤之后，他们就几乎无力再从事农业生产了。对此，黄河水利委员会回应道，当地的命运和中国抗战的命运以及更大规模的水利管理事业都是息息相关的。委员会的指令警告大家，"一旦县城被敌军占领，哪怕有小麦也将无法收割。洪水来临，哪怕有谷粒又如何能播种？
我们必须分清事情的轻重缓急"。

为了在汛期加固堤防，黄河水利委员会敦促鄢陵组织民工防
汛队，以"弥补防汛部队力量之不足"。[86] 委员会认为，河工不
需要太多物料，大范围筹集这些物料反而会导致工程延误。为了
及时堵住决口，必须事先预备物料。此外，秋收之后着手工作也
将会延误工程。所以，委员会一面重申了自己对鄢陵实际困难的
同情，一面也强调了上级政府对征调人工和补给的批准，并且他
们还强调，这种法外征调"完全不同于肆意征用民力和物力"的
那种征调方式。[87] 因此，最终，黄河水利委员会拒绝批准鄢陵关
于减少物资征用和免除防汛责任的请求。

这些要求对其他县也同样适用。战争期间为达成军事目的而
进行的黄河水能的开发，需要在整个黄泛区域内抽调人力和物
资，然而由于 1938 年的洪水，当地资源已经所剩无几。恰如国民
政府的工程师徐福龄所说："抗战时期，人民疾苦，集料运输困
难，又缺乏石料，防洪工程多系就地取材、因陋就简的临时性措
施。"[88] 战争期间，条件所限，无法从外地输入物资。因此，堤坝
周边各县承担了供应物资这一重任。

1941 年春，河南伪政府征集劳工，修复黄河东岸堤防，使河
水改道向西，威胁国民政府修筑的堤坝。1941 年 4 月，国民政府
行政院召开会议，商讨反击日军的措施，会上，第一战区司令官
要求填堵江村上游支流，以增强新堤抵御日军的能力。会议结束
后，黄河水利委员会、军事委员会驻西安办事处、第一战区司令
部便开始承担起修堤工作，而河南修防处则负责堤防建设，后者
于 1941 年 4 月汛期开始这项工程，修防处还为此设立了专门的办

事处，负责维修危险地段和指挥当地驻军。[89]

1941 年 6 月，黄河再次在逊母口冲破堤防，结果造成水量的 80% 涌入涡河。黄河主河道穿过尉氏、太康、淮阳、鹿邑流入淮河。因为淮阳地处涡河南面和沙河北面的高地，所以洪水从未抵达过当地。因此，淮阳是黄泛区以南唯一没有被日军占领的地区。如果所有洪流汇入涡河，那么淮阳以南和沙河以北的河道将被切断，淮阳附近的日军就可以畅通无阻地进入国民政府控制区。因此，出于防御目的，国民政府不得不维持淮阳以南的洪泛，以此防止黄河挤占沙河。然而，由于泥沙淤积，1940 年初太康和淮阳之间的黄河主河道发生东移，致使其在淮阳西南方向的流量减少。由于缺少洪水的庇护，淮阳的中国军队不时遭到日军袭击。在这种情况下，为了"兼顾国防与民生"，国民政府不得不确保河水不断地流向淮阳以南。[90]

1941 年的春天和夏天，第一战区司令部和地方政府封堵了王盘附近的两个决口，修复了 6,000 米长的堤防，同时还修建了 10 处柳条护岸，以此减少涌入涡河的河水流量，并进而改变其主河道的河水流量。黄河流入沙河的 11 条支流，除 3 条外，全部被周家口的一处工程堵住，这项工程还修复了周家口至淮阳之间位于沙河北岸的 40,000 米长的堤坝。这些工程阻止了洪水挤占沙河，防止了淮阳以南水流四散，从而阻遏了日军的行动。[91] 与此同时，扶沟等县修建了 37 道军工壩，并沿途修建了护岸、堤防，以及用于排涝的排水沟。最终，当地政府使用 80 万公斤高粱秆和 830 万立方米的泥土修复了近 272 千米的堤坝。[92]

国民政府对河南黄泛区各县的调查，生动地反映了这些工程是如何进行的。1941 年，黄河水利委员会为了增建从广武到界首

（位于豫皖交界的一座城镇，现为安徽省界首市）近 300 千米的防洪堤而要求拨款。[93] 到 1941 年 6 月，广武—尉氏段竣工，扶沟修堤工作也已经完成。但其他河段的工程进度就慢得多了，西华仅完成了 60%，而淮阳仅完成 20%。工程延误的部分原因是维护堤防与农业生产之间的矛盾。"提前开工的县在麦收之前就完成了任务。而那些开工较晚的县，则大多是在麦收季节延宕了工作。"[94]

在洪水来临之前，各县试图增加人工，以便完成修堤工程。中央财政资金短缺，无法为民工购买足够的粮食，所以地方政府只好负担了粮食采购的资金。"防洪堤工程由洪水区周边各县承担。黄河水利委员会按照每立方米土方 4 角钱的价格支付工钱。但是这年谷价大幅上涨，每个民工每天的工资就需要 2 元钱，在周家口雇用 1 名民工则需要 4 元钱，而且每名民工每天只能修建 1 立方米的大堤。因此，各县的花费都非常巨大。"

在扶沟的韩寺营和其他地方，民工们赶工完成了军事护岸和沿岸防御工事。而在韩寺营对面黄河东岸的江村，日军已经修筑了 10 道斜坡堤。"这些堤防建成后，黄河主河道就会涌向韩寺营，这将造成更大的决口风险。因此，我方也将在韩寺营附近修建 16 条斜坡堤，工程预计在 1 个月内完成。"在其他堤段，国民政府水利主管机构意在"令县政府调集民工支撑和巩固现有民堤，并加以利用"。[95]

封堵黄河和沙河之间支流的工程进展得并不顺利。一份关于洪水区堤防状况的报告写道："封堵白马沟已经两次失败，物资损失巨大，当地民众屡有烦言。"国民政府调查员发现工地河底浑浊多沙。堵口时，河水突然上涨。水流动摇了西堤，使之坍塌，而紧急维修又缺乏物料，最终，整个工程功亏一篑，物资损失惨重。黄河水利委员会选择了上游约 1.5 千米处的一个地点作为新的封堵地点。工人们先在北岸挖了一条导流渠，又在对岸修筑了斜坡堤将水流引入导流渠，希望以此能够达到"分水势"的效果。在附近泥滩上，工人们还修建了小型堤坝，以防止水回流河道。调查人员得出结论，"如果各县都能准时征集、发送物资，那么二十天之内决口就能够被堵住。可是，汛期眼看就要来临，在如此缺少物资的情况下，决口将很难被封堵，而且这对国防也将造成巨大影响"。调查员会见了河南省第七区行政督查专员公署的行政长官，"指示他命令各县迅速运送物资和人力，尽快完成工程"。调查员强调，成功完成水利工程将使洪水成为抵御日军的屏障。黄河主河道现已转向淮阳以北，南边的河道水量已经有所减少，"如果不封堵各支流，淮阳以南的洪水都将汇入沙河，那么在淮阳就将没有防御敌军的屏障。因此从军事角度说，封堵各支流是极端重要的"。[96]

　　然而，黄泛区根本就不是一个牢靠的屏障。1941 年 8 月下旬，为配合日军进攻华中长沙，驻豫日军的指挥官增加了兵力，并训练工程兵团执行渡河和堤防建设任务，准备南渡黄河。夏季汛期地到来使得黄河水位较高，难以渡河，所以，直到 10 月汛期过去，日军才开始行动。日军在中牟附近修建了横跨黄河的堤道和桥梁，并且修复了 1938 年被摧毁的郑州北边的京汉铁路桥，然后他们轻而易举地便突破了国民党的防御阵地。10 月 4 日，日军占领了基本上被弃守的郑州，然后在黄河南岸修筑了一座桥头堡，并部署了两个步兵联队和一个炮兵联队进行守卫。另外，还有一支日军驻扎在中牟县黄河主河道以西。日军行动后，第一战区司令官卫立煌奉军事委员会之名召开会议。这次会议的目的是与河南修防处负责人商量再次决堤一事，军方希望通过决堤引水南下，进而阻断日军西进。而修防处经过调查的结论认为：当地地形不适宜决堤，水位太低，而且日军已经占领附近地区，战略洪水计划亦难以再度施行。[97]

10 月底，日军撤出郑州，中国军队开进城市。但是，日军仍控制着中牟县城，这严重削弱了国民政府的防御。为了消除这一威胁，11 月，第三集团军指挥官命令河南修防处遣人至前线再行调查，研究将黄河河水引向中牟县城西南的可行性。经过调查，水务人员在中牟县西开挖了一条沟渠，使之与主河道相连。此举增加了沟渠的流量，给日军西进造成了困难。凿渠需要移走 428,300 立方米的泥土，国民政府河防机构认为工费太大，于是当地驻军指挥官命令工地附近的县城就地征召民工，并给予食物作为补偿。11 月下旬，工程启动，为了避开日军炮火，一万多名民工只能在寒冷的夜里进行工作。该沟渠于当年年底完工。[98]

为防止黄河洪水汇入涡河，国民党军事领导人建议堵住太康的决口，使河水恢复到原先位置，但 1941 年 12 月中旬工程开始之时，当地劳动力和物资来源已大大减少。12 月底的一项调查表明："太康决口附近，所有柳条都被砍来封堵去年王盘的决口。此外，今年汛期淹没了许多柳树，所以，当地已经不剩任何物资了。而且当地大部分居民已经逃离，留下的基本是妇女和儿童。所以，从当地征调人力和物资都非常困难。"[99] 倒是可以从离工地 20 千米远的地方征集人力和物资，但那里的居民缺衣少食，没有住所，而且冬天也快要来了，所以，想要调集大量的民工其实是非常困难的，至于物资，即使能从远方进行采购，也没有可通行的水路进行运输。[100] 日军占据了工地旁边的阵地，这使工作更加难以进行。到 1941 年 1 月，国民政府不晓得通过什么方法征集了足够的资源封堵住了 10 处决口。[101] 据坡谢的一位居民回忆："国民党政府不断派豫西各县民工修固堤防，每至此，坡谢村民的门扇、木料、家具、树木都会被无偿挪用。"[102]

然而，新建堤防结构脆弱，几乎起不到任何减轻洪水破坏的作用。[103] 徐福龄回忆说：

> 防泛新堤在修筑时，是仓促施工，土质沙松，又未行硪，御水能力很差。同时河面宽阔，风浪严重，汊流众多，流势多变，一遇大溜冲刷或较大风浪拍击，如抢护不及，即决口为患，因此年年都发生决口事件。[104]

黄河河底沉积了大量泥沙，这增加了它的不稳定性。当洪水涌入贾鲁河后，洪水区域（从京水到郑县之间）的宽度由 1.5 千米扩大至超过 10 千米。当洪水进入中牟时，洪水区的宽度已经扩大到 15 千米以上。在尉氏一带，则达到 50 千米宽。随着河流漫过平原，水流速度减慢，导致泥沙沉淀。泥沙淤积使河床升高，洪水的威胁也就将越来越大。由于之前地势较低的地区已经蓄满了水，所以随着泥沙淤积，地势抬高，洪水便又将会转移到其他地势较低的地区。

中日军队草草修建的堤坝无力控制黄河，但影响了洪水的流动和分流。泥沙淤积和堤防工程使洪水漫无目的地蜿蜒和转向，导致受灾地区扩大。[105] 黄河没有形成新的河道，而是漫过平原，并不断沉淀泥沙。随着泥沙的逐年淤积，弧形洪涝区域的两端开始分别向南和向西进行移动。[106] 黄河改道后，河中泥沙堵塞了贾鲁河、沙河、颍河、涡河和双泊河的大部分河道，也破坏了淮河及其支流的水文系统。淮河支流淤塞使其排水系统失调。当淮河的排水能力大幅度下降时，洪水便会愈发肆虐，淮河流域发生洪涝灾害的可能性也就会陡然增大。[107] 1938 年至 1945 年，黄河大堤在河南多处地方数度决口。[108] 美国记者杰克·贝尔登（Jack Belden）写道，黄河"失控了，它找不到新的河道"。黄河持续改道，给河南及附近省份带来灾难。贝尔登说，"这条全新的河流在它不知所向的旅程中横冲直撞"，并造成了无法估量的破坏。

最初，国民政府想要倚仗黄河不受控制的能量来支撑其日渐衰落的军事力量。但是，一旦黄河的力量被释放出来，不论人们如何努力地控制它，它都会造成巨大的破坏。[109]

结　论

从抗日战争初期开始，河南的军队、河流、水利工程和地方社会就形成了一个时而合作、时而竞争的互动网络。能量以各种形式在这些网络中流动。战争的第一年，日军依靠铁路运送军队和物资。铁路促进了能量跨时空流动，并最早定义了何为军事战略。1938 年 6 月，国民党军队使黄河改道，将黄河的能量转化为武器，并借此破坏了交汇于河南的华北铁路网，从而暂时击退日军。洪水改变了环境景观，也重新塑造了军事空间。直至 1944 年日军发动"一号作战"之前，释放河流的能量，并改变它的流向，都帮助国民政府维护了其统治地位。

1938 年黄河改道之后，各方对力量的追求使他们继续依赖开槽引水这种方法，去充分利用黄河的能量。冲突各方在控制河水、重新分配河水以及排干黄河水这几个方面都做了巨大努力，他们通过这些努力获得优势并推进其目标。从生态学上说，国民政府和日本占领军对待黄河的做法基本是一样的。但在军事上和政治上，他们的水利工程措施却是截然相反的，因为双方都试图把洪水挡在自己的控制区之外，并将其引向对手。

军事化的水利工程需要消耗巨大的能量。所以，为了操纵河流以达到战略目的，军方及与之配合的水利管理机构必须要想办法从河南的黄泛区征集人力和物力。这种提供能量的任务使饱受（因战争所诱发的）灾害摧残的地区雪上加霜。开掘堤坝、释放洪水抵挡日军，使国民党军队获得一时之利，却带来惊人的能量损失。战争造成的洪水破坏了农业景观，使水利系统陷入混乱，造成大量人口流离失所。而中日军队都没有能力指挥足够的人力物力去对抗黄河的能量。

事实证明，想要有效地操纵黄河为军事战略目的服务注定是徒劳的。几百年来，这条河从未受到过人类控制。历史上"水文系统干涸、淤塞、泛滥或者改道，其实都可以说成是一种对人类控制的摆脱。它使所有想要控制和利用它的资源最终都化为泡影"。[110] 而战争期间，军队几乎吞噬和摧毁了所有可利用的资源，这使得能量的循环变得更加恶性。破坏如此严重，河南黄泛区却几乎没有力量来投入水利建设，更不用说修复生态破坏了。能量是有限的。如果它用于战争，那么就无法用于重建。军事系统耗尽了地方的能量，这使得地方无法从战争诱发的灾害中得到恢复。

国家故意破坏水利基础设施，为军事目的抽调有限能源，这些做法使这些战时灾害具有独特的性质。1887 至 1888 年间，花园口以东约 16 千米处的黄河南岸大堤决口，造成洪水泛滥，清政府第一时间向外国工程师们咨询"治河"技术。[111] 仅仅过了两个季节，政府出资的"归故工程"就使黄河回归故道。[112] 同样值得注意的是，1931 年长江流域和淮河流域发生特大洪水，对此，国民政府也实施了比较有效的防洪措施。1935 年，另一次大洪水来临之际，政府提供的广泛救济亦有效控制了损失。[113] 但是，到了抗日战争期间，国家重心的转变却带来了截然不同的结果。

1938 年，国民政府为了保证政权存续，把黄河洪水当作一项战略计划，牺牲了黄河沿岸民众的福祉。此后，国民政府当局亦坚持认为促使黄河改道以对抗日军比推行救灾措施更为重要。中国军队利用黄河蕴藏的巨大能量进行了一场水利战争。而另一边，日军和伪政府则拼命地恢复秩序，巩固政权。事实上，任何一方都没有成功，双方的目标也都未能实现。但是为发动战争和控制水道而抽调的人力物力，却使得原本就稀少的资源更加无法用于修复农业生态系统了。即使人口迁出了黄泛区，华北铁路网所遭受的破坏也使得当地无法再从其他地区输入物资。这导致的结果便是一场生态灾难。由于能量没有被投入救灾和重建，抗日战争期间的黄河水灾与和平稳定时期的同类灾害相比，持续时间更长，影响更大。

战时，维持军事化的水利系统所造成的能量流动扭曲，对地方社会也产生了灾难性的影响。黄泛区的居民们常常不得不想办法应对这些由战争引起的环境灾难。

第二章

逃生故事：难民迁移与生态适应

1938 年 6 月，国民党军队在花园口决堤，此举造成水利基础设施破坏，河南 117 万多人流离失所。当中日军队和他们的民政部门出于军事战略目的的争夺对黄河的控制权时，难民们却在拼尽全力保护着他们赖以生存的能量。本章考察了河南黄泛区的难民是如何应对这些由战争引发的灾害的。面对被战争摧残之后的生态环境，流离失所的难民们的应对策略是怎样的，难民的活动又对这种生态环境造成了怎样的影响，这些都将是本章关注的重点。

　　20 世纪初，河南和华北平原其他地区的村民在抗击洪水和其他灾害方面积累了丰富的经验。生活总是变化无常，村民把环境的不可预测性视为一种常态，并且创造了一些应对方式。1938 年洪水过后，河南黄泛区的难民采取了一系列过去就曾被使用的求生策略——其中一些已经延续了几个世纪。这种延续性模糊了战争与和平时期社会生态史之间的显著差别。显然，战争给环境造成的危害，比"正常"情况下更严重，规模更大，持续时间更长。除了洪水之外，人们还要与伴随军事形势而来的暴力、危险和动荡做斗争。

　　甚至在战争毁掉农业生态系统之后，河南村民还要为战争和军事化水利工程建设提供人力、物力。军事冲突造成的损失和后续弥补，除了使难民更难获得能量以维持生存之外，还消耗了重建毁于战火的河南基础环境设施所需的人力和资源。所以，出于军事目的而改变能量流向实则加剧了战争所引发的生态灾难。

难民的求生策略与战时生态变迁之间存在着多种维度的联系。黄河的战略改道及其在中日战争中的地理位置，为穿越前线走私货物的河南难民提供了新的生计。而难民们使用的其他生态适应措施则对土地产生了显著影响。另外，还有许多灾民靠搜集和贩卖供取暖做饭的生物燃料谋生。这实际上增加了灾民们对能源的需求，使本已开发殆尽的能源变得更加匮乏。

战时成千上万的河南灾民流入陕西，这也引发了当地的环境变化。国民政府安置难民，动员他们垦荒，彻底改变了当地的生态环境。土地复垦使林地变成农田，生态系统变得单调，野生动物的栖息地遭到破坏。改变环境的动力源于战时国家对充足能量的需要，其目的当然是支援抗日战争。

水灾难民流离失所

1938 年 6 月决堤时，黄河沿岸居民很少有人收到警告，但当时，花园口当地的居民似乎已经察觉到了国民党士兵试图开挖大堤。在花园口长大的冯兆学回忆说：

> 国民党在黄河堤扒口那会儿，我还小，见了兵就害怕。守黄河的兵天天都去扒，好些兵从村头过，扛着枪，到各家各户拿工具。随后就都上了河堤。我们那个村子挨着河堤。

水刚出来时，不大，有些老百姓不在乎，说水过一阵子就会下去。可后来水越来越大，老百姓就往高处跑。结果水连高处也淹了，老百姓这才知道黄河水厉害。[1]

一时间洪水泛滥，房屋倒塌，人们受困于高地。当地民众在政府号召下驾船救助灾民，但是冯兆学说："被淹的地方大，受灾人口多，船又少，顾不过来，有的人就被淹死了。还有的人舍不得家里的东西，不愿走，结果水一涨，也被淹死了。"[2]

1938 年 6 月，洪水第一次来临时，当地政府试图组织民众抢修大堤以阻止破坏，并下令撤离灾民。许多居民逃往高地和大堤顶上。河水汹涌澎湃，把一些人困在树上和屋顶上。一份写于 1938 年 7 月的有关中牟和郑县水患情形的报告描述："洪水区的人们大多逃到地势较高的村镇，亟待救济。他们的耕地和房屋都被洪水淹没毁坏了。如果不及时逃离，就会发生人畜被卷走的惨剧。"[3] 众多受困灾民不得不等洪水平息后才能转移到安全的地方。[4]

1938 年的洪水发生于夏收前夕，此时正是农忙高峰季节。在这种时节，农民不愿意离开他们的土地和庄稼。[5] 家住花园口附近当时还是孩子的靳满仓说，很多居民为了躲避洪水而搬到更高的地方或是大堤的顶上。他们想，一旦洪水退去，一切恢复正常，他们就又可以回家了。但是洪水持续的时间远远超过了预计。由于灾民们只随身携带了一丁点儿的食物和燃料，所以不久之后他们就陷入饥荒。"被围在高处的人没得吃，一阵子下来，饿死的老多，水浅的地方，麦子还露个头，逃到大堤上的人，就拎着个篮子，蹚着水到地里去薅麦穗。"[6] 当灾民吃光了他们从田里捞到的所有东西，也用完了燃料，他们之中的许多人就不得不外出讨饭了。

　　许多难民并没有充分认识到这场灾难的严重性，他们以为洪水很快就会像之前一样退去，届时他们就可以回家了。尉氏县的一位灾民回忆道："开始大家还想着水不会流多长时间，等挡住了黄河口，就有法生活了。全村几乎没有一人想到要出外逃荒。"然而，他们的期望落空了。"后来水越来越大，两三个月后，村里人就把仅收到手的那一点点麦子给吃光了，只好出外逃荒。"家里腿脚好的人都离开了，只有老年人被留在村里。[7]大部分难民和家人或邻居一起逃往相邻的村镇，或者河南其他还没有被黄河淹没的县。一些人在寺庙里找到栖身之所，靠乞讨为生，并且幸运地与亲朋好友住在了一起。[8]扶沟县城位于一片低洼地区，洪水沿城墙的北部和东部边缘漫延。县政府组织修建临时堤坝和土方，以此保护城墙，阻挡洪水进入。于是，来自扶沟、鹿邑和太康成百上千的难民躲进城墙避难，空置的房子里和街道上也挤满了人。[9]扶沟县城的难民人数很快增加到一千多人，有限的储粮消耗殆尽。没有外援，县长无法救济所有难民。[10]不断减少的粮食供应无法养活日渐增长的难民人口。

　　1938 年 6 月洪水过后，国民政府委派人员在河南灾区分发救灾物资，并且试图疏散灾民。[11]然而战争的紧迫性和灾害的规模使救灾活动难以充分开展。成千上万的灾民逃往周家口、许昌、漯河和郑州。仅仅只有小部分人在当地政府、慈善组织和外国传教士开办的难民收容中心找到了避难所。8 月初，郑州难民收容中心已经接纳了 4,700 多人，但是仍不足以容纳城中所有难民。[12]灾民听说一些地方正在发放救援物资，可是等他们赶到后却常常发现救助活动已经结束了。[13]河南省政府命令未受灾的那些县收留灾民，把灾民分配给保甲组织，照顾他们直到他们能够自谋生路。虽然这些安排给部分难民提供了一定程度的救助，但大多数难民并没有获得任何支援，只能自力更生。[14]

在难民聚集的地方，糟糕的卫生条件和过度拥挤的环境持续诱发着传染病。霍乱和其他疾病迅速蔓延。[15] 大量人口聚集在限定区域内，迫使人们与受到排泄物和（传播斑疹伤寒的）虱子污染的水源发生接触。如同过去一样，洪水退后，死水池成为疟蚊理想的栖息地，而疟蚊是疟疾的带菌物种。在河南东部的黄泛区，蚊子在死水沼泽中大量繁殖。[16] 1938 年 7 月，国民政府的代表在前往中牟分发救助款时发现，"中牟的传染病疫情十分猖獗，近来已蔓延至县城"。[17] 8 月，情况进一步恶化。流行病四起，但是治疗药物短缺。[18] 在扶沟县城，难民生活条件不卫生，营养不良，导致伤寒、霍乱和痢疾肆虐。[19] 西华县，"未被洪水淹没的乡村已经出现疫情，每天都有人死亡"。[20] 一位中牟县的灾民回忆说，洪水过后，"污坑遍地，蚊子多，死尸多，灾民们又经常露宿在外，瘟疫流行"。因此，中牟县经历了致命的霍乱、伤寒和痢疾。霍乱的危害尤其大："上吐下泻，有的人半天时间就死去了。"[21] 一些从扶沟逃到许昌或其他地方的难民，因为找不到避难所，或是染上了瘟疫，不得不又重回中牟。[22]

到 1938 年 8 月，鄢陵大部分地区的洪水已经消退，只剩下"一人深的淤沙"。房屋倒塌，掩埋在淤泥中。河南一家报纸报道："灾民用仅有的抢回来的干草搭成茅棚，在干丘上居住着。往日的大街，现在成了渡船的水道。"在许昌到鄢陵的路上，"每个村庄的旁边，每个大树荫下，都可看到流浪的人群，他们将被黄河浸透的被窝展开晾晒着，在他们的身旁摆放着小车、挑筐、柴捆，以及各种破破烂烂的东西"。[23] 当夏季汛期结束，洪水从尉氏、扶沟等县退去，被困在高处的人们方才得救，也才能够四处走动。但是洪水冲走了房屋，泥沙掩埋了道路和田地，难民即使返回村庄也很难再重新耕种。[24]

当地政府试图控制洪水。然而，大规模的难民迁移造成人工短缺，使得对水利设施的有效维护无法展开。战时征兵进一步加剧了劳动力短缺，许多人被征召入伍或是逃亡外地以躲避兵役。1938 年 8 月，扶沟县政府尝试建造小型堤坝以保护村庄和农田。但是战争和灾害导致的该县人口下降，使得工程受阻。一份关于扶沟当地情况的报告指出："许多居民无法谋生，已携家带口逃亡，所以招募劳动力十分困难。"[25]太康的堤防建设同样面临劳工短缺的问题。一份调查报告写道："虽然当地还留下一些居民，但大部分是妇女儿童，以致当地征用人力物力极度困难。"[26]由于战乱造成劳力匮乏，维护水利基础设施变得日益困难。

不过，1939 年国民政府还是征集了足够的人力以建设黄河新河道西岸的一系列堤防。如前一章所述，国民政府领导人试图通过修筑堤防"以水制敌"，利用洪水作为阻挡日军西进的战略屏障。部分河南黄泛区的居民实际上受益于这些军事化的水利工程。国民政府建设的堤防将洪水东引，这使得扶沟县部分地区的灾民得以重返先前被洪水淹没的土地上耕作。然而，因为人手短缺，牲畜死亡，加之重返家园的难民缺少工具和种子，田地也已被泥沙所掩埋，所以洪水依旧是一个威胁，而这一切也使得安置工作变得十分困难。

战时动荡使水利系统陷入混乱。由于缺乏充分防范，黄河的突然转向冲垮了临时修复的堤坝，并再次形成洪水，从而进一步增加了难民人数。[27]1939 年夏秋之交，特大暴雨和山洪造成黄河水位暴涨，贾鲁河、沙河、颍水、京水和双洎河同时泛滥。洪水最严重的地区包括扶沟、西华、淮阳、沈丘、项城和太康，那里有上百万灾民亟待救援。每天成千上万的难民涌入周家口、许昌和郑州。1940 年春夏两季又降下大雨，导致开封、郑州、中牟、尉氏、鄢陵、扶沟、西华、太康和淮阳的堤坝发生同样严重的决口。[28]

由于洪水持续不断，一些当地居民不得不反复逃亡。1938 年的洪水淹没了扶沟一户难民家中 67,000 平方米的土地。在寺庙住了一年后，他们又返回扶沟耕种自己的土地。但到了 1939 年秋，堤坝再次决口，并引发了更大的洪水。400 名村民的庄稼和房屋被冲走，于是，这户难民听从了两个当地人的建议："最好远离这个该死的地方，永不回来！"[29]冒险返回项城县的难民也遭遇了类似的不幸。1938 年 10 月，第一次洪水过后，人们逃回附近地区。他们返回时发现，地里覆盖着厚厚的一层泥沙，这便他们根本无法找到之前的家。唯一的办法就是搬到高地，然后搭建草棚准备过冬。而 1939 年麦收过后，大雨使黄河再度泛滥，他们被迫再次逃亡。[30] 1938 年和 1939 年的两次洪水之后的调查显示，河南洪水地区大约 553,347 公顷的土地被淹，灾民人数超过 1,963,200人，待赈人数超过 1,285,500 人。[31]

其他生物则从洪灾中获益。一如过去发生的那样，洪水泛滥对人类而言完全是灾难，可是对一些野生动物来说却是一件好事。[32]由于大量人口的消失，在洪水退去后，杂草和其他植被便开始覆盖大地，因而野生动物也就能够在其中繁衍生息。1938 年以前，适应人工农业地区的乌鸦和麻雀等是该地区占据主导地位的鸟类种群。洪水前，虽然有迁徙的大雁在扶沟过冬，但是数量

河南居民乘船撤离黄泛区

不多。1938 年以后，这一地区被洪水淹没，从而得以成为水鸟迁徙路线上的中转站。每年有一万多只大雁在扶沟越冬。此外，还有数量众多的白鹭，扶沟的曹里因此成为有名的"白鹭村"。一些哺乳动物也从洪水中受益。水位下降后，由于没有人类，兔子在洪水地区过度繁殖。[33] 战争引发的洪水和人口迁移导致耕地面积萎缩，与此同时，自然植被和野生动物的栖息地得以恢复。洪水和荒地成了大雁、白鹭和兔子的乐园。

人类的情况就没有那么好了。除了持续性的洪水，豫东的军事形势也仍旧给当地民众带来着沉重的压力。战时动荡环境下，大部分洪水地区缺少能发挥作用的政府。[34] 1938 年起，国民党军队大量进驻中牟，以防御黄河北岸的日军。一位中牟县占杨村的灾民回忆道："占杨村到处尽是（国民党）兵。他们抓兵拉夫，偷鸡摸狗，拐骗妇女，拦路抢劫，搜刮民财，强迫民夫修堤筑路，

河南黄泛区的难民

搞得全村鸡犬不宁。"[35] 由于这些军事需求，农业生产几乎不可能恢复正常。

　　中国军队像在其他地方一样拆毁寺庙，从而获取维修防御工事所需的木材。日军炮弹越过黄河，把中牟县的其他建筑炸成一片废墟。[36] 同时，附近的日军炮兵阵地也炮击了广武县城。1941年末，日军越过黄河占领中牟和广武的部分地区，于是超过 8 万名水灾难民不愿再返回家乡。当日军进攻中牟时，中牟县城居民和前线附近的村民开始向南和东南方向逃亡。日军在广武乡村大肆屠杀，烧毁了 90% 的房屋，杀害了 4,500 名居民。军纪涣散的中国军队又抢夺百姓日渐告罄的粮食和饲料，这无疑加重了民众的负担。[37]

难民的谋生策略

河南黄泛区的难民使出所有的生存本领去对付因战争引起的灾难。在河南，就像华北平原的其他地区一样，迁移是人们面对日常困难和周期性灾难的惯常手段。[38] 早在抗日战争爆发以前，流动就已经是许多人日常生活的一大特征。一些河南的农村居民（大多是年轻男子）在农闲季节离开家乡前往城市或其他乡村打工，以赚取额外收入，再于每年春天回家收割并种植上新的庄稼。一些男人外出做长工，汇钱给他们的家人，把土地留给妇女、儿童和老人耕种。而当洪水或饥荒来袭时，家家户户就都逃走了。虽然有时灾害持续的时间更长一些，但这些迁移通常都是短期的。人们离开家几周或几个月，灾害一平息便返乡重建家园。[39] 然而，1938 年后河南不断遭受洪水袭击，这导致了更大规模和更持久的迁移，成千上万的农民不得不离开家园长达数月乃至数年之久。环境基础设施崩溃，而战时需要又加强了对劳力和资源的征调，这一切使农业生态更加难以恢复。然而，即便没有政府救援，流散的人们仍能找到方法适应这些动荡不安的环境。

1939 年 10 月，国民政府收到一份救济方案，其中列举了河南水灾难民所采取的一系列谋生策略。[40] 河南是中国传统的兵源地，从 1937 年到 1940 年，国民党军队从河南征募的士兵要多于其他省份。许多在洪水中失去田地的成年男子加入了国民党的军队。比较富裕的家庭通常会雇用他人代替自己的儿子服兵役，而大量的洪水难民正好充当了这种代人服役的角色。[41]甚至，在河南遭受洪水的地区，招募新兵的需求仍然很高。据1938年8月下旬的一份报纸报道，虽然许多灾民逃离，人口减少，但国民党的军队仍按照每个地区原先的配额征召新兵。如果灾区缺少四肢健全的成年男性，连保组织就要负担寻找替代者的费用，通常每保需要为此支付100—200元。战争加剧了灾害带给当地居民的苦难。"这样，民众的地被淹了，房屋倒塌了，麦子冲跑了，每天忙着抢堤救灾，还得出钱雇用兵员，真是千难万难。"[42]

给人打小工、拾荒和乞讨是其他常见的求生方式，这些求生方式在战争岁月显得尤为重要。随着当地居民的逃亡和男子的应征入伍，灾区发生了严重的人口短缺。救济方案指出，仍留在河南洪水灾区的人们只能从事一些很不体面的工作。当夏秋季节粮食丰收时，许多灾民在田里靠拾穗为生。由于这段时间粮食供应比较充足，所以也有难民靠乞讨为生。但是这种求生方式只有在食物充足时才行之有效。冬天一到，就没有办法拾穗和乞讨了，到那时，难民们就只能忍饥挨饿。[43]

一位难民回忆称，西华县的灾民们"依靠当长工、打短工、讨饭、卖艺、推车、担挑以及做小生意、开小作坊等谋生"。和先前发生灾难的时候一样，一些家庭不得不把孩子卖了才能活下来。绝望也迫使一些妇女卖淫。在西华，"有的青年灾民被国民党抓夫、抓丁，而当地恶霸、地痞欺侮拐骗女青年的悲惨事件到处皆是"。[44]一名外国调查人员在1947年的一篇文章中罗列了战争期间难民从事的具有代表性的工作："比如苦力、黄包车夫、小贩，男孩充当季节性的农业雇工、挑水工、家仆和挑粪工"；对妇女和女孩来说，最常见的工作则是"纺纱、织布、洗衣服、家务"。[45]

1938 年洪水过后，中牟县的灾民许光道和他的家人只好各自谋生。他的祖父母携带三叔投奔住在县南的一个朋友，在那里三叔靠给人打长工过活。大伯一家老小逃到另一个村子做起了小买卖。弟弟夫妻二人逃往弟媳的舅舅家，靠为一个富裕家庭种田为生。许光道的妹妹尚幼，携逃不便，便交给另一家人收养。许光道本人，最后则选择了参军。[46]战争期间，无数大家庭就像这样四分五裂。

黄河改道和随之而来的洪水彻底改变了豫东的景观。虽然洪水退去，但是黄河泥沙还是掩埋了大片的可耕地。低洼地区仍旧满是积水，野草和藤蔓爬满被淤泥覆盖的堤岸。[47]农具和牲畜被洪水卷走，所以开垦土地十分艰难。在尉氏县，雨季洪水泛滥，而旱季，太阳又烤干了覆盖淤泥的地面。由于无法开垦和耕种，大部分居民只得无奈地选择逃亡。尉氏县的一位难民说，洪水退去时，"地面硬得像砖，根本没法种地，人们也根本留不下来。这里基本成了无人区，留下的人不到一成"。[48]许多尉氏居民逃往豫西和豫南的国民党控制区。男人们做雇工和搬运工，女人、老人和孩子们夜里睡在寺庙里，白天则靠着四处乞讨过活。战时环境使一些移民路线被切断了，但还是很少有难民愿意逃到日本人的占领区。因为对于侵略者，他们还是感到十分恐惧的。[49]

另一些人在黄泛区找到了生路。1939 年国民政府组织修建了鄢陵、扶沟和西华的堤防，使扶沟和西华部分地区水位下降。一些难民得以返回家园，1939 年和 1940 年，他们和那些没有离开西华的灾民一起，在洪水退去的土地上种植庄稼，并取得了相当不错的收成。[50]在扶沟，当沿河西岸的新堤修筑完工后，1938 年洪水时逃亡的难民便又回到了先前被淹没的土地上进行耕种。[51]
与其他县一样，在冬季和春旱季节，扶沟的水位下降，露出满是
淤泥的河堤。留在当地的居民便会趁此时去洪水冲积的土地上种
庄稼，以待来年春天的收割。一次的收获也许不多，但却能给这
些扶沟居民带来一丝留下的希望。然而，夏季降水到来，再次淹
没了他们的土地。

军事和生态条件至少在一段时期内给一些地区带来了新的经
济机会。20 世纪初，铁路的出现造成豫东水路运输衰退，而抗日
战争却使之复兴。根据一份有关水灾地区走私情况的国民政府报
告所述，"自 1938 年徐州、开封、汉口沦陷以来，陇海铁路、平
汉铁路的运输线均被切断，沿路地理环境恢复至先时状况。长江、
淮河和沙河之间的交通运输于是突然活跃起来，运输量一下子便
超过了过往"。[52]

在河南黄泛区的一些"孤岛"上，人们通过捕鱼，或做些小
买卖来购买盐、油等生活必需品。居民们乘木筏和小船出行，河
流汉口的地方便形成港口，因此扶沟县城变成了一个特别重要的
港口，同时也成了战时河南一个重要的经济中心。[53]扶沟东部的
小镇吕潭，地势较高，躲过了洪水。于是，商人和附近村镇的居
民便搬到吕潭，并使之成为一个熙熙攘攘的市场。[54]坡谢村也形成
了一个港口，它成为黄河东西两岸的主要中转站。国民党军队和河
防人员都驻扎在此，在洪水肆虐的废墟中，坡谢"出奇地繁荣"。[55]

这种商业繁荣主要源于当地与日本控制的黄河东岸之间日益
猖獗的走私贸易。根据国民政府关于走私的报告，"黄泛区水道
没有障碍，交通便利，因此成为首屈一指的走私前线"。[56]贸易限
制和战争造成的运输阻断，使商品极度匮乏，物价飞涨。在利润

的诱惑下，一些商人非法进入日本占领区从事贸易。只要付钱给坡谢的国民党驻军和其他政府人员，商人们就能够自由地穿梭于黄河两岸。[57] 非法贸易促进了敌占区和非占领区之间的物资流通。驻扶沟的国民党军队将猪鬃、生漆、桐油、芝麻油等违禁物资输往敌占区，带回鸦片、海洛因、纸张和布匹，再运往郑州、洛阳、西安和其他城市。[58] 汤恩伯麾下的国民党军和隶属于国民党的游击队控制了太康县的河段，他们与伪军合作从日占区走私货物，然后销往周家口、许昌、郑州和洛阳，或者贩卖到其他没有被占领的省份。[59]

豫东前线猖獗的走私活动给难民提供了就业机会。灾难性的洪水使许多当地居民甘愿冒着违抗法律的风险去寻求生路。国民政府有关走私的报告指出："黄泛区早期的走私活动中，许多灾民拿着一二百元钱来来回回地买卖商品。"[60] 成群的难民在郑州外围扎营，在这里走私日货是一项有利可图的事业，他们可以靠向非占领区走私货物谋生。[61]

黄泛区靠近日本人占领的开封，因而有大量的进口商品。洪水区的市镇成为与敌占区商业往来的中心。另一份关于走私的报告这样描述道："来自海州（位于江苏沿海）的食盐，天津、上海生产的运输设备、五金、布匹等从这里大量进口到后方，在满足民生需求上发挥了重要作用。"在尉氏县的水坡集镇，每日交易额达数万元。"然而，消极的方面也是存在的，白面和鸦片流入黑市，逃税、走私、诈骗层出不穷。"水坡集"宛如一座大城市，表面上富丽堂皇，聚集了许多商人，可暗地里却满是贫苦的呻吟。这就是为什么许多过往的行人把水坡集称为黄泛区的'上海'的原因"。[62]

尽管这种非法贸易利润不菲，但军事冲突随时可能会将之切断。洪水包围了扶沟北部的江村，使之成为走私和贩毒的中心。1000多名游击队员和一支国民党正规军驻扎于此，受此保护，江村成为黄泛区最为繁荣的市场之一。然而，江村的繁荣也吸引了日军的注意，他们打定主意，想要占领该地。日军的进攻始于1941年2月，但洪水使江村易守难攻。经过一天激战，日军在付出惨重代价之后，才从国民党正规军和游击队手中夺取江村。一进江村，日军就屠杀了200多名平民，烧毁了400多所房屋，还宰杀了800多只鸡以及共计300头的猪和羊。[63]

洪水造成的环境变化也带来了更多形式的走私活动。在一些洪泛地区，黄河泛滥抬高了地下水位，导致被淹土地盐碱化。[64]就像河南过去受黄河洪水影响一样，盐碱化使灾民能够生产食盐，并通过将这种必需品贩卖到供应不足的地区，获得收入。[65]例如，中牟县灾民将盐运至新郑、密县出售。[66]迁至豫西鲁山县的鄢陵、扶沟难民则经常回老家取盐，然后再回到鲁山贩卖。[67]当地妇女忍受着士兵的骚扰，穿梭于扶沟县坡谢的水道之间走私食盐，赚钱补贴家用。[68]一位来自花园口附近村庄的难民邵河妞说："俺家开头住在马庄的一个庙里，那庙里头住着几十口人，有的要饭，有的扛活，有本钱的就做个小生意，俺家那时靠熬盐卖过日子。俺白天划着小船到东边刮盐土熬盐，晚上把熬好的盐带过来卖。"[69]但是非法熬制私盐的收入很低，而且难民们还必须小心地避开那些维护政府垄断经营的缉私警察。[70]

其他的求生方式则给受灾地区有限的资源造成了压力。许多灾民靠采集和出售可以用于取暖和做饭燃料的有机生物能量谋生。[71]无家可归的人们开始收集房屋木料、树木、杂草和"任何可以充当燃料的东西"。[72]例如，在扶沟，黄泛区的灾民就居住在堤坝和山脊上的草棚里。涨水时他们捕鱼；水退时他们便进行耕种，割杂草、芦苇和其他植被，或者推着装满干柴的手推车到扶沟、鄢陵换回谷物和红薯。[73]灾民们移居鲁山后，当地政府收留他们，并且为他们提供粮食。但是他们一旦安顿下来，就又开始搜集燃料赚钱。[74]许多难民从废弃的建筑物中搜寻木头和家具。[75]在淮阳，灾民们无法种植作物，只好"卖梁卖板"维持生计。[76]战争结束后，住在周家口寺庙里的难民"靠卖被毁建筑的砖瓦和偷来烧火的树木为生"。[77]

　　河南黄泛区仅剩的树木成为主要目标。1939 年 12 月，花园口决口附近的难民砍伐了两百多棵柳树来加固堤坝地基、保护土壤和充作维修材料。盗伐林木的行为促使郑县政府和堤防负责人在 1940 年发布了关于禁止毁坏这些柳树的公告，公告称：

> 沿堤植柳意在巩固河堤。民众生计皆赖之保护。百姓理应保护树木，不应肆意破坏。植树不易，保护尤应周全。然而，不法之徒在堤上砍柴放牧。若不严加禁止，必会阻碍林业发展。各区保必须保护树木，各堤段必须严加预防。凡故意违犯及破坏者，依法严惩。[78]

　　由于前线地区局势仍不稳定，命令执行起来十分困难，效果也十分有限。砍伐柳树作为燃料，加剧了被用来维修和加固堤坝的建筑材料的短缺，也使洪水更具威胁。

　　然而，在这样一个数百年来森林不断遭到砍伐，而且自 19世纪以来就一直面临严重燃料短缺的地区，难民们也只能发现什么（生物能源）就拿什么了。[79]很少有难民砍树，因为可供砍伐的树木所剩无几。难民搜集的燃料只不过是灌木、杂草、谷壳和树根。不管是什么，大部分燃料都卖给了驻扎在河南的中国和日本军队，因为这些军队有着巨大的燃料需求。[80]

开封附近日本占领区的黄河沿岸，几个世纪以来一直遭受洪水侵袭，河南伪政府试图种植防护林，以防止风吹起黄河旧河道的泥沙形成沙尘暴。[81]缺乏生物量意味着防护林内的树木和任何其他植被都存活不久。日军的一份调查报告说："由于这片重要防护林里的农民缺乏燃料，他们四处拔起沙草，扔在沙地上任其变干。此外，他们还用斧头砍伐已经栽种的防护林，使之干枯，以便充作燃料。"[82]采用油在高温下翻炒食物的烹饪方法，使村民在烹饪时只需要使用小树枝和干草烧火即可，这个方法可以节省燃料。但是，日军报告总结道，为了消除农民们搜集木材和以野草作燃料而对植树造林工作构成的阻碍，河南农村人口必须要得到充足的其他类型的燃料供应。[83]

华北地区几十年来一直存在严重的燃料短缺问题，当地人口稠密，生物量的消耗远超过供给。战时难民的求生手段使燃料短缺更加严峻。到抗日战争后期，河南黄泛区的燃料状况已经变得十分"危急"。失去家园的农民收集野草换取红薯和其他食物，并以此艰难地维持着生计。但是燃料"在当地几乎无法获得"。[84]正如战争结束后外国观察家所说，"当地只剩下野草可供人们搜集并在城郊贩售。而且，连这个甚至也所剩无几"。[85]搜集生物量使土壤失去有机质，受侵蚀的土地遭到更大的破坏。20世纪早期华北地区的生态环境就已经十分脆弱，其脆弱程度可能不亚于世界上任何一个地区，这使当地很容易受到因战争造成的突如其来的生态灾难的冲击。

地方差异

1941 年国民政府黄河水利委员会对河南黄泛区的调查显示，各地的难民求生策略以及所受到的战时洪水影响存在着很大的差别。黄河在花园口和中牟县城之间冲刷出一条新河道，此后的两年时间里，这里再也没有发生大洪水。1938 年的洪水，确实使当地居民遭受了巨大损失，但那些遭遇洪水的灾民现在（1941 年）已经搬到附近的村庄或其他地方寻找食物去了。从中牟县城到尉氏，黄河分成了几条支流。这片地区有许多丘陵，所以每条支流都能冲刷出固定的河道，这使得该地区的洪水并不严重。少数家庭田地被淹，大部分人则开垦高处的山脊和河岸进行谋生，也有人做起了小生意。尉氏以下的地区由于地势平缓，河水流速减慢，洪水泛滥较为严重。由于被淹没的土地面积不断扩大，洪水灾民人数也相应增加。虽然国民政府提供了一些救济，但是"受益人数只占受灾人口的 10%—20%"。从尉氏到太康，灾害尤其严重，那里的村庄和田野几乎全被洪水淹没。

在反复经历洪水之后，年轻的男子离开了家园，女人们不得不另想办法赚钱。1941 年对洪水地区的调查报告指出：

> 80%—90% 的居民已经逃离，留下的不是年老体弱者，就是妇女和儿童，他们都住在建筑废墟里，靠野草和水生植物果腹。虽然一些田地由于泥沙淤积已经露出水面，但是因为缺少种子和人力畜力，只能任之荒芜，任其长满芦苇和野柳。[86]

留下的人靠卖盐勉强维生。"没有逃亡的女人们在日占区卖盐，或是贩卖沼泽地里出产的可以制作硝石的干盐土，以此维持生计。她们常常需要赤脚涉水而过，她们可怕的生存状况真是闻所未闻。"生病了也没有治疗药物，只能等死。死者无处安葬，被扔在水里随波漂浮。不过，鹿邑到太康一段的生存条件略有改善。夏秋时节，洪水淹没大片土地，但到了冬末春初洪水便会退去。农民们便可以在泥滩上种植小麦，这种小麦每年至少能收获一次。[87]

国民政府发布命令，要求地方政府登记灾民并护送他们离开黄泛区，但是负责维护堤坝的河防部队却利用其对渡口的控制非法牟利。除非灾民们付钱，否则他们就无法过河。河防部队还没收了本应用于救援的船只，并利用它们往返黄河东岸的日本占领区走私货物。由于没有船只，许多难民不得不涉水过河寻找安身之所。一些人受困或病死于途中。[88]中央政府拨款维修黄河西岸的堤坝，但是所有的人力物力都需要通过向当地居民摊派获得。当局制定的价格远低于市场价格，而实际支付的价格甚至比政府的定价还要低。经过各级政府层层抽剥，提供人力物力的百姓所得甚少。因此，政府从灾区民众身上榨取的是其实际支付钱款的几十倍。[89]尽管许多居民逃跑，但维持河南水利设施的人力物力投入却仍在增加。随着大部分洪泛区的人口减少，水利维护的负担落在了剩下的居民头上。而征兵又使当地的负担变得更加沉重。

陕西的难民安置和土地开垦

一旦黄河水患明显加剧，其他求生手段又全部失效时，许多难民便会选择离开河南，逃往更远的地方。西部的陕西省就是这些出逃难民的一个重要目的地。[90]最初，因战时洪水失去家园的大约 120 万人中，至少有一半人离开了河南。[91] 到 1938 年底，有 90 多万难民沿陇海线西迁至陕西。[92] 一些报道说，到抗日战争结束时，可能有多达 170 万来自河南和其他省份遭受黄河水患之害的难民迁移到了陕西。[93] 国民党军队为了阻挡日军进攻，摧毁了陇海铁路郑州到洛阳段，于是难民只能徒步走完这段旅程。到达洛阳后，一些人会冒险乘坐开往陕西的火车，但火车时常会遭受到来自黄河北岸的日军炮击。另一些人则完全靠双脚走到陕西。[94] 难民们在陕西的西安、咸阳、宝鸡，以及一些铁路和主要公路沿线的小城镇落脚。[95] 国民政府成立了一个救济委员会，设置接待站以援助来到陕西的河南难民，但是由于资源有限，只有一小部分人能得到接待站的帮助。

1938 年洪水过后，一位叫毛广德的中牟居民带着他的母亲、妻子、儿子和女儿来到郑州附近的小村庄，然后他们在他外婆那里找到了避难所。几天后，毛广德和一些人凑钱买了一条船，在洪水上来来往往跑运输。不久，国民党的军队征用了小船，切断了毛广德的收入来源。毛有一个叔叔，在咸阳做收废品生意，他回来时劝说毛广德去咸阳找工作。可是，毛的母亲不愿离开，于是毛广德把五岁的儿子留在她身边，带着其他家人去了陕西。到达咸阳后，毛广德没能找到工作，因为许多工厂害怕日军轰炸已经关门大吉。起初，他靠割芦苇为生，但是这点儿收入不足以养家糊口。最后，毛广德从另一个河南人那里借钱买了一辆人力车。拉了几个月的人力车后，毛广德又和一个熟人在咸阳火车站摆摊卖起了水煎包。[96]

另一位灾民邵河妞说，1938 年入秋以后，天气转凉，人们无处乞讨，有的人饿死了。政府的援助只是杯水车薪，"上面来救

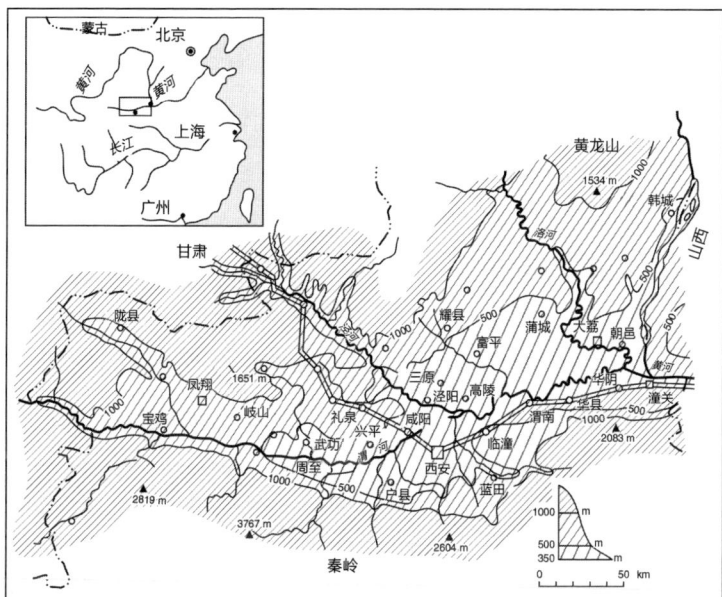

陕西省中部地图

济，到哪部门哪部门撸一下，到俺老百姓手里，就没个啥了。有一次，俺们听说赵兰庄放赈，好些灾民就划着船去领赈，可等大伙儿到了赵兰庄，连个放赈的人影也没见到"。随着形势一步步恶化，许多人逃走了。邵河妞家一共十八口，结果有十六口饿死。她回忆道："俺大哥和俺大嫂带着两个孩子，从郑州走到洛阳，一路走，一路要饭，半路上，孩子就饿死一个。后来在洛阳坐上了火车，逃到西安，靠磨豆腐打短工为生。"[97] 其他西迁至陕西的成千上万的河南居民也找到了类似的谋生方式。

随着迁入陕西的难民人数不断膨胀，国民政府的救济措施开始转为就地安置和就地垦荒。1938年黄河大堤溃决后，国民政府把土地开垦作为救济洪水难民的最佳方式。1938年6月28日的《大公报》写道："除了紧急救济外，未来以工代赈和土地开垦应该可以为难民提供一种更为持久的谋生方式。"[98] 出生于河南的国民党将领张钫，坚定地认为重新安置难民和开垦土地是十分重要的。他警告说，如果政府不能救助灾民，他们可能会投靠日本人。"敌军将会借机用小恩小惠诱骗民众，这会给抗战后方的社会秩序造成巨大影响。"重新安置在洪水中失去家园的农民是避免这种可能性的唯一途径。张钫认为，洪水灾民不同于其他难民：

> 来自战区的普通难民只是临时出逃，他们每个人都打算在国家摆脱危机后返回故土。而且，他们大多从事学术和商业，来自小有资财的家庭，从未亲身从事过农业。相比之下，洪水灾民除了耕地以外，没有别的谋生之道。

张钫坚持认为，国家有责任帮助这场"特大灾难"的受害者恢复正常生活。发放救济款只能救一时之急。重新安置难民，让他们垦荒，才能确保他们自给自足，过上更加安稳的生活。[99]

对中国来说，土地开垦不仅是一种救助无家可归灾民的方式，同时也可以帮助人们扩大耕种面积。而通过农业获取能量，对战时的中国经济而言，有着关键作用。此时，日本占领了中国主要的粮食产区，而粮食供应对进行战争又是至关重要的。[100] 所以，为了满足粮食需求，国民政府安置难民开垦土地，以增加非占领区的农业产量。从生态角度看，国家主导的土地开垦动员了分散的难民劳动力，将荒地变成了农田，进而也使进行战争所需的剩余能源得到了生产。

成千上万的灾民从河南西迁。陕西黄龙山地区成为安置移民和开垦土地的首选地区。黄龙山是一块崎岖的高地，它是陕西北部黄土高原和南部渭河流域之间分水岭的一部分。黄龙山面积约为 3,000 平方千米，地形由深谷、陡坡和狭长山脊构成。在海拔1,400 米以上，是一幅由陡峭多石的山坡构成的景色；而海拔 1,300米以下，黄土则覆盖了山谷、缓坡和山脊。黄龙山也有相对丰富的森林资源，这使其有别于森林遭到严重砍伐的陕北高原和渭河流域。[101]

在清代的大部分时间里，黄龙山地区供养了相当数量的农业人口。当时，黄龙山的山坡上满是农田。19 世纪，农业活动减少了当地的植被覆盖。为了开垦山坡，人们清理树木和其他植被，而这加速了土壤侵蚀。数年之后，土壤肥力和生产力下降，居民开始向其他地区搬迁。[102] 19 世纪初，黄龙山的景观显示出这种开发模式的痕迹。侵蚀形成了波浪状的向上伸展的斜坡，同时，侵蚀还把深沟切成向下延伸的斜坡。山坡上的表土被冲走，露出下面的砂岩和页岩。[103] 19 世纪晚期中国的战乱使黄龙山的生态环境得以恢复。长期的动乱摧毁了这一地区，使得几乎所有黄龙山居民都抛弃土地逃离家园。还有一些人在干旱和疾疫袭来时也逃走了，黄龙山的人口因此大幅减少。18 和 19 世纪那些或坐落在山谷中或依山而建的村庄成为废墟。农民担心自己沦为游荡在山林里的土匪们的猎物，亦不敢靠近这片区域，所以 20 世纪初这片地区几乎没有人居住。对大多数的中国观察者来说，黄龙山又变成了没有人烟的"荒原"。[104] 从一种非人类中心的角度看，人口减少对树木和其他野生植被的繁茂生长，以及对被侵蚀景观的恢复而言，是一件好事。抛荒在最初一段时间里可能加剧了土壤流失，但数十年后植被覆盖的恢复就解决了这个问题。到 20 世纪，野草爬满高低起伏的斜坡，灌木和树木长满山谷。茂密的桦树、白杨、枫树、橡树重新出现在黄龙山的山坡上。到 20 世纪的 20 年代和 30 年代，植被恢复已经使黄龙山的森林覆盖率高于陕西其他地区。集约农业消失几十年后，黄龙山新生的植被也已经使水土流失不再发生。[105] 腐草、枯叶和其他有机质堆积，成为增加土壤养分的天然肥料。20 世纪 30 年代，黄龙山土壤中的氮素和其他营养物质的含量比陕西其他地区高出数倍。[106] 陕甘回民起义使黄龙山的人口减少，该地区环境亦由此得以恢复。1937—1945 年的抗日战争正好起到相反的作用。战争年代，国民政府安置难民重新垦荒，鼓励迁入人群开发黄龙山的自然资源。1938 年初，陕西省成立了黄龙山垦区办事处，输送第一批 300 名难民到当地垦荒。每个垦荒的难民可以获得 6,600 平方米土地，以及每月口粮和购买牲畜、种子以及其他农具的贷款。难民还被免除了五年的赋税和兵役。[107] 1938 年 6 月黄河决堤之后，土地开垦作为一项救济政策，作用更加显著。从 1938 年 10 月起，国民政府就陆续把黄泛区的难民安置到黄龙山开垦荒地。截至当年年底，已经有 12,130 名黄泛区难民和其他 13,000 名战争难民落户垦区。[108]

黄龙山垦区成立的第一年，定居的难民缺乏充足的食物和衣服。为了补救这一情况，中央政府从陕西省手中接管了黄龙山，使之成为"国有"垦区。[109] 中央政府的补贴是必不可少的。1940 年 1 月，国家救济委员会和经济部向难民提供了粮食、衣服、牲畜和农具的借贷，以帮助他们度过陕西的严冬。1941 年春，一些定居的难民因感到物资匮乏而离开垦区。另一些人则拒绝长途跋涉到黄龙山，因为他们在陕西陇海铁路上运煤可以挣到更多的钱。到了 1941 年，黄龙山垦区不再需要政府支持，当年的丰收以及种植麻类植物和经营其他副业所带来的收入使难民可以不再依赖救济金。[110]

对国民政府而言，土地开垦的目的不仅仅是救济流离失所的难民，维持国民政府统治区的食物供给也是其关心所在。通过开垦荒地，进而扩大耕地面积是战时经济动员的关键环节。一份政府备忘录写道：

> 为了满足民众和军队对大宗粮食迫切而广泛的需求，必须加快内陆省份粮食生产的步伐。全国范围内的土地开垦是实现这一目标最重要的途径。而实施这项计划的最佳方式，就是以政府贷款形式提供资金支持。[111]

1937 年到 1940 年间，经济部总共向陕西和其他未被占领的省份提供了 870 万元贷款用于土地开垦。[112]一位国民党将领后来回忆道，土地开垦就是利用难民去推动非占领区的经济建设，"鼓舞民气增加粮食产量"。[113]黄龙山并非中国战时唯一的开垦工程，但它无疑是最为成功的。据报道，从 1938 年夏到 1944 年春，黄龙山的定居者们一共开垦了超过 22,060 公顷的土地。[114]

除了在经济上的重要性外，国民党军队进驻黄龙山也有战略上的考量。控制该地，就有可能从侧翼威胁日军，防止其沿渭河向西推进至西安和更远的地方。[115]1939 年以后，国民党军队还维持着对（位于陕北的）中国共产党陕甘宁边区的封锁。由于黄龙山北面正对着共产党的根据地，建设黄龙山这一山区据点也加强了国民党对中共政治中心延安的威胁。[116]

黄龙山的大部分荒地在 19 世纪就已经抛荒，这使开垦工作相对容易。许多难民住在清末废弃的村庄里，藏身山坡的窑洞里，使用几十年前留下的石臼、石磨和其他工具。[117] 可以肯定的是，黄龙山难民的生活根本不能称为田园风光。野生动物们，例如豹子、豺狼、野猪和黄羊占领了黄龙山的森林，豹子时而袭击定居者，其他动物则践踏、啃食庄稼。据报道，1940 年，野猪毁坏了大约 466 公顷的玉米、高粱和小麦田。在垦区负责人组织起 3000 名难民保护作物和猎捕野猪之后，被破坏的农田面积才减少至 46.6 公顷。除了猎捕野猪外，曾经是野生动物栖息地的"荒原"被改造成农田可能也是野猪数量减少的主要原因。[118]

除了当地的野生动物外，定居的难民们还不得不与黄龙山支离破碎的社会秩序做斗争。几十年来，黄龙山一直是土匪的巢穴，他们与周围县里的地痞恶霸相勾结，自称"山主"。当地的强人们已经习惯于开采黄龙山的资源以满足个人私利。他们砍伐树木、占据公共荒地、烧制木炭、采集药材，并从中获取利益。为了制止这些活动，黄龙山垦区办事处劝说周边各县禁止非法盗采。贫民只有向县政府申请许可证，并经过当地保甲长核实，才可以烧炭并到邻近县里贩卖。[119] 禁令实施后，难民们仍获得了"搜集柴火和药材以补充收入"的许可。这些规定成为垦区与周边各县矛盾的焦点，那些县没有森林资源，所以只能依靠黄龙山作为燃料来源。一旦垦区办事处限制伐木，附近各县就无法满足其自身的燃料需求。[120] 拥有着丰富森林资源和生物能源的黄龙山，实际上成了能量匮乏的人海汪洋中的一座孤岛。正如后面章节所阐明的那样，清理土地和搜集燃料对当地的景观产生了深刻的影响。

结　论

1938 年黄河的战略改道，迫使数十万河南人在很长一段时间里背井离乡，另寻生路。在被难民抛弃的那些地区，人口减少加剧了战争对水利和农业生态系统的破坏。难民逃亡切断了集中维护这些人造工程所需的劳动力和资金，导致这些工程迅速而且持久地恶化。管理复杂的水利和农业生态系统需要大量的能量注入，其中大部分能量是以人体肌肉力量的形式出现的。没有这些能量输入，脆弱的人造工程就会陷入混乱和无序状态。与此同时，其他一些生物却从中受益，战争期间的洪水和人口迁移创造了新的小规模的生态环境，野生动物和疾病微生物开始在这种环境中繁衍生息。但是，对人类而言，抗日战争引发了他们眼中大规模的生态衰退。颇令人意外的是，战争造成的豫东环境变迁也给一些人带来了新的经济机遇——走私就是其中之一，尽管这种机遇并不稳定。

战争产生的环境影响远远超出了战场范围，难民为适应战时条件而采取的许多生存策略对环境也都有着深远的影响。了解这些变化的起点对理解它们的重要性具有着十分关键的意义。战争的生态后果既不直接，也不明确。华北平原的环境退化并非始于抗日战争期间，早在 20 世纪 30 年代末以前，这里就已经陷入了长达一个多世纪的生态危机之中。不过，军事冲突和人口迁移还是加剧了原有的环境问题，因此，抗日战争对这片脆弱、被过度开发的土地造成的破坏可以说是灾难性的。因为生物量极度贫乏，豫东的难民们几乎开采了所有能够作为燃料出售的有机物，而这也加剧了已经困扰河南和华北地区几十年的资源短缺。

与难民迁移有关的其他环境变化则直接源于中国战时政府的接纳和救济项目。国民政府的难民安置项目，旨在调动那些无家可归之人的劳动力以实现其经济和军事目标。在国民政府的资助和支援下，来自河南的洪水难民定居在陕西黄龙山地区，他们在那里清理土地以从事农业生产。除了让难民自给自足外，这个由国家主持的荒地开发和粮食增产项目，还旨在生产更多的剩余能源，为战争添油加柴。扩展农田是以牺牲树木和其他自然植被为代价的，而且此举还侵犯了野生动物的栖息地。与此同时，军队在河南巨大的能量需求亦给当地造成了更大的破坏。

第三章

军队的新陈代谢与 1942—1943 年的河南饥荒

在抗日战争中期的 1942 年至 1943 年，河南饥荒造成该省大约 3,000 万人口中 150 万至 200 万人死亡，200 万到 300 万居民逃离家园。[1] 饥荒经常同战争和其他军事活动联系在一起。就像军事冲突期间发生的其他饥荒一样，1942 年至 1943 年的河南饥荒凸显了战争、环境变化以及粮食生产和分配方式转变之间的联系。从古至今，军事冲突和饥荒相伴而生。二者之间并非存在必然的关联，但战争的威胁和战争的现实发生的确有可能导致饥荒在没有农业歉收的状况下发生，并且，战争也会加剧歉收所产生的危害。许多情况下，交战国故意利用饥荒来削弱或杀伤他们的敌人。[2]

　　经济史专家科马克·格拉达（Cormac Ó Gráda）认为，1900 年以后，战争和饥荒之间的联系愈发紧密。他指出，如果在和平稳定时期，20 世纪的许多大饥荒的危害有限，甚至根本就不会发生。过去的饥荒主要与歉收有关，而 20 世纪的饥荒主要与战争和政治动荡相关联，而非歉收。鉴于军事冲突和 20 世纪可怕的大饥荒之间的关联，他总结道："人类活动比自然活动产生了更大的影响，或者说前者大大加剧了后者的影响。"[3]

　　在环境史学者看来，对战争在饥荒中所起作用的解释，是建立在人为区分人类活动（战争）和自然活动（歉收）的基础上的，但是，我们对区分这种关系的研究极少。埃德蒙·拉塞尔（Edmund Russell）和理查德·塔克（Richard Tucker）批评那种认为"战争和控制自然（例如农业）分属不同范畴"[4]的倾向。想要从生态学角度对战时饥荒进行解释，就必须要把军事冲突和自然活动这两者看成一种共同演进中不断互动的关系。人类活动重塑了自然环境，同样地，非人为因素也影响了人类社会的进程，它有时是符合人类意图的，但通常是出乎意料的，不可预测的。鉴于这些人类与自然之间不可分割的联系，社会进程永远不可能与自然进程分开。[5]

我的研究将关注各种力量的结合。事实上我对河南饥荒的分析是从布雷特·沃克（Brett Walker）的"混合起因"概念中获得了灵感。这一观点认为："地球上的一切，无论是生命还是其他物质，都被整合到了一个紧密联系的、既非自然也非人为的网络之中。"[6]战争引起的饥荒，虽然不同于纯粹由粮食歉收造成的饥荒，但也存在着自然方面的因素。饥荒是人类与自然元素之间复杂的相互作用的结果。本章没有采用人为的二分法，而是分析了环境系统和人类社会（包括它所支持的军事设施）之间的动态联系。而事实上，所有这些联系都被能量流动所渗透。

以往关于 1942—1943 年河南饥荒的著作，都主要是从人为因素来解释饥荒的。美国记者白修德（Theodore White）对此次饥荒进行了颇有影响力的报道，他认为是国民政府的冷漠无情和行政低能才导致了灾难未能减轻。哪怕 1942 年发生了旱灾和歉收，国民政府仍向河南农民征税，并且还抢夺他们储藏的粮食。白修德指出，尽管此时陕西和湖北拥有充足的粮食供应，但政府却没有调配救灾粮。[7]其他历史学家没有那么强调国民政府的统治失败，而是强调战争在饥荒中所产生的作用。易劳逸（Lloyd Eastman）注意到，驻扎在河南的近 100 万军队是必须要得到补给的。由于战争毁坏了交通设施，军队不得不在当地寻找食物。政府面临着"要么饿死军队，要么饿死农民"[8]的选择。吴应铣强调日本军队强行征调粮食。[9]戴安娜·拉里（Diana Lary）也注意到了军事需求优先于民生需求的问题，她强调说战争阻碍了国家采取有效干预来减轻饥荒。[10]虽然这些解释各具优点，但它们都未能关注到，正是人为和非人为因素以一种复杂方式结合在一起才导致了最终的饥荒。环境因素，即使出现过，也应该被置于分析之外，因为它作为一个静态的背景，几乎没有独自的影响力。要了解战争和饥荒时期的生态，必须关注人类活动与不可预测的自然动态环境变化之间的联系，此外，甚至还要关注人为因素的力量对这种联系所造成的影响。

很少有人考虑过把战争的生态过程（即军事冲突给人和环境带来的改变）作为战时饥荒发生的一个变量。社会新陈代谢的方法，旨在关注人为与非人为因素之间的相互作用，从而为研究人为和非人为因素提供一个有效的分析框架。

从环境史角度看，战争对饥荒的影响，至少表现在三个方面。首先，军事冲突导致的破坏，无论是有意还是无意，都会造成农业减产，或者严重扰乱粮食流通。战时征兵、迁移、死亡导致的人口减少，则严重削减了劳动力供应，从而进一步削减了农业产出。随着人们因饥饿而变得虚弱，单位劳动力产出就会直线下降。其次，军队对能量的巨大需求加大了食物供应的压力，这导致军队经常性地从平民身上摄取能量。战争立刻从根本上简化了生态系统，集中海量的能量是战争的要求。遭受战争破坏的农业仍面临着向军队提供食物的压力，这就很容易引发饥荒。第三，战争以各种方式增加食物的浪费。这些方式包括运送食物的船只、火车、卡车和手推车被毁掉，长时间的运输和储存使食物变质，在运动战中军队故意破坏粮食储备以免落入敌人手中。

1942—1943 年的河南饥荒正表现了这些生态过程。1938 年国民党军队破坏黄河大堤的战略，使错综复杂的人工环境基础设施陷入混乱。战时生态破坏不仅使粮食产量锐减，还破坏了粮食流通的交通网络。短期气候变化又造成了另一个危机。由于全球厄尔尼诺现象的影响，1941—1942 年华北地区遭遇变化无常的天气和偏低的降水，因此农业产量急剧下滑。另外，蝗灾也造成了不小的损失。然而，作为一个具有重要战略意义的前线地区，河南又不得不为军事活动供应大量的能量和资源。为了满足军事活动的需要，河南的农业生态系统遭受到战争的毁灭性影响，很快便处于高度退化的状态。但是，在农业生产显著下降的时候，军队对于粮食的消费却有增无减。

在上述情形下，所有士兵不得不通过激烈竞争以获取食物供应，因为这在军事战略上十分必要。用方德万（Hans van de Ven）的话说，"争夺收成的战争发生在国民政府、中央军、地方军、民众和日军之间"。[11] 当军队和国家试图掌握越来越多的能源以打赢战争的时候，其他部门获得的能量就减少了。向军队输送能量扭曲了河南省在食物上的权利关系——社会弱势群体无法获得粮食，其造成的最终结果便是一场"能量危机"。在这场危机中，数以百万计的人无法获得最低的热量摄入以维持生存。饥荒源于战争、河水、气候、农业和虫害之间相互影响着的网络，而将这些元素联系在一起的就是能量。

饥荒也具有军事和政治方面的影响。国民政府无力创造某些体制结构来引导和协调大规模的能量流动，所以其军事力量陷入崩溃。另一方面，中国共产党在河南的部队则采取更为稳定和有效的方式从环境中获取能量，以应对 1942—1943 年的饥荒，这对中国共产党和百姓而言都是有利的。在抗日战争的最后两年，饥荒为华北国民党军队的最终垮台埋下了伏笔，而中国共产党的军队却与其控制地区之间建立起了一种更为紧密的共生关系，事实上这也加强了黄泛区共产主义影响的扩大。

黄河水灾对农业的影响

1938 年黄河改道后持续不断的洪水破坏了水利基础设施，导致河南的景观发生变化，并对农业造成了打击。洪水淹没了田野，泥沙覆盖了先前的耕地。[12] 洪水造成难民流离失所，导致农业亟需的劳动力流失，这进一步造成农业产量的减少。由于黄河分成了许多水位很浅的河道，所以这些河道更容易被蒸发。洪水最终使豫东的大部分地区丧失了抗旱能力。[13] 战后一项调查估计，鉴于河南的抛荒情况，1938 年至 1945 年，河南洪水导致粮食产量平均每年减少 17,463,000 市石 [14]（超过正常时期年产量的 20%）。[15]

因黄河洪水而流离失所的人们给其避难地区的粮食供给造成了额外的压力。一位前河南官员回忆道："房地被淹，无家可归，以及不愿株守泛区受敌蹂躏的人们逃到黄泛区以西，投亲靠友，或流落各地，乞食为生，亦增加了河南的粮食负担。"[16] 1942 年夏天，后方各县已经接纳了数千名难民，粮食开始出现严重短缺。河南省政府主席李培基说："近来，因饥荒严重，（各县）无力负担，民众迫于生计，纷纷逃往邻省就食。"[17]

河南敌后非法贸易的迅速发展也给食物供应造成了危害。1944 年一份关于黄泛区走私的报告说："平汉铁路沿线许多农地种植棉花和烟草，因此造成了粮食短缺。但是走私商却仍向敌人出口谷物、棉花和烟草，进口后方所需的日常用品和化妆品，而这其中大部分的物资其实并没有流向河南人民。因此，1941 年的旱灾中黄泛区受损最为严重。"[18]

气候冲击

自然发生的气候波动进一步导致农业产量下降。1942 年，河南等华北地区的降水量急剧减少。1939 年至 1942 年间世界各地出现了强烈的厄尔尼诺现象，干旱便与这种气候异常有关。厄尔尼诺现象的特点是赤道附近东太平洋的海水温度异常温暖，进而影响太阳能通过风和洋流驱动全球气候的方式。那次的厄尔尼诺现象始于 1939 年，于 1940 年 1 月达到顶峰，并以不同的强度在各个地区持续至 1942 年春。受此影响，1940—1942 年间，北半球乃至全球范围内都出现了极端异常的气候。[19]这种全球性气候模式的转变正是导致河南饥荒的部分原因。由于亚洲大陆的夏季风系统遭到破坏，包括河南在内的黄河中游地区在厄尔尼诺现象发生的年份，降水量通常都要低于正常年份。[20]

19 世纪末 20 世纪初，厄尔尼诺现象的发生有一定的规律性，它通常会导致华北地区的干旱。[21] 20 世纪 30 年代末和 40 年代初的厄尔尼诺现象也产生了类似的结果。在 1941 年至 1944 年间，河南大部分地区连续数年降水稀少，遭遇干旱。现有的数据表明，1942 年河南的降雨量仅为平均水平的 40%—60%。[22] 历史学家安东尼·加诺特（Anthony Garnaut）估计，1941 年和 1942 年夏季降雨不足时，河南经历了自 1876—1879 年华北大饥荒以来最为严重的干旱。[23] 与先前一样，1942 年袭击河南的干旱无疑也与全球厄尔尼诺效应造成的气候异常相关。毫无疑问，干旱严重损害了农业生产。1942 年的收获时节，狂风和突如其来的冰雹使小麦减产。[24] 据报道，1942 年，国民党控制下的河南各县（这些县的耕地面积约占河南可耕地面积的一半），小麦产量约为 17,996,530 市石，仅为正常产量的 28%。按照河南省政府的调查和估计，这点儿小麦收成只能支持未占领区的人口度过三个月零九天。[25]

河南每年种植两种作物：一是小麦，在深秋播种，5 月中旬收获；二是谷子或玉米，在 5 月下旬播种，秋季收获。通常，农户们会到市场上出售小麦，或者把它作为赋税上交国家，可见，在通常情况下，夏季作物是农户们的主要消费对象。所以，在 1942 年小麦歉收后，河南民众以为他们仍可以拿秋天的谷子和玉米作口粮，以保障他们安稳地度过这一年。但是大自然粉碎了他们的希望。整个夏季都没有降雨，谷子和玉米都枯萎了。[26] 到了秋季，高粱、谷子和大麦的收成只有正常年份的 20% 左右，红薯和花生的收成则是正常年份的 50% 左右。1942 年夏季作物歉收，极大地影响了河南农村人口的生活，因为这些夏季作物是他们的主要食物来源。根据 1942 年 10 月的估计，由于粮食短缺，粮食储备只能维持到当年年底，而下一年的小麦收获要在四个月后才会到来。[27] 据加诺特估计，1942 年河南单位播种面积的作物平均产量比战前水平要低 40%，因此，这是"一次农业歉收的极端案

例"。[28] 战争环境放大了气候波动产生的影响，战争所造成的水利
基础设施的破坏亦加深了恶劣天气的危害程度。

除了干旱，蝗灾也对农作物造成破坏。1941 年，河南黄泛区
的扶沟、淮阳、鄢陵和尉氏各县出现蝗灾。[29] 1942 年夏，数量更
多的蝗虫从黄泛区东缘向西扩散到附近各县。次年，蝗灾更加严
重。[30] 当黄河流域的湿地因长期干旱而干涸时，华北平原通常都
会暴发蝗灾。蝗灾经常发生在洪水和干旱之后，因为那时水位下降，
会为蝗虫产卵提供栖息地。这一时期，蝗虫的繁殖条件得到改善，
降雨稀少则增加了土壤中虫卵的存活率。黄河决堤造成大面积的
洪水区域，这些区域在遭遇干旱而干涸之后，就会成为蝗虫繁殖
的理想环境。鉴于厄尔尼诺现象和华北地区旱灾之间紧密的联系，
在厄尔尼诺现象发生一两年之后通常都会发生蝗灾，[31] 20 世纪 40
年代初也不例外。1942 年和 1943 年，蝗虫从河南黄泛区杂草丛
生、被抛荒的土地上蔓延开来，它们啃食沿途庄稼以满足自身的
能量需求。在接下来的战争时期里，几乎每年都会暴发蝗灾。[32]

在中国蝗灾并不鲜见。地方民众和政府在过去几个世纪里发
明了一系列消灭蝗虫的方法。[33] 但是灭蝗措施需要大量的人力和
物力。战争和洪水造成河南地区人口减少、劳动力短缺，这使得
蝗灾变得更加猖獗。战后的一项调查显示，"蝗虫孳生的地区主要
集中在荒郊野外。黄泛区是蝗虫繁殖最多的地方"。[34] 由于没有足
够的人手来灭蝗，黄泛区大量繁殖的蝗虫便更加肆意地啃食正在
生长的庄稼以维持自身生存。蝗虫就像过路的军队一样，把它们
能得到的食物全部卷走。

河南省政府报告描述了 1942 年蝗灾所造成的破坏："夏季蝗
虫跨过黄河，从黄泛区东部飞掠而过，向西部蔓延。虽然各县动

员军队和百姓捕杀，但因蝗虫数量太多，难以彻底消灭。"[35] 1943
年一位国民政府调查员亦同样指出："正值秋粮生长之时，各县
出现大量飞蝗，形成超过五千米宽的区域，遮天蔽日。所经之处，
秋粮被啃食殆尽……民众重新种植等待发芽，但是再遭啃食。今
已第三次种植，又被新生的飞蝗幼虫吃掉。"据报道，蝗虫破坏了
一半以上的秋季作物。受轻度影响的地区损失超过 50%，受灾严
重的地区损失甚至超过了 90%。[36]

军队的能量需求

1942 年的河南，由于自然条件恶化、干旱，以及蝗灾导致农
业生产所带来的食物能量大大减少。根据调查，1942 年河南未被
占领的 68 个县的小麦和秋季作物收成只有正常年份的 26% 左右
（大约 23,019,609 市石），然而要满足当地人口需求，还需要超过
68,491,151 市石。[37] 而且，河南是中日双方争夺的地区，所以这
些粮食还必须要用来供养当地的驻军，这就造成两军前线地区的
粮食负担更为沉重。为了保证军队获得粮食形式的能量供应，国
民政府制定了一系列粮食税、杂税和强制采购政策。粮食采购制
度也以军队为先，力求确保士兵们有足够的口粮。

1928 年国民党上台之初，实力软弱，不得不把土地税征收
的权力下放到各省。1937 年抗日战争爆发后，这种财政安排导致
中央政府资金匮乏。1940 年至 1941 年，日本占领了中国大部分
富庶地区，国民政府的财政收入减少，而支出却大幅增加。于是，
国民政府通过印制钞票来支付对日战争费用。货币总量的大幅增
加，最终导致了史上最为严重的恶性通货膨胀。1945 年以后可怕

的"通胀"仍在持续，至国共内战期间，这种"通胀"彻底失控。[38]

中国战时的通货膨胀危机至少带来一项环境后果，那就是它从根本上改变了国民政府获取军队粮食供应的方式。1941 年 7 月，国民政府将土地税收归中央，并要求以谷物支付取代之前的货币支付。在此之前，政府在公开市场上为部队购买粮食，而此举无疑加剧了通货膨胀。通过征实（田赋征收实物），国民政府在一定程度上减轻了通胀压力，给军队筹集粮食也变得相对容易。但是，由于征实，战时财政压力就转移到了农村人口身上，他们直接获得的食物也就变得更少，而这也是征实最为重要的后果。现在，为部队提供供给的重担落到了农民肩上。[39]

此外，由于土地税无法满足军队的粮食需求，国民政府为了满足地方军队的需要，只能在其控制地区强行征购粮食。征购的价格通常远低于市场价。理论上，政府在进行征购时应以现金支付 30%，其余部分用粮食券或其他本票支付。可是实际上，几乎没有票据能够兑现。所以征购其实是在土地税之外又增添了谷物税。[40] 1941 年，国民政府在河南的土地税配额为 130 万市石小麦，但该省却需要向军队供应 350 万市石小麦。因此，额外的 220 万市石不得不进行征购。1942 年，河南的土地税和强行征购所得的小麦合计 500 万市石。[41] 据估计，在正常年份，政府征收的粮食占总收成的 15%—20%。[42] 而战争造成的破坏和气候异常则减少了收成，使得税负更加沉重。

农民还要消耗额外的能量以把税粮运到收购站。河南境内的平汉铁路和陇海铁路原本可以用来运输粮食，但为了阻止日军，这两条铁路在抗日战争初期就被国民政府拆毁了。军队征用了该省仅有的几辆汽车，还征用了大部分大型马车，所以运输粮食只能依靠小型的牛车。为了完成配额，缴纳税粮的农民需要长途运输粮食，路途的遥远使得运输成本高昂。大部分国民党军队沿黄河驻扎在河南的西部和北部，而河南的主要粮产区位于该省的东南部和西南部。因此，军队驻地的粮食数量是无法满足其需求的，大部分粮食不得不从东南和西南调运。每年河南军粮运输总量超过 120 万袋，运粮线路长达 300—600 千米。按照一辆双轮牛车可以载 5 袋粮食，每天可行驶 20 千米计算，大约有 24 万辆牛车——近 50 万人和 50 万头牛——被迫应征。在恶劣的天气条件下，运输税粮大约需要一个月甚至更长的时间。由于军粮采购的持续，这种低效率的运输系统分散了大量本该被用于农业生产中的牛车和劳动力。[43]

后勤问题阻碍了向军队输送能量，并给农村居民带来更大的负担。运输成本常常超过所运粮食本身的价值。与此同时，地方官员贪污挪用了本该支付给农民的运输费用。[44] 日军轰炸经常把运输粮食的大篷车当作目标，这不仅造成了人员、牲畜的伤亡，还损耗了很多珍贵的粮食。负责征收税粮的官员说："因为民众满怀爱国热情，所以他们从不抱怨，但如此消耗民力，恐对抗战产生不利影响。"[45] 税粮运输使用"从民众手中征用的牛车。而牛是农民的主要役畜，因此征用牛来运输军粮对农业生产有很大影响"。[46] 这种战时粮食采购制度使平民承担了运输军粮所产生的能量消耗。省政府官员主张改革交通部署，但是这些想法未被采纳，此后，他们也没有再做任何事情去减轻河南农村居民的负担。[47]

除了土地税和征购外，河南百姓还不得不缴纳各种临时摊派。1941 年中央政府将土地税收归中央后，地方政府开始对这些非正式的税收日渐依赖。军队也制定了自己的临时摊派。这些苛捐杂税消耗了多余的能量。除了粮食，军队还索取猪、鸡和其他牲畜，以供士兵食用，另外，他们还征求木材作为燃料和建筑材料，征求草料作为饲料。军队通过临时摊派获取这些资源。每当税粮不足或者因交通问题阻碍粮食运输时，将领就会通过强制征购当地粮食来弥补短缺。地方政府对居民实行定额摊派、监督征缴，并且还征召劳动力向军队驻地运送粮食。在极少数情况下，他们会给报酬；而在大多情况下，士兵们则会无偿地索取庄稼和牲畜。另外，还需要注意的是，军队购买粮食的价格通常远低于市价。大量能量被用于运输这些临时摊派的谷物。军队的临时摊派与常规的粮食税的区别仅仅在于前者的征收数量和征收时机取决于战争情形的紧急程度。[48]

　　抗日战争期间，与中国其他省份相比，河南省等兵力特别集中的省份，承担了绝大部分的军粮征集任务。1942 年 10 月，谢伟思（John S. Service）访问河南后说："由于国民政府运输粮食面临困难（日军几乎控制了全部重要的运输线），各地区不得不就地将粮食供给当地驻军。因此，一般说来，越靠近前线，军队的数量越多，农民的负担也就越沉重。"[49] 1942 年和 1943 年，驻扎在河南的国民党军队大约有 50 万，因此河南省也是当时驻军数量最多的一个省份。为了维持这些军队，军粮供应必须优先于民众的食物需求。据当时一位省政府官员描述，军队"吃空了河南的家家户户"，只留给民众十分有限的口粮。[50] 1941 年夏，河南的局势尚未步入绝境，市场上还有粮食出售，"一些吃光了自家小麦的农民，当掉冬衣，或者卖掉自家的树木，以筹集资金购买小麦，从而能够缴纳赋税"。[51] 据报道，从 1941 年到 1944 年，在河南 70 个未被占领的县，税粮和征购粮总计约为 11,927,200

市石。[52] 这个数字尚不包括杂税和军队摊派。这一类苛捐杂税的数额尚难知晓。但是，1942 年河南代表向国民参政会提交的一份请愿书显示这一数额是惊人的。根据请愿书，1941 年军粮摊派和各种杂税达到 11,000,000 市石。中央政府的土地税和征购总数为 5,683,000 市石，在扣除掉运输费用后，人们手中几乎就没有什么余粮了。[53] 1942 年，由于天气恶劣，粮食出现更大幅度的减产，而军队对粮食的需求却有增无减，这导致了灾难的形成。

除了中国军队消耗粮食外，河南农村还遭受着日军的扫荡。吴应铣写道，1941 年到 1943 年间，日军扫荡强度越来越大，加上粮食歉收，因而导致日占区也出现了粮食短缺。粮食短缺影响了军事战略，例如日军发动对河南和华北其他地区的扫荡，清剿游击队，其关键一环就是掠夺粮食。[54] 1941 年秋，日军对郑州和附近各县进行扫荡，这些扫荡最终把郑州变成一座"鬼城"，并且摧毁了附近村庄。战争引发的灾害和气候变化已经使能量储备十分匮乏，而日军掠夺粮食和破坏基础设施的行为使这种匮乏雪上加霜。[55] 日军撤退时，国民政府税务员宣称，由于日军窃取了全部夏粮，而今必须对农民临时征收秋粮，以满足政府和军队的粮食需求。"不久之后，第一批满载小麦的手推车车队——由农民推着，他们中许多人的存粮都被征走了——在武装部队的保护下抵达郑州。"[56]

河南的农民们要么参军要么充当劳工，以此为军队贡献能量。从 1937 年到 1941 年，国民党军队从河南征募的士兵比其他任何一个省份都要多。1943 年以前，河南一直都是重要的兵源地，但是由于饥荒，河南的征兵工作变得十分困难，并最终被四川取代。1937 年到 1945 年，大约 1,898,000 河南人加入国民党的军队。[57]

贫穷和饥饿的年轻人参军，这意味着农业生产中的劳动力减少，进而又继续导致食物短缺和饥荒，并最终形成一个恶性循环。

除了赋税和征兵，农村家庭还深陷于义务劳作的恐惧之中。[58] 在靠近黄河新河道的豫东前线地区，"沿河驻扎军队。每年都要维修防御工事。为此要大规模征调民间的人力和物力。普通民众的负担之重一言难尽"。[59] 征召身体健全的男子，不论是作为士兵还是劳工，都使得他们脱离了农业生产。转移至军队的能量则无法再用于维持农业生态系统，这给农业生产带来消极影响。

保长负责替军队征收粮食和各种物料，这项差事常常令人难以承受。[60] 例如，1942 年秋，上蔡县平新乡（位于河南黄泛区东南）的有关负责人上报省政府：

> 本乡第十三保保长翟凤鬶，同本乡第十六保保长李相唐，财力已竭，因小麦大麦歉收，干旱严重，秋粮无望，人口流散，十室九空。同时，抗战形势严峻，公事猬集（如征召搬运工、车辆、工人、物资和筹集各种军粮等）。此外，本地驻军每日遣三五人至保长家，坐索饲料、用具和其他物件。当前征集军粮又为一特别紧要之事项。凤鬶、相唐认为期限内无法完成征购。9 月 20 日，凤鬶潜逃，相唐以砖封门，携全家躲藏。二人并非故意逃避职责，实因公事艰难所致。[61]

不过，保长也不仅仅是受害者，他们和其他负责人一样，也常常把负担转嫁给当地民众。他们经常采取敲诈勒索的方式完成上级摊派的粮食、燃料、牲畜和人力的数额。许多地方官员因为虚报工钱、挪用公款和公家物资而臭名昭著。[62]

中国，一个以农业为主而工业化刚刚起步的国家，试图依靠大规模地集中粮食、牲畜和战区人力，来打赢这一场现代化战争。从已经因气候异常和战争而遭受破坏的环境中提取这些能量，使得生态平衡陷入混乱，并最终产生了灾难性的后果。

造成饥荒的多方面因素

1943 年秋，一位国民政府调查员到访河南，他认为气候变化和战争是造成饥馑的两个重要原因。他表示"若河南只干旱而无战乱，饥荒也不会似今春之严重"。成千上万的军队驻扎在河南，他们需要大量的食物。抗战爆发以来，普通民众为战争付出了巨大的人力、财力和物力。因此，报告写道："十室九空，家无余储，一旦旱灾发生，富者无计为生，穷者更难支持。"[63] 干旱时期，税赋耗尽了所剩无几的粮食。河南小麦歉收，而大部分收成却又都被运出河南供给军队。[64] 当时一位河南官员这样回忆道："无论大家小户，都无粮食储备。一遇灾荒到来，便惊慌失措，束手无策。"[65] 战争动员榨取了可用的粮食资源，使河南平民人口难以抵御环境恶化的冲击。1942 年旱灾来临时，平民的粮食储备不足以防备饥荒。数年的战争破坏、洪水以及沉重的赋税，使得"地方活力已经消耗殆尽，人民生活困难已经达到极点"。当收成不好粮食不足时，民众便无法谋生。[66] 军粮征收恰如"竭泽而渔，还有储粮的人家只占总人口的 1% 或 2%"。[67]

军队贪得无厌。正如中央政府调查员所说，"河南靠近前线，所有军粮皆由当地供应。哪怕百姓一天不生火做饭，也要缴纳税粮，此外还要上交所有的柴草、牧草和饲料"。[68] 河南有限的能量悉被用于战争，几乎未有留给平民。部队大量驻扎豫西，而那里正遭受饥荒。河南"饱受战争折磨"，深受军事冲突和洪水的危害。[69]由于农业产量下降，为养活驻扎于河南的数十万部队而实行的粮食征购，则威胁了平民的生存。1942 年春麦和秋粮歉收，产量比正常年份低了 20%，可河南百姓却仍要缴纳税粮和完成征购。税粮和军粮征购耗尽了 1942 年的小麦收成，百姓只能寄希望于秋粮。所以，当秋粮也发生歉收后，情况就变得更令人绝望了。[70]粗略估计，战前河南农民的人均粮食供给为 250 公斤，1942 年，这个数字下降到战前的三分之一。由于家无余粮，加之粮食供应下降，大多数农村居民陷入了"饥肠辘辘"的状态。[71]

粮食价格飞涨。1941 年以后，中国几乎所有地区都出现了严重的通货膨胀，这使得分析价格数据变得有些困难。战时通胀主要由货币因素引起，但资源短缺和交通网络中断等因素也起到了一定作用。[72]1942 年至 1943 年期间，河南的通货膨胀与战时的破坏、厄尔尼诺干旱所导致的歉收，以及国家为了供应军队而干预粮食市场造成的灾难，交织在了一起。河南的通胀率是全国最高的。由于多种因素的综合作用，从 1941 年到 1942 年，河南的食品价格涨幅超过了其他所有商品类别。这种通货膨胀可以被认为是能量转换链上的一种扭曲，人们无法再用他们的劳动力或生产的商品去换取粮食了。

1943 年春，一名国民政府调查员报告说河南的粮食价格飞涨，"各县家家户户的粮食都耗尽了。食物供应主要靠从外省输入。由于交通不便，物价日渐上涨"。战前，10 升小麦大约 6 元钱。1942 年小麦收获之前，10 升小麦的价格涨到了大约 20 元。1943 年小麦收获前夕，10 升小麦已涨到了 300 元。[73]河南省所有城市的粮食价格指数都出现了类似的增长。[74] 到 1943 年，郑州和洛阳的粮食价格比全国其他城市的平均水平高出了 150%。[75]

河南主要县镇批发物价指数（1942 年）

县 / 镇	总指数	食品	服装和纺织品	燃料	建筑材料	柳条
南阳	521.71	591.69	407.16	561.21	464.99	506.68
漯河	545.29	682.19	332.39	634.02	378.83	560.90
潢川	553.01	639.35	421.36	575.09	377.02	731.19
许昌	523.39	631.48	363.70	461.62	535.05	496.03
周家口	594.49	733.37	424.78	661.52	405.05	625.07

注：1941 年 1 月的数值为 100。

资料来源："河南各主要县镇批发物价分类指数表（1942）"，《河南各主要县镇物价指数年刊》（河南农工银行经济调查室，1942—1943），第 1 页、第 5 页。

据外国观察家所言，河南饥荒中大规模投机和囤积似乎并不显著，因为"大部分进入公共分配领域的谷物都掌握在小商人手中，他们既没有资本，也没有存储能力。但从另一方面来说，每一个农民和土地所有者也就都成为了粮食的囤积者。由于币值不稳定，除非他们要购买一些不得不购买的东西，否则他们是不会售卖自己的储粮的，而且，他们都会坚持以最有利的价格进行售卖。通常情况下，农民会在春收前，也就是粮食最紧缺的时候抛售储粮，从而使价格下跌。[76] 而 1942 年至 1943 年却没有发生过这种情况，这表明当时确实极度缺乏粮食。人们没有钱购买市场上的少量粮食，而运输困难又排除了从其他地区进口足够粮食的可能性。

甚至在百姓忍饥挨饿之时，河南的将领还向政府官员施压，

1941 年 11 月—1942 年 9 月河南各市粮食价格

单位：国币元／市石

1941—1942	11 月	12 月	1 月	2 月	3 月	4 月
洛阳	149.30	148.33	150.33	164.00	221.67	235.25
郑州	133.00	140.00	135.67	141.67	201.00	222.12
潢川 ①	48.00	53.00	75.00	112.50	115.00	117.50

1941—1942	5 月	6 月	7 月	8 月	9 月	10 月
洛阳	248.78	264.64	383.37	515.20	570.00	722.33
郑州	253.47	311.54	426.50	511.50	590.00	963.35
潢川	120.00	148.08	176.06	204.25	210.00	264.37

　　资料来源："1941—1942 年全国各重要市县粮食价格表"（1942 年 11 月 12 日），章伯锋、庄建平编：《抗日战争》第五卷《国民政府与大后方经济》，第 760 页。

要求他们完成税收配额。白修德推测，"军队的税收……通常相当于全部收成，但在某些情况下，税额甚至会更高，而且当谷物税高于产量时，农民有时就会被迫出售动物、工具和家具来换取现金，以弥补差额"。[77]一位在饥荒地区考察的传教士写道："在许多人家，我们会遇到一些已经饿得失去知觉、生命垂危的人。而从这些人家的门前经过的却是一辆辆装满军粮的手推车。"[78]要是有人拖延税粮，就会立刻遭到逮捕。农民们低价出售田地，以换取小麦交税。投机者——商人、官员、军队将领或地主——则高高兴兴地买下了这些田地。[79]大多数农民没有种子种地，因为他们已经把种子充作税粮上交或吃掉了。而那些有种子的人则采用高利贷，贷出种子。[80]据国民政府调查员称，"各县百姓泪流满

---

① 此处作者写的是 hengchuan，疑为作者笔误，应为潢川。——编者注

面地上诉，有人卖掉了妻女，仍不足以缴纳土地税和强行征购。有人因此被迫上吊自杀"。[81]

救济的阻碍

为了确保税粮征收，国民政府一方面惩罚那些涉嫌谎报饥荒情况以逃避税收的官员，另一方面，对那些完成配额的官员进行表彰。这些来自官僚系统的压力，使得河南的许多地方官员只向上级报告了轻微的粮食短缺，或者告诉他们饥荒并不严重。即使在发生粮食歉收后，河南省的负责人最初也认为，报告饥荒的各县是为了避税才故意夸大灾情的。1942 年夏，饥荒日益严重，河南不得不要求减税和救灾，而最初的错误信息亦拖延了中央政府的反应。[82]

1942 年秋，国民政府得知河南发生饥荒后，免除了河南的部分土地税和粮食征购。但军队对能量的需求并未减少，而且谷物税也没有被免征。1942 年 9 月下旬，蒋介石决定将河南的土地税和小麦征购义务从 500 万市石减至 280 万市石。但这次免税并不适用于补缴税款，所以，农民仍需缴纳过去的欠税。[83]

国民党军队的将领张治中和张定璠立即表示，长江以北战区的省份没有按时缴纳中央政府要求的军粮配额。他们警告说，无法履行军粮征购义务，将"直接影响到作战纪律和军事实力"。为确保给军队提供充足的粮食，各省政府必须在规定的时间内全部履行军粮征购义务。[84] 国民政府减少了河南的粮食征购义务，但军粮对作战而言是必不可少的。军方将领要求河南立即进行征购，并在年底前完成减少的征粮配额。[85] 国民政府领导人命令河南省政府和地方士绅向普通民众"解释军粮的重要性，并敦促他们全力送递军粮"。国民政府拨出赈灾资金"安抚人心"，但加快军粮征收仍是当务之急。[86]

接下来的几个星期，中央政府派遣了两名调查员调查河南灾情。[87] 尽管调查员也承认了饥荒的严重性，但他们同时亦强调了确保军粮供给的绝对重要性。在有河南军政负责人参加的会议上，调查员保证，中央政府将发动救援。但正如调查员明确表示的那样，"河南是一个重要的战区，军粮供应一日不可缺"。为此，河南需要继续筹集其先前获准减免的 280 万市石小麦。原因很简单："首先要满足军粮，然后再考虑民众的粮食供应。这是一个绝对不容改变的原则。"[88] 税粮和军粮征购减免并不适用于前几季的拖欠，所以农民仍需缴纳先前的欠税。[89] 即使在饥荒时期，军粮征集也必须要继续进行下去。

国民政府领导人的确有理由担心军粮供应，因为事实上，中国军队自身的能量需求一直都无法获得满足。1941 年以后，大部分国民党军队都要依赖土地维持生存。[90] 抗战后期，粮食短缺削弱了中国军队的战斗力，中国军队的士兵们经常遭受营养不良的困扰。饥荒期间，士兵的境况也仅仅略好于农民。军队士气低落，饥肠辘辘。1942 年秋，英国领事在描述河南饥荒情况的报告中指出，"当前在前线，想要维持住一支中国军队并不容易，外国观察员发现，许多部队因为营养不良而引起疾病和减员"。[91] 在这种情况下，国民政府还是不愿开仓放粮。河南省政府指示，救灾的指导原则是"尽最大努力减轻人民和地方的负担，但不可影响抗战进展和全省之行政工作"。[92]

需要能量的不仅仅是人类。在饥荒最严重的时刻，河南的农民还不得不为该省 5 万多匹军马提供饲料和稻草。这种饲料所含的营养比许多普通百姓所吃的食物（花生壳、树皮、泥土等）还要多。[93] 请愿者要求免除这笔负担，因为河南没有能力供应马匹饲料。而政府认为，尽管河南的饥荒很严重，但"饲料是马和骡子的主要食物，与军事需要有关。取消当地征购，改从其他生产宽裕的省份征购，不仅浪费财力，而且以目前的运输条件也无法实现"。但另一方面，政府也禁止军队直接从老百姓手中收取草料，政府强调地方必须"尽最大努力"通过合法渠道取得这些资源。[94]

饥荒令人们左右为难，究竟应该供养人还是供养马？ 1943 年初，第一战区司令长官蒋鼎文称："去年河南发生了严重饥荒，粮草匮乏。"政府虽将购买饲料的资金增加到每匹马 100 元，却仍远远低于市场价格。于是蒋鼎文得出了一个残酷的结论：人和马可能都无法生存。"民众负担如此沉重，令人无法承受。人们担心将来没有商品可以购头，马和骡子将会饿死，运输能力也进而会下降，而这些都将影响军队的作战能力。"[95]

国民政府试图从陕西等粮食富余地区向河南运粮。然而，陕西和其他邻近省份为确保本地军队也有粮食供应，最初并不允许粮食出境。[96] 不过，最终河南还是成功地在陕西和其他省份买入了粮食，然后又以低价卖给了饥荒地区。但是运输瓶颈仍然延缓了救济粮的输入。[97]

战争严重破坏了华北的交通线。铁路线中断使政府无法运进粮食以缓解饥荒，因此另一个抵御环境冲击的缓冲器也消失了。日本人控制着陇海铁路的东线，以及平汉铁路的南北线。陇海铁路西线的一段则位于日军火炮的射程内，日军的日常炮击压制了该地区进口粮食的能力。仅仅为满足军事需要的正常货运量就已经使铁路运力不堪重负。[98]

铁路被破坏，日军又控制着黄河的东岸和北岸，水路运输的可能性也被排除了。缺少交通设施削弱了从收获丰收的陕西或甘肃输入粮食的能力。[99] 一位积极参与河南饥荒救济工作的美国传教士回忆道："南、北、东三段铁路都被切断了，这使其他地区的食物很难运进来。有些粮食是用独轮车运来的，但是价格很贵。"[100] 使用肌肉力量运输谷物的工作并不容易。当地粮食供应不足时，救援机构不得不调遣人员和牲畜从其他地区购入粮食。但是，正如另一位美国传教士回忆的那样，"役畜或被淹死或被杀死，以致官员们常常无法为军队运送足够的补给。于是，他们便开始征调民夫。而当我们在市场上雇人雇车运输粮食时，粮食价格就开始攀升"。[101]

过去当河南收成不好的时候，往年的粮食储备和其他地区的粮食输入会弥补这些损失。而当 1942 年粮食歉收时，战争环境消除了这种可能性。"抗战头五年里，中层以及下层家庭的粮食，除了自己吃的以外，主要供给国家。而过去储存粮食的富裕家庭，由于当地条件的恶化，也未能安然无恙，几乎所有人都卖掉了自己的存粮。"经过两季饥荒，人们已经无以为生。"此外，由于抗战需要，铁路已经被拆毁，运输工具极其缺乏。粮食价格比正常水平高出 100 多倍。即使获得了一些购粮款，也难以获得必要的粮食。在这种情况下，谈论救灾犹如天方夜谭。"[102]

河南省政府的报告指出："我省从陕西购买和运输粮食到各县，不仅迂回费时，而且浪费民力。"[103] 报告写道：

> 救灾与交通息息相关。以此有余补彼不足，其效果并不

逊于自然之生物成物，然而要靠良好的运输和航运才能受益。本省自从抗战以来，许多铁路遭到破坏，公路车辆也很稀缺。之前在陕西、湖北、安徽购买的救济粮，因上述运输限制，面临困难，对救灾效果亦产生相当大的影响。

河南一些县为了控制珍贵的粮食，也采取限制贸易的手段，甚至拒绝将粮食运往饥馑地区。为此，省政府在报告中总结道："今后，各省各县之间要密切联系，方便运输，让粮食自由流通，物尽其用。"[104]

谢伟思访问河南后说："因此，问题变成了粮食供应不足的问题——缺少足够数量的船运来有效缓解这种情况。"[105]英国领事的报告写道，受饥荒影响的地区"与敌人非常接近，而敌军又占据河南相当大的一部分地区，这种军事形势使得救济问题变得极其复杂"。日本的军事行动导致了进一步的灾难，"在过去一两年里，物资供应线路成为主要的突袭目标"。这些因素使中央政府几乎不可能改善饥荒。"在当时，河南遭受着频繁的旱灾，敌人的破坏，断断续续的战事以及中国军队的巧取豪夺，这种种事件带来的可怕后果已经超出了中国政府所能掌控的资源范围。"[106]由于河南又地处中日两国控制的夹缝中，当地的救灾计划始终"缺乏实质内容"。[107]

传教士王普霖（Ernest Wampler）列举了导致1942年"这场饥荒（他认为是中国历史上最为严重的一次饥荒）的一些原因：秋季作物歉收；当地紧邻前线；一年前，日军入侵当地，糟蹋了所有余粮，烧毁了许多村庄；黄河决堤，洪水淹没了河南大部分富饶的河谷，驱散了数千名刚刚在战场后方定居的农民；大量的中国部队驻扎于受害地区的边缘。"饥荒忽然降临，"宛如一场突袭"。[108] 国民政府正"肩负沉重的战争负担"，所以在启动救援方面比有限的几位外国传教士和当地佛教团体都要缓慢，"但到了 1942 年的隆冬和 1943 年的春天，国民政府所提供的帮助还是超过了其他任何机构"。[109] 虽然河南救灾委员会无息发放了一些种子贷款，但还是有许多农民仍然没有种子种植谷物。[110]

1943 年春，河南陷入绝境，而邻省的救济粮却还没有到达。更重要的是，白修德在国际上对饥荒所做的引人注目的报道，令国民政府感到难堪，所以，现在他们必须要采取更加果断的行动。国民政府领导人采取了极端的措施，他们命令河南的军队将部分储粮用于救济，直至小麦丰收。于是将领命令士兵们减少平日口粮，这样军队的粮食就可以用来养活饥饿的平民。[111]

但是，军需部门警告说，由于军粮要么没有按时发放，要么发放数量不足，军队的补给已经非常困难。鉴于河南用于饥荒救济的贷款数额，"军粮只能勉强维持到新小麦收割"。[112] 所以，1943 年春，庄稼一收获，国民政府就坚持要求灾区把之前政府借给他们用于饥荒救济的军粮全数归还，以免导致军粮短缺。[113]

痛苦的收获

甚至在 1943 年春小麦成熟以后，河南的农业生态系统仍旧没有恢复。最初看来，这一年很有希望得到不错的收成，但不稳定的降雨、持续的洪水、蝗灾和牲畜死亡，以及人力短缺，还是引发了新的问题。在一些地方，庄稼长得很好。但正如传教士所言："可悲的是，许多种下种子的人不会在这里收获。成千上万的人死亡，去年秋天逃亡的人并不认为情况会好转，他们中的大多数人永远不会回来。"[114] 收割谷物需要劳动力，但是劳动力却不足。村子里没有人，人口从一年前的一半减少到四分之一。虽然有一些逃离故土的灾民逐渐返回家园。但是军事对能量和资源的需求还是阻碍了复苏。

1943年夏，河南省政府致电国民党军队将领，要求"驻扎在河南各县的军队在小麦收割和秋粮种植期间暂时停止征用劳力和物资；停止建设不必要的防御工事；停止征购骡子、马匹、军鞋、军袜和杂项物品"。省政府还要求提高租力给予标准，以维持人们和牲畜的生存。军队将领答应了这些要求，停止为士兵征集鞋子和袜子，并暂时免除了强征骡子、马和其他物资，同时，军方亦同意考虑增加工资。[115] 河南省政府的救济方案要求，"对粮食运输，征购面粉、草料，以及人力和畜力所应给予的工资，都应该恢实并支付"。[116] 饥荒所造成的人口死亡和人员的流离失所使得身强体壮的成年男性变得极为缺乏，这对征兵产生了消极影响。而为了保证充足的农业劳动力供应，河南省政府还是说服了军队，使其停止在收获季节开展征兵活动。[117]

饥荒引发的动乱减少了农业恢复所需的人力和畜力。传教士写道："据说大约有十分之八的牛和驴饿死或被宰杀。"[118] 许多家庭因为养不起牲畜，就把牲畜卖了。饥民因急需食物而杀害了不计其数的牲畜。河南各县政府禁止宰杀牛，但这道命令不过是一纸空文。[119] 于是政府警告道："牛不仅是农业生产的原动力，也是运输的重要动力。如果被过度宰杀，会给农业和运输业带来无法估量的影响。"[120] 河南省的另一项救济方案敦促居民："认真保护牛、骡、马，严禁宰杀。如果灾民无力饲养牲畜，可将牲畜交由保甲饲养。"[121] 眼前的生存策略和长远的生存策略之间发生了矛盾。为了获取食物而杀死牲畜，使得农业和商业活动所需的能量储备也消失了。

国民党的军事崩溃

伴随 1942—1943 年河南饥荒而来的生态灾难具有军事和政治的双重意义。国民政府战时动员给河南当地居民带来的能量上的负担，在很大程度上损害了该政权的合法性。没过多久，民众的不满情绪就达到顶点。1944 年 4 月中旬，日军实行一号作战计划，该计划将驱逐河南的中国军队和肃清平汉铁路沿线作为打通中国南北交通线战略的一部分。"一号作战"是抗日战争期间日军发动的最大规模的战役。蒋鼎文和汤恩伯指挥下的国民党军事防御工事在日军的进攻面前，很快就土崩瓦解。4 月 23 日，日军占领郑州；次日，新郑、密县沦陷。在接下来的一个月里，日军沿着陇海铁路向西挺进，进攻洛阳。5 月 25 日洛阳沦陷。

两年的饥荒严重削弱了国民党的军事力量，也使河南饥饿的民众对他们充满敌意。各村的村长和保甲负责人一旦逃亡，就会带走所有的粮食，一点都不会留给国民党军队。[122] 因为汤恩伯和蒋鼎文的士兵缺乏给养，他们不得不向农民"借"粮。即使部队知道如何碾磨谷物，但质量很差的粮食还是导致士兵营养不良，战斗意志也随之消耗殆尽。现在，民众和军队之间"完全割断了联系"。当日军占领之前国民政府统治区时，他们便会缴获政府粮仓里剩下的粮食。拉纳·米特（Rana Mitter）说："缴获的 100 万袋面粉可以作为 20 万士兵 5 个月的口粮。"[123] 当国民党军队正忙于逃避日军的猛烈进攻时，河南的农民却开始攻击这些撤退的中国军队，甚至解除他们的武装。[124]

蒋介石听到这个消息，十分沮丧，他悲叹道："当地百姓袭击了我们自己的军队，并缴获了他们的武器，这就像一战中沙皇军队在俄国所经历的那样。这样的军队不可能打胜仗。我们的卡车和马匹运载的是走私货物，而不是弹药……撤退中有人目无军纪，抢劫平民，强奸妇女。"[125] 随着日军一步步逼近，社会秩序开始瓦解，"无政府状态"继而出现。撤退的士兵一路上互相抢劫、谋杀。土匪、逃兵和饥肠辘辘的农民"成群结队地游荡，每当他们看到一群虚弱且无反抗能力的撤退队伍时，便会猛地扑上去"。[126]

河南饥荒表明，国民政府无法确保发动战争所需的能量流动，这侵蚀了国民党的军事基础，也动摇了国民党政权的政治合法性。至此，国民党政权在河南的权威几近瓦解，其在华北的灭亡亦因此埋下了种子。

从强征到保护：共产党根据地的政策变化

到目前为止，我们的叙述都集中于国民政府在河南的统治区，但事实上，粮食问题对该省共产党根据地的部队，也同样构成了挑战。饥荒时期，豫东的共产党游击队活动陷入困境。共产党的部队身处日军和国民党军队（这支军队也对共产党军队怀有敌意）之间，被限制在涡河以西的狭长地带，因此其机动性非常有限。更糟的是，共产党控制下的一小块土地——长100千米，宽25千米——无法为一支庞大的军队提供足够的粮食。河南的国民党军队在规模上要比共产党的部队大十倍。1941年和1942年，由于遭遇了更强大的国民党军队的进攻，以及日军的"三光"（烧光、杀光、抢光）政策，豫东的共产党部队几乎覆灭，这使得他们不得不撤退出该地区。黄泛区完全被国民政府、日军和伪军占领。[127]

1942 年至 1943 年的饥荒也破坏了共产党的权力基础。留在黄泛区的共产党小股部队发现，他们几乎不可能获得粮食供应。驻扎在太康西北部的水东独立团的干部报告称，1942 年的干旱和蝗灾导致粮食产量下降到正常水平的 30% 以下。与此同时，国民党军和伪军的"无限掠夺"亦加剧了饥荒。[128] 独立团 1936 名士兵很难获得供给。所有的开支都停止了，包括食品支出。对士兵而言，每两天得到 0.25 斤的粮食配给都是"特殊待遇"。1943 年初，水东独立团把中心任务转移到搜寻粮食上来，方法通常是袭击日军控制的地区。但由于缺乏粮食，即使是这些突袭行动也变得相当困难。当地干部报告：

> 在军队行动中，歼灭敌人成了次要的，首要的问题是能否在村子里吃上饭。因此，一旦接到从敌占区征粮的命令，所有其他工作就都立刻停止，各级单位均开始征粮运动。最初，一个排可以征收到一个连所需的粮食。后来，征粮小队遭遇敌军拦截，群众又封闭了堡寨大门，这就使得征粮变得更加困难。[129]

共产党与国民党和日军就粮食展开了激烈竞争。直到 1943 年小麦丰收，粮食变得稍微充足一些之后，中国共产党才能够逐渐理顺其供应体系。起初，共产党部队坚持"分头筹措和集中调配相结合"的原则，试图对粮食分配施加一些集中控制。[130] 根据这项原则，不管部队指战员究竟如何为部队筹集粮食，都要以集中的方式进行分配和报告。而事实上，"分头筹措和独立使用"才是常态。部队征收粮食供自己食用，而上级根本不知道。豫东的地方干部不得不接受这种做法，因为其实这么做很有必要。"那些稍微好一点，诚实一点的部队指战员，会向上级报告他们究竟需要些什么，但如果这种需求量并不大，也就没什么人会在意。"[131]

粮食收获之后，中共改革了粮食供应制度，并对之实行集中控制。中共的一份报告称，"我们从各个方面着手，加强各级供应人员，并把重点放在建立预决算制度上。此外，我们还召开了全营范围的工作会议，开设了工作人员培训班"。现在中共有了一个供应制度的模型，对供应制度的认识也发生了变化。[132] 共产党部队还击退了国民党、日军和伪军的袭击，保卫了收成。由于这些措施，共产党终于解决了粮食供应的问题。[133]

尽管共产党和国民党为了维系军队，都需要依赖河南当地的居民和脆弱的农业生态系统，但是战争形势对共产党更加有利。中共干部通过组织地方联防，抵御亲日和亲国民党的游击队抢劫粮食，从而保障了粮食的供应。吴应铣指出："共产党正是在共同抵御敌人抢粮活动中，建立了党和农民之间的长远关系，并最终为共产党在这一地区的胜利奠定了坚实的基础。"[134]

共产党动员了河南已有的地方组织，如宗族组织、村社组织和邻里组织。共产党给予他们有效的领导和协调。[135] 此外，共产党还精心组织防卫行动为当地居民提供保护，使他们免受敌人侵害，同时保障共产党部队获得粮食供应，并使敌人无法获得这些资源。得益于他们的联防政策，1944 年以后，共产党开始扩大他们在河南洪灾地区的影响。[136] 共产党把地方联防和农业生产结合起来，动员士兵和当地居民"组成互助小组，增加生产，共同战斗"。[137]

有时，国民党军凿开堤坝，试图缩小共产党的控制区，并趁机夺取粮食。共产党部队则通过修建堤坝来阻挡进攻和保卫他们的阵地。[138]洪水地区的地形对共产党颇为有利。这片土地长满了植被，覆盖着沉积物，显然有利于开展游击战。平坦的黄泛区被小河分割开来，给共产党部队提供了很多藏身之处。[139]沼泽给传统的机械化战争增加了障碍，阻碍了日军和国民党军的进攻。

共产党所设计的全新的能量和资源利用方式具有十分重大的意义。联防活动使共产党在河南地方社会中建立起牢固的基础，这是之前国民党政权未曾有过的。共产党接管了原有的群落组织，控制了河南黄泛区稀缺的粮食资源，使之免于落入敌手。简而言之，中国共产党在当地社会已经开始夺取政权，而取得这一成就的先决条件是中国共产党能够有效地从人口和环境中提取能量。最终的事实证明，对于中国共产党的这种力量，国民党是无法颠覆的。

结　论

1942 年至 1943 年的河南饥荒，是由华北地区脆弱、不可预测的自然环境变化与人类活动对该地区的影响之间复杂的相互作用而造成的。战争严重扭曲了能量流动，加剧了气候波动的影响。利用环境作为战争工具，防止重要资源落入敌手的种种行为——以 1938 年黄河决堤为例——给粮食生产造成了严重打击，而由战争造成的破坏则又阻碍了粮食流通。1941 年至 1942 年的短期气候变化又给当地的农业带来一次新的冲击，当时，华北遭遇了复杂多变的天气，又经历了与强厄尔尼诺事件相关的降水量减少。这些自然环境变化导致了农业产量更大幅度地下降。

濮德培（Peter Perdue）的研究参照了 1876—1879 年的华北大饥荒。这次饥荒夺走了河南和其他几个省份 900 万到 1300 万人口的生命。他认为，"是否会发生饥荒，取决于气候条件与政府、农民、救援机构、劳动力和谷物市场的相互作用"。不仅仅是粮食的总供应量，人们在市场上出卖劳动力和资源的能力，对他们而言也关乎生死。在清朝晚期，中国官员有效地开展救济，为饥荒地区提供食物、现金和工作机会。但在 19 世纪 70 年代，正如濮德培所言，与镇压新疆叛乱有关的国家安全利益压倒了救助数百万饥民的需要。[140] 20 世纪 40 年代初，战争的直接影响再一次与国家的军事需要结合起来，进而阻碍了政府救助河南农村人口和避免饥荒的努力。

抗战爆发后持续五年的战乱和混乱，使河南几乎没有任何缓冲能够抵御 1942 年的干旱和蝗灾。然而，粮食仍然是发动战争的关键。生态崩溃，政治和军事力量对粮食的夺取，最终耗尽了粮食储备，导致数百万河南平民陷入匮乏和饥饿之中。

威廉·麦克尼尔（William McNeill）把军队消耗粮食比作"军事寄生"。为了维持部队运转，军队必须掠夺农民的部分收成。如果为了维持军队运转而夺取收成，进而"导致农业劳动力因饥饿而迅速死亡，那么这就是一种不稳定的寄生"。[141] 如果寄生虫杀死了它的宿主，那么它也活不久。正如一些致命病毒进化出毒性较弱的毒株，便可以利用宿主而不杀死它们一样，军队通常也会保护它们所利用的农民，并为了某些共同的利益而减少对他们的剥削和掠夺。在某些情况下，初级生产者对军队的依赖程度不亚于军队对初级生产者的依赖程度。[142] 但是这种共生的生态平衡并不总是存在的。通常情况是，军队提取了农作物，却没有留下足够的能量供耕种者生存。大卫·克里斯蒂安（David Christian）认为，在严重的危机时期，"即使是最能干的统治者，也会变成残暴而且具有破坏性的掠食者。那些能力较弱的统治者，则会理所当然地使用毁灭性的财政手段，即使他们或他们的顾问明白，这种做法会破坏自己的权力基础"。[143] 对中国国民党政权来说，1942—1943 年的河南饥荒就是一个"军事寄生"的例子，它对本国社会造成了致命的破坏。

　　与国民党军队不同的是，随着饥荒平息，河南黄泛区的共产党部队成功地从掠夺性战略过渡到了保护性战略。借用裴宜理（Elizabeth Perry）的话说，中共地方部队进化出了一种更稳定的生存方式，他们为其赖以为生的农民提供保护，从而巩固了中共的地方权力基础。[144] 河南农村的中共干部必须灵活应变，根据战争带来的新环境调整其组织策略。与此同时，共产党的地方部队与复杂的、官僚化的、笨拙的国民党军事组织相比，规模更小，这使他们更容易采用新的方法去利用能量以投入战争。这种创新能力和从环境中获取更多能量的能力，在很大程度上解释了抗战后期中国共产党在豫东取得胜利的原因。

　　但是，能量不仅仅是用来供养军队的，战时水利管理也需要它。下一章我们将回到这个议题：为军事目的而利用黄河水力的活动，以及为开展这项工作所消耗的能量给残破的地方社会究竟造成了怎样的压力和破坏？

第四章

对抗洪流：水力不稳定性与生态耗竭

当千百万河南居民无法满足自身基本的新陈代谢需求时，他们仍然不得不为战时水利工程项目提供大量能量。1942—1943年，饥荒到了最严重的时刻，国民党与日本军队为了引导和操纵黄河以达成战略目的，仍然在压榨当地社会的能量储备。河南当地存留的劳动力和物资，无论多么微少，其实都被正在力图控制黄河的交战双方完全征用了。国民党和日本人的水利工程活动继续通过利用、依靠和对抗黄河，来利用其能量并以之对抗敌人。由于中日双方军队都试图将洪水导向对方控制的土地，竞争性的筑堤行动因此毫不减弱地持续了下去。

　　对于国民政府来说，河防和国防是紧密相关的。日本人同样认为河流在军事上至关重要。出于这个原因，对于中日双方的战时领袖来说，控制水力都处于优先地位。尽管采用任何方式都无法征服或驯服河流，但双方对水利维护的技术要求是一样的，而大自然的能量阻碍了他们的工作。和平之时，河水的沉积物不断抬升河床。黄河无休止地威胁国民党在西岸、日本人在东岸修建的大堤，并且带来更大的洪水，进而破坏农业村落，危及军事阵地。

　　利用河水以达成军事目的，需要一种能力，一种能够从能量控制和他人工作中获益的能力。汲取能量资源用于供养军队和水利工程，其实完全是对农村百姓的能量的一种消耗。由于军事对资源的索求，以及战争带来的洪水和饥荒所造成的大荒芜，河南黄泛区当地缺乏必需的能量剩余以有效地执行河水防御。在战争的这个阶段，军事水利工程甚至扮演着带有强迫性的角色。然而，当军队指挥者沿用军事化的方式承担维护堤岸的责任，组织被征发的平民之时，从受困于洪水和饥荒的河南当地汲取足够数量的劳动力和资源却变得越来越困难。战争导致的水利设施毁坏加大了饥荒的影响，进而摧毁了农业生态系统，使没有逃亡的农村居民陷入了更大的混乱。

国民党控制区的堤防修建与维护

1942 年之前，由于沉积物的积淀，黄河战略性改道后突然形成的新河床抬升了很多，不久之前修建的堤防已经无法将它容纳。随着不断沉积，河流逐渐西移，洪水每年都会冲破堤防，进而冲击国民党所控制的区域。为了应对这种状况，1942 年年底，国民党将军汤恩伯召集第十五集团军司令部，黄河水利委员会，导淮委员会以及河南、安徽、江苏和山东各省政府的代表，商议河防事宜。会议出席者组织了一个视察团，视察尉氏东南至安徽的黄泛区的河流状况和堤防情况。视察团的报告强调，黄河西岸的新堤防需要加强。除非堤防得到加强，否则河流将会改道，进而威胁军事设施和民生。为了将洪水维持在当前位置，国民政府开展以工代赈项目，修复了超过 600 万立方米的堤防。[1] 但灾难在任何一项修复工作都还没有完成之前突然降临。1943 年 1 月黄河结冰之后，尉氏县荣村附近的 10 千米堤防受到浮冰冲击，面临决堤的威胁。劳动力和物资极为缺乏，所以避免岸堤冲毁的紧急修复工作并没有被迅速、有效地执行。于是，很快，沿着扶沟和西华县的道陵岗堤段，出现了更多的决口。

这场危机促使政府立即采取行动。在汤恩伯将军的指挥下，苏鲁豫皖（江苏、山东、河南、安徽）边区总司令部和第十五集团军司令部，与黄河水利委员会委员长张含英，河南省政府的代表和黄河沿线诸县县长在漯河再次会面。河南修防处各堤段的段长也参加了会议。这次会议拨出 500 万元军工经费，用于加固防洪堤。这项工作将在 1943 年收麦前通过军工完成。为了监督这个项目，会议成立了整修黄泛工程总处，由军事长官何柱国指挥。经过数月工作，会议提出的大多数修复任务在 5 月中旬时已经完成。[2]

然而，在同一个月，骤风和暴雨使得黄河西岸西华县道陵岗的护堤工程坍塌，导致堤防的开口扩大。泅涌的河水冲破了施工不良的尉氏荣村堤段。扶沟和鄢陵的堤防亦被冲破，洪水淹没了低洼地区并毁坏了庄稼。截止到 1943 年 5 月底，尉氏、鄢陵、扶沟和西华县的堤防共有 17 处被冲破，河水淹没了接近 86,670 公顷农田，损坏了超过 59,700 处房屋，超过 186,100 人被迫成为难民。洪水摧毁了春小麦的收成，并阻碍了农民种植秋季作物。西华和扶沟受灾最为严重，其次是鄢陵和尉氏，许昌和漯河的部分地区亦受到洪水的威胁。[3]

河南基础水利设施面对战争破坏所展现出的脆弱性，与恶劣的天气条件一起带来了这一系列的灾难。根据河南省政府的报告，尉氏荣村堤防决口的产生既有"远原"也有"近因"：

> 其远原系在民国二十九年至三十年间，黄泛原在淮阳、太康一带大溜东流，嗣因军事关系在太康西北之王盘开挖，引河导水西流，接近泛堤。而敌人更于对岸加修堤防，使河床淤高，大溜均向西流。我方最初所筑泛堤不甚坚固，一经黄水冲刷，随地随时均可发生险工。近因则以堤防不固，春季水势上涨，防险工、料均欠充足，加之东北风大作，波浪冲激，无法抢救。西华县属之道陵岗先告溃决。因水势较小，仅有一部地区被淹，水又回流入于旧泛，尚无大碍。惟荣村决口因地势关系，水向南部漫灌致成大灾。[4]

国民党和日本人巩固自身阵地而破坏对手的军事阵地的尝试，增加了河水本来就具有的脱离河道的趋势。战时的混乱导致劳动力和资源紧缺，因此人们无法阻止河水冲破堤防，淹没更多的农田。尽管一直在努力控制河流，军事冲突仍然会导致维持河水流向稳定的所需能量不足。

荣村的决口出现在贾鲁河以东的尉氏。由于地势低洼，水沿着贾鲁河向东南和西南方向扩散，淹没了鄢陵、扶沟和西华的部分地区。洪水最宽处有数十千米，最窄处约一千米。洪水起于周家口附近的贾鲁河，而这里本来应当是其进入沙河之处。西华的三面被洪水围困，只有地势相对较高的西南部免于洪水之灾。在扶沟，洪水涌至县城的北方和东北方。人们关上县城的大门以防止城镇被淹没，[5] 但是这么做的保护效果却不大。为保护城墙而修建的堤防和土方工程出现渗漏，使县城至少 15% 的区域处于水下。正如外国观察者后来记录的："这座城市的东南角看起来和威尼斯的照片一样……在城墙内就可以钓鱼。"民众居住在那些尚

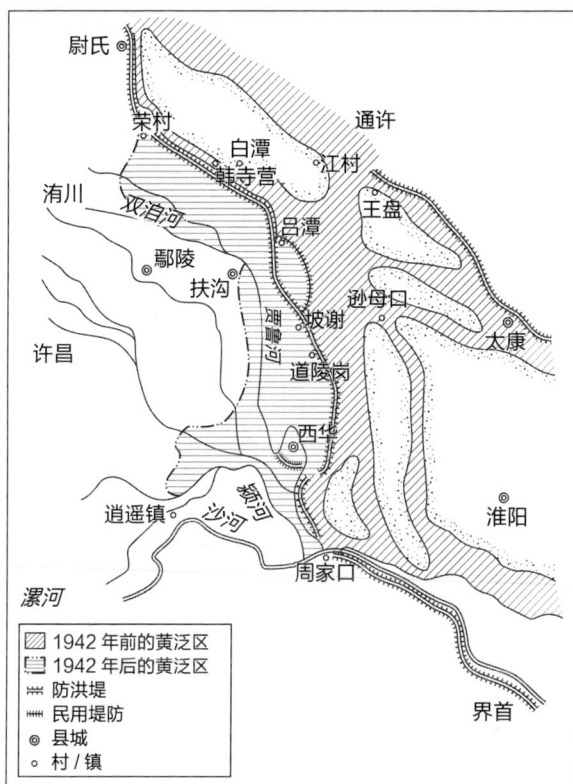

尉氏

荣村

白潭
韩寺营

洧川

双洎河

鄢陵

扶沟

许昌

吕潭

颖贾河

坡谢

道陵岗

西华

逍遥镇

沙河

漯河

通许

江村

王盘

逊母口

太康

淮阳

周家口

界首

	1942 年前的黄泛区
	1942 年后的黄泛区
	防洪堤
	民用堤防
◎	县城
○	村 / 镇

河南黄泛区的变迁

未倒塌的房屋中，街道和院落中积着深至 1 米的盐碱水。在汛期，人们移居到地势较高的地方，一旦水位下降，人们就又会返回。[6]

最近发生的这次洪水进一步破坏了水利系统。除非荣村的决口被堵上，堤坝结构得到修复，否则贾鲁河的水最终将全部涌入沙河。如果洪水携带的泥沙淤积了沙河的河床，那么其下游支流就将被堵塞，双洎河、洪河和颖河也会泛滥，淹没本应在秋季收获的庄稼。为此，国民党必须封闭荣村的决口，加固贾鲁河东岸的堤防，使黄河洪水恢复到原来的河道，以防止沙河和黄河水位在汛期上升时连接到一起。这些修复将防止沙河泛滥，并使其南部各县免受后续洪水的侵袭。[7]与黄河抗争并对其进行修复，需要巨大的能量存余，而这些能量都将以人类肌肉力量的形式表现出来。提供劳动力的责任落在了已经遭受洪灾和饥荒的诸县身上。河南省政府计划"命令泛区及邻近各县动员平民，征发物资，合力抢修危险堤段，以防灾区扩大"。[8]起初，修堤工程打算从各县（其中最远的县距离修坝工程达 100 千米）招收 40 多万民工。但由于较远的县很难派遣劳动力，所以鄢陵和尉氏不得不独自负担起大部分的修复任务。

难民迁徙使劳动者稀缺，故而动员劳动力需要更加严格的纪律。于是，堤防修复工作表现出高度军事化的特点。河南省政府主席李培基注意到了这种趋势，他的这种判断基于他此前的观察："各县民工均由该县国民兵团副团长统率，用军事管理。每一小组均按军事上之连排组织，极为严密，秩序亦佳。据办公人员说，此次诚为历来所仅见。"与环境的军事化互动促进了平民的军事化。但是李培基并非完全乐观。夏天很快就要到来，而且"时届夏日炎热，聚集多数民工，恐发生疫"。[9]小麦还未收割完毕，秋季作物又必须开始种植，此时正是农事最繁忙之时，而偏偏就在这个时候，劳役征发开始了。那些前往堤防进行修复工作的农民，稍有迟延，即被强行拘押。堤防的修复贯穿了整个秋收，这项工作分散了一部分本应被用于收获粮食，救济灾民的劳动力。[10]李培基认为："再者，此次修堤发动二十余县民工，费用浩大。值此灾情严重，民力实难负荷。"[11]绝大多数人口已前往他处，因此劳动力的力量是有限的。而对于那些留下来的人来说，能量的负担就明显增加了。

日占区的堤防维护

黄河东侧的日占区当局发现，控制黄河并让它屈服于他们的意愿并不是一件容易的事情。1941 年末，新上任的伪河南公署建设厅厅长曲传和将目光转向修复黄河东岸的堤防。曲传和的朋友、伪宣传部部长刑幼杰（曾在 1940 年参与调停了因日本筑堤破坏排水系统而引起争端的事件，事件具体见第一章）向他保证，游击队不会干涉维修工作，工作人员在工地上是安全的，这增强了曲传和的信心。此前伪建厅已拨送 70 万元工程款，早期项目亦遗留下许多建筑材料。曲传和还精心安排了一位在日本受过训练的水利工程师计路环来监督修复工作，曲将其从伪满洲国调到河南，并委派毕业于河南水利专门学校且已经为国民党中央建设厅服务近十年的喻本义，作为计路环的助手。[12]

1942 年 1 月，伪河南省公署派遣技术人员调查河堤防务。[13] 2 月份的一项指令阐明了该项目在国家繁荣和社会福利方面的基本依据："修筑新黄河堤防关系国脉和民生，若无根本防御，终致邦家之忧。"为此，伪河南省公署于 1941 年就开始了堤防建设。然而，河床不断上升，因此修复不得不一直进行下去。河南的汉奸当局派出必要的技术人员迅速赶往施工现场。太康县被要求"尽职地服从技术人员的领导，迅速委派民工到工区，并毫不拖延地努力进行工作"。[14]

技术人员分队分段调查各段堤防，根据地形和水流情况，选择合适的堤防施工方式，从而做到邢幼杰所说的"以束水就范不再使黄水外溢为主，利用未塌旧堤，截弯取直"。他们计划在冬季做好设计，来年春天就进行施工，争取在大水到来之前，把堤修好。

在他们地督促下，全体工作人员和各县派往这里协助工作的伪职员"都很尽力"，勘测选线计划如期完成，需用材料亦都运到了工地，应发民工的工资粮也陆续运往各工段。1942 年年底之前，整个黄河东岸堤防的修复工作正式开始了。[15]

在自通许至太康东南的延绵 50 多千米的工地上，每天都有数以万计的民工在技术人员和监工人员的指导督责下，紧张地劳动着。民工每人每日发放粗粮 1.5 公斤作为工资。粮食由管理五十名民工的大组长向工段负责人领取后转发给小组长，再由小组长转发给民工。在最初的几个星期里，上述安排运作得很好，项目进展很快。[16]

然而，一个月之后，问题和纠纷开始出现。有的大组长，以需要资金来"招待"项目人员为借口，减发民工工资；有的大组长，在民工无法按时完成任务时，克扣其工资以中饱私囊；还有的大组长则编造了莫须有的小组来吃空饷；更有人以与当地游击队"联络"为借口，在征得监工人员同意后，克扣工资自肥。因此，民工每日 1.5 公斤工资粮被减为 1.25 公斤，有的人甚至连 1 公斤也领不到。食物能量没有流向那些需要用它来维持繁重劳动的人。结果是"民工饿着肚子，活当然干不好"。项目的指挥者发觉后，认真检查追究，在发现他们的部下也深涉其中之后，他们惩办了一些情节严重的大组长。在撤换了两名伪职员之后，问题的确少了很多。[17]

至少在表面上，修堤工程的进展似乎是顺利的。新上任的伪河南省省长组织了一个调查委员会，调查堤防质量，以确保堤防的坚固。[18] 刑幼杰回忆说："费尽九牛二虎之力，修堤工程照原计划推迟半月总算草草修成了。"[19] 日占时期出版的《太康县志》自夸说："巨堤仅五月而成，巍然横亘，护民安众。"太康"承担着大部分的劳力"，其余的由柘城、鹿邑两县提供。由于新堤的筑成，民众得以"稍安"。于是，县志的编辑者自信地断言，"'人力胜天'绝非空言"。[20] 而后来的事实证明，他们错了。

当伪河南省公署正在准备庆祝堤防完工的仪式时，大雨降下，风浪来袭，太康的堤防被冲破。豫东道道尹赵岫春驱往开封请求紧急救赈。见到伪省长后，赵岫春向他强烈要求把开庆祝会的钱拿到太康赈济灾民。赵岫春找到曲传和，问他打算如何处理目前的状况，曲传和不知所措。至此，修筑黄河新堤的项目宣告失败。

到 1942 年年底，日本在第二次世界大战中的命运急转而下，"华北日伪头目也不愿再为修筑新的黄河河堤投入大量人力物力了"。1943 年，伪河南省公署水利工程处派遣水利专家喻本义监管筑堤事务，并指挥沿岸各县政府，"尽力之所能，堵塞决口，以免灾区进一步扩大"。但喻本义乘去外县工作之便，又潜回了河南尚未被日本占领的地区。喻本义走后，伪省公署建设厅对黄河新堤的筑堤工程，除了有时令沿岸各县按时报告修堤、防水情况之外，几乎未再过问。

刑幼杰回忆说，"沿岸受灾各县官民，救灾无力，修堤更谈不到。只有部分村庄，筑些土埝，防止黄水进村"。这时的黄泛区，最宽处已达到 35—40 千米，最窄处也有 20—25 千米。地势较高的村庄已经干涸，幸存的灾民已经开始返村垦荒。黄河的水未再泛溢，所以日占区内的河水防御工作就这么草草结束了。尽管最初投入了大量的资金和资源，但水利工程取得的成果却微乎其微。知情者都认为这项工程是"虎头蛇尾"的——开始时声势很大，到后来却劲头很小，最终一事无成。[21]

河防军事化及其生态成本

1943 年 5 月底，国民党黄河水利委员会委员长张含英视察西华，检查该县的堤防。[22] 在视察期间，张含英召开了一次由黄河水利委员会工作人员、国民党西华县党部成员、当地政府官员和地方精英群体共同参与的会议。这次会议的会议记录生动地说明了战争对该县造成的生态破坏的程度。与此同时，会议记录还捕捉到了国民政府与其地方下属因争夺日益稀缺的能量而呈现出的紧张关系。[23]

在他的会议开幕词中，张含英说风、浪和泥沙淤积导致堤防恶化，使他们的"防御力变弱"。鉴于最近出现的堤坝决口，张含英邀请了西华当地的名人发表他们的防洪思想。这次会议还让张含英有机会表达了他对西华过去一年所经历的种种困难的关切。正如他所言："今年沿河诸县，尤其是西华，对黄河修防贡献巨大。对于用工和物资的征用，本委员会做出了很大努力以使其公平和公正，但不幸的是，这些努力未能奏效。"为此，张含英要求每一位与会者探讨如何消除不法行为，确保资金真正惠及民众。在过去的一年里，商品价格大幅上涨。政府为劳动力和物资支付的费用有所增加，但还是没有跟上物价上涨的步伐。正如张含英所说，这次会议需要提出一种更好的付薪方式。[24]

西华县的代表公开表达了他们对国民政府将水力管理行动强加于己的不满。地方当局指出，河防工作对该县有限的财政和日益减少的资源造成了压力。正如西华县国民党党支部书记所说："西华受灾最深，却也贡献了最多的人力和财力……而且，我们根本没有抱怨过，因为我们知道河防即国防，故而我们在抗战中勤勤恳恳地大力发展河防。但在过去的几年里，我们的力量已经耗尽。"[25] 尽管河防在军事战略上很重要，但它所造成的负担却太过沉重。正如国民党参议员高照临所说，军事考虑从根本上改变了西华的排水系统。战时情形的需要，使得西华无法单独完成水利维护。黄河西岸堤防已成为"国防的前线"。国民党修建的堤防把河水引到了东边，而中间的泥和水则阻止了敌人偷偷穿过堤防。日本人加强了东岸的堤防，以对抗国民党所建造的堤防。尚未放弃土地的农民也修建了民防，此举阻碍了排水，使得一些危险的脆弱堤段不时出现。为加强河防，高照临建议沿着堤岸种植柳树以挡住风浪。由于西岸的迂回布置造成了许多危险的堤段，所以就需要石料（这些石料从位于郑州西南的密县运来）来修建额外的堤防以对这些堤段进行加固。而且由于西华等沿河诸县一直担负着最重的河防任务，高照临希望其他地区也能尽快加入进来，使情势更加公平合理。[26]

西华县代表的呼吁是对抗战时期爱国牺牲者话语体系的颠覆性尝试。如果地方上的水力维护具有国家意义，那么国家和其他行政管辖区就应该为其付费，这种外部支持是非常必要的。西华县政府财政委员会主席胡民英汇报说，在过去的几年里，西华为河防"花费了特别多的力量和金钱"，但尚未尽到对国家的责任。他认为，河防问题包含了"国防性"问题和"地方性"问题。正如胡民英所说的，"地方性的问题常常被从民生角度进行讨论。所以，虽然国防性问题确实是第一要务，但由于地方力量不足，防御洪水的手段就无法发挥出其功效。广大民众和政府都需要清晰地认识到这一点"。[27]

西华县是无法独立完成河防任务的，因此胡民英敦促中央政府和周边诸县提供资金支持。鉴于无法得知洪灾何时终结，"军政力量要集中起来以便灵活使用。目前，西华已经有了这种组织。如果西华能为防备黄河洪水保留一部分力量，那么一旦出现紧急情况，便可以有多余的力量以作救急之用"。洪水和饥荒的结合，使得河防成为一项日益沉重的负担。只有外部援助才能使西华有能力为突发灾害做好充分的准备。[28] 事实上，劳动力和资源的短缺限制了西华县履行水力维护责任的能力。各种力量的短缺导致了工期的拖延。据西华县县长张维亚所言，"本年道陵岗堤防加固工程因取土困难和民工稀缺而延误"。大风曾引发危急情况。但军事长官仍然让黄泛区的西华等县自行修堤、执行河防。[29]

河南省第七区行政督察专员朱国衡说，"沿河诸县受灾甚剧。旱灾之后又为河务再次征发民工，百姓的力量也被消耗殆尽"。堤防沿线问题的产生源于河堤太矮太薄，只有将其加高加厚才能扭转劣势。朱国衡说，该地区的西华县和其他各县其实并不想推卸责任，"然而这些项目过于巨大，以致他们无力承担"。[30]

鉴于这种情况，朱国衡向黄河水利委员会和河南省请求援助。朱国衡认为，河南省应该派出高水平的人员来指导修堤工作。（河南省）第七区"已经（为此重担）筋疲力尽"，因此河南省领导层应该命令其他地区为他们提供帮助，而黄河水利委员会则应该立即去解决修堤的技术问题。只有尽最大努力获取中央政府的资金和利用当地劳动力，这些工作才能行之有效。但是，事实上，中央并不能提供太多帮助。朱国衡知道，国民政府的经济困难意味着它无法提供大量的资金。因此，只有一半的劳工可以领取工资，而另一半则将会被免费征用。[31] 尽管有种种呼吁，但国民党中央水利机构还是拒绝向当地政府让步。行政院水利委员会的技术人员王鹤亭承认，黄河决口五年来造成了巨大的损失。利用中央政府资金修建的新堤的确达到了阻击敌人的军事目的，但同时他也承认，他们在保护当地民众的生命和财产方面做得还不够。西华承受了最大的灾难，"但也使出了最大的力量"。[32] 1943 年，洪水情况恶化。虽然军事人员和平民都采取了积极的措施，尽了最大的努力，但最终他们还是失败了，尽管他们离成功可能只有一步之遥。5 月 18 日，大风在两个小时之内导致了十余处决堤，造成的损失"史无前例"。洪水靠近贾鲁河的堤防。如果贾鲁河的堤防不能成功守住，洪水就将会进入沙河。据王鹤亭所说："倘若堤防不守，泛区的范围必然会发生变化，对军事事务的影响也会很大。"此时，保护堤防的战略重要性不言而喻，所以，尽管缺少额外的维护费用，但河防人员、地方军政领导和普通民众还是为避免事故发生做出了巨大努力。[33]

但是，正如王鹤亭所言，他们无法阻止由于诸多因素综合作用所导致的近期堤防决口的形成。已建成的新堤又矮又薄，因为"当时，人们认为这将是一个临时项目，而没有预料到它承担的任务将会如此重大"。王鹤亭说，过去黄河的沉积物都会被河水带到海里，但现在它们却全部都沉积在泛区。黄河淤积的泥沙每年都会将河床抬升大约半米，这导致黄河水位年年上涨。同时，黄河也没有固定的河道。1940 年，主河道向东移动，淤泥便堆积在河流的东边，而去年（1942 年）河道又开始向西移动。新堤直面东北，每当东北风吹来时，波浪高度便会超过一米，因此，冲刷作用也就会变得十分严重。饥荒重创了当地，造成"人力和物资俱为紧缺"。因此，决口出现之后，人们并没有机会使堤防工程恢复正常运行。王鹤亭进一步说，"在军事方面"，他希望稳定黄泛区，"同时兼顾民生，更好地保护农业用地"。[34] 然而，在决定改善河防的计划之前，还有许多问题需要考虑。

第一，王鹤亭注意到当时"普通民众的力量是极为有限的"。在短期内，他们只能完成最重要的河防工作。因为随着汛期的到来，未来人们将面临更大的危险。必要的堤防必须及时完成，以防止水灾扩散。此外，还必须对封堵吕潭到道陵岗之间缺口所耗费的"力量和时间"做出符合现实的评估。修好堤防后，河防应该得到足够的重视，以避免后续的洪水侵扰。[35]

第二，王鹤亭提醒每一位与会者，泛区正在持续淤积。来年的危机可能会比目前更加紧急。基础性的河流控制和防御方法是唯一的解决之道。1943 年为满足紧急需要对贾鲁河堤防所做的加固工作其实是临时性的，并不能作为应对洪水的第二道防线。所有其他决口必须在尽可能短的时间内完成封堵。堤防也必须加高加厚。王鹤亭建议堤防沿线各地要"种满柳树、筑堤、排水，进而形成冲积土地，以抵御风浪的危害"。[36]

第三，那些破坏政府新防洪堤的民堤必须被拆除。那些有利于大型堤防的民堤则需要修复，以作为大型堤防的防护和加固。此外，还应在上游合适的位置修建堤防，以向东分流河水并降低新防洪堤的压力。

第四，尉氏县仍然面临着最大的洪水危机。该县地势"高下相形"，一旦发生意外，损失将不堪设想。因此，尉氏县需予以特别关注。王鹤亭强调，他们需要"制定一个全面的计划，而不能简单地关注单个点的防御。要注意统筹安排，严格分配时间和力量，以实现国防目标"。[37]

王鹤亭指出，黄河水利委员会确实已经提高了收购物资的价格，但更重要的是，他们必须确保人们真正收到了钱款。为此，各地方必须要找到更好的分配方式。王鹤亭代表水利委员会说："未来必须要有关于河务物资的自力更生之计划，只有那样才有可能转危为安。除此之外，还应在堤防沿线种植柳树，以备急用。在工作经费方面，中央财政要尽其所能筹集和分配经费，减轻地方负担。"各地方必须理解中央政府的困难，"齐心合力，共克时艰"。[38] 当然，鉴于国民党政权的财政困境，承担大部分负担的想必依然将是黄泛区诸县。

中央预期与地方能力之间不断扩大的差距，导致了分歧和紧张关系。西华县县长张维亚虽然同意王鹤亭提出的意见，但他表示，西华及周边诸县的物资资源已经完全耗尽。将来，最近的物资也必须从沙河以北 50 千米之外运来。西华县建设局局长黄炎离同样强调了填土和运土的困难。此外，他还注意到"被征用之民工疲惫之极"，并建议今后应当付予他们劳动报酬。也许是为了使自己的批评看上去更为温和一些，黄炎离承认黄河水利工程是"抗战时期重建大业的一部分"，同时，他也希望普通民众能够了解这一事实从而"追求心理之重建"。[39]

最后，张含英对会议进行了总结。他说道，1943 年中央政府拨付 1,000 万元用于黄河水利建设，其中 500 万元拨往汤恩伯的军队，500 万元拨往黄河水利委员会河南修防处。今后，仍有必要"尽最大努力"向中央政府申请资金，并防止渎职。此外，及时种植柳树和重新调整黄河水道也是很重要的。[40]

会议结束之时，黄河水利委员会河防处处长、河南修防处主任陈汝珍，试图找到在当地资源日益减少的情况下，维护那些重要的但业已陷入混乱的基础环境设施的方法。他的评论指出了这些承诺实则都是徒劳无益的。陈汝珍在视察中发现吕潭南侧的堤段处于极度危险之中。河防工作的物资其实早在战前就已经准备好了。"但由于去年的洪水，计划不得不临时进行调整。今年我们必须根据需要进行紧急修复，不能等待。造成洪水的原因是泥沙淤积过大，主河道向西移动。"旧泛区的土地已经转干，许多民众已经返回，并开始种植庄稼。但是新的堤防建造得不牢固，一旦破裂就无法修复。"去年又有饥荒，百姓都逃走了，所以劳动力很少。"这个月较早时候刮的大风在仅仅两个小时之内就移动了 16 万立方米的泥土，"人力如何与之抗衡？"在尉氏，修堤项目因为"人力、财力有限"也未能完成。为使水利管理发挥作用，地方人士不得不摒弃地域分歧并互相提供援助，"竭力以御"。[41]

本次会议的所有发言都指向一个结论，那就是：战争使得维持河南基础水利设施所需的劳力和资源——能量——严重不足。再加上恶劣天气和河流易淤塞等环境因素，洪水几乎不可避免。报纸报道称，河南省的水利维护花费已经超过了其他所有战时税收和捐派，所以，这笔花费显然是相当可观的。沿河各县"每年所出的工人至少要比兵役多出十倍以上，人民所出的食物火料，也要比所出的赋税和捐派多上数倍"。[42] 扶沟的一位居民说，即使在泛区，民众也必须承担各种杂差。1942 年，当时 14 周岁（虚岁是 15 岁，中国人常常会以虚岁计算年龄）的他被派去帮修河堤。他回忆说，在饥荒的条件下，劳工"没力抬土，监工就会用柳木棍打"。[43]

与战争有关的混乱使得维持环境基础设施所需的能量投入变得不切实际，并进而导致了严重的生态破坏。引导和重新调整黄河河道的努力变得效率很低。由于农业产量下降，其所提供的食物能量也有所下降。此外，难民因战争、饥荒和水灾而逃亡，当地的劳动力也在变得越来越少。由于这些变化，当地社会缺乏能够真正投入到水力维护中的能量。但是另一方面，战时水利工程持续的能源需求却仍然没有减弱。

国民政府无法为河防提供资助，同时，战争条件使得从他处运来物资十分困难，因此，离黄河较近的诸县的能量需求就增加了。毋庸置疑，人们逃荒的主要原因之一就是逃避维护水利的职责。因为没有足够的能量，河南黄泛区的西华等县根本无法获得修复损坏和维持水利系统所需的劳动力和资源。但是，无论任务多么艰巨，这些地方的生态维护工作都必须要彻底地进行下去。

地方为河防所付出的代价

1943 年 6 月初，汤恩伯在周家口召开第二次整修堤防会议。与会者决定再拨出 450 万元军费堵筑尚未堵塞的决口，以修筑贾鲁河和双泊河堤防工程，并加修周家口以西至逍遥镇的沙河北堤。除此之外，还有最重要的一项工作，那就是加固周家口以东的沙河南堤，以防洪水越过沙河。7 月，随着第二轮工程大体完工，汤恩伯召开了第三次整修堤防会议，会议决定由河南省政府、黄河水利委员会及河南—安徽边区的驻军共同组成河南整修黄泛临时工程委员会，与会人员公推河南省政府主席李培基为该委员会主任。在一项对军事委员会和行政院的联合报告中，军事长官汤恩伯和何柱国以及水利工程师张含英要求增拨 3,000 万元以便开展堵口、复堤和加强防汛等工作。

大规模的堤防修复于 1943 年 2 月卅始，10 月结束。8 个月内，工程项目共花费军费 950 万元，同时还为调动河南 28 个县的民工、国民党第 193 军的 40 万人以及地方军队支出了 3,000 万元。该项目雇用了数十万劳工，完成了 900 多万立方米的土方作业。他们加固了黄河防洪堤，修复了沙河、颍河和贾鲁河上的堤防，并最终关闭了荣村决口。此外，他们还修建了几条军用导流堤、土堤和河岸防御系统。这些建设消除了黄河主航道南移和西移的威胁，从而改变了国民党在河南和安徽的防线。[44]

此前，水利维护的成本主要落在河南黄泛区诸县。1943 年 11 月，尉氏、鄢陵、扶沟和西华县的代表向中央请愿，要求修复黄河堤防的资金由地方支出变为国库支出，以便于救灾和加强国防。请愿书生动地描述了这些县不断加深的战时生态危机。同时，该文件还提供了一些有关以水利维护为名义攫取大量物资的案例。请愿书描述了地方社会中常见的各种形式的"力"所承受着的负担。正如其作者所言：

> 去、今二岁，旱灾、大雨、黄泛和蝗灾接踵而至。民力、物力、财力和畜力尽耗于河务。家破人亡，户口大减。饥荒肆虐数年。村镇空虚，田野荒芜。艰难日甚。尉氏、鄢陵、扶沟和西华等县皆深受灾害。[45]

随着秋季枯水期的到来，"举国上下"都开始认为修堤是一件非常重要的事情。然而，尉氏、鄢陵、扶沟和西华却都经历了巨大的灾难，这些灾难使他们修复河流的工程变得更加艰难。[46]

尉氏已经连遭数年灾害，而 1943 年尤为严重。春收之前，该县将近 10,700 名饥荒难民只能以花生壳、麦糠、木头为食，甚至还有人从鹅粪中拣出未消化的谷粒和种子当作食物。荣村的决口淹没了 5,760 公顷的土地，摧毁了 14,960 所房屋，使全县 7,600多人流离失所。堵口行动招募了 200,000 民工，征用了 2,750,000公斤柳枝、6,000 根木桩和 160,000 块砖头。物资运输占用了所有的手推车和牲畜，使人们无法及时处理农事。仅尉氏大朱一地，即有 730 公顷的土地被荒废。5 月份开始的筑堤工程又征用了250,000 块砖和 2,000 根木桩。另外，尉氏还收购了来自郑县、新郑县和密县的 1,500,000 公斤柳枝，"故而本用作火料的柳枝被耗尽"。8 月，洧川县双泊河北岸堤防溃决，淹没了尉氏县水台、大朱两个乡镇的 50 个村，淹没土地 4,000 公顷，并摧毁了秋收的一半以上。积水使水台的 200 公顷土地无法耕种，流离失所的灾民超过 10,000 人。6 月和 8 月，蝗灾肆虐全县，秋季收成下降到不及正常的 5%。民众无力纳粮，也无力应付政府的强制收购，许多家庭纷纷逃亡。[47]

1941 年鄢陵小麦收成不好，第二年收成又不好。该县的民众纳粮之后，他们的仓库就完全空了。很多人先是卖掉货物，然后就开始变卖家产。男人们卖掉妻子和孩子，人们遗老弃幼，四处流浪。在数日未进食后，人们开始吃树皮、小麦芽、草和从鹅粪中挑选出来的种子，以此来缓和他们的饥饿感。几个月没有粮食吃之后，富人变穷，穷人死亡，最后富人也归于死亡。1943 年麦收后，鄢陵的人口从 287,350 人下降到仅 113,030 人左右。在饥荒期间，民众吃掉或卖掉 34,860 头牲畜，拆毁了超过 59,930 座木屋以获取燃料。饥荒导致的死亡使 38 个村庄和 2,363 户家庭完全消失。[48]

饥荒之后是洪水。1943 年麦收之时，荣村的决口淹没了鄢陵

56 保。洪水淹死了 2,900 多人和近 140 头牲畜，摧毁了近 15,290
所房屋。麦收后修复决口的费用为 103,542,500 元。修复工作共
征募民工 1,400 人，每人每天领取 20 元，共计 84,000 元。养
活工人需要 4,500,000 公斤小麦，耗资 900,000,000 元。堵口使
用木桩 4,250 根，花费 212,500 元；柳枝 2,900,000 公斤，花费
580,000 元，高粱秆 150,000 公斤，花费 210,000 元，运货马车
10,300 辆，花费 4,120,000 元。管理费达到 100,000 元。但这些
似乎还不够，因为蝗虫很快就来了，并开始啃噬秋粮。鄢陵的情
况也没有改善的迹象：

> 人们忙于修河，导致许多田地荒芜。虽然雨水充沛，但
> 由于人力、物力、财力都不足，小麦无法全部种植。黄河洪
> 水在县内泛滥，士兵们在泛区的东部进进出出。当士兵经过
> 县城时，军队征募处每月燃料和饲料之需至少价值 20,000—
> 30,000 元。[49]

战争和水利维护消耗了农业恢复所急需的能量，灾害变得更
加严重。总的来说，鄢陵的洪水比尉氏、扶沟和西华的洪水要轻。
但是 1942 年鄢陵的饥荒却比其他各县更为严重。[50]

1938 年的洪水几乎淹没了扶沟全境。随着韩寺营决口的封堵
和新堤防的修建，洪水消退，三分之二的田地露出。但是，洪水
退去并没有带来农业的恢复。"若无淤泥，则有（沉积物）堆积，
而且一切都埋在一层沙子下面。若无洪水，则有干旱，灾害十分
常见。同时，由于（扶沟）处于河防和国防的前线，所以每年的
修复工作都是一项艰巨的任务。"每年这里所征收的劳动力和物资

的价值高达 500 万元，此外，供应河防军队还需花费 700 万元。"人力、物力、财力、畜力的枯竭已经导致这里极端贫困。"[51]

由于 1942 年秋至 1943 年春的严重干旱，身体健壮的人都逃走了，而年老体弱之人则在洪水造成的排水沟上，依靠极度匮乏的食物勉强维持着生存。原先，民众指望着小麦生存，但在 1943 年 5 月 18 日，狂风暴雨突然来袭，黄河暴涨，致使坡谢和荣村的堤防决堤。黄河的干流从鄢陵流入扶沟，继而淹没了后者面积的 90% 以上。所有的麦子都被冲走，房子也成了废墟。灾民们住在户外的堤坝或山脊上，衣不蔽体，食不果腹。地势较高的土地躲过了洪水的侵袭，但未能躲过干旱之后的蝗灾。[52] 8 月 2 日，狂风暴雨使河水上涨得更加剧烈。坡谢和荣村的决口流出的水汇集在白潭和扶沟的其他几个乡镇。沿着堤岸和山脊修建的民堤决口，洪水淹没了一万多公顷的土地。9 月 24 日，河水再次上涨，水势比以前更大。县城南部的山脊决口，西南部的高地也被洪水淹没。扶沟 10 万人口中的 8 万受到灾害的影响：3 万多人逃亡，5 万多老、弱、残、病灾民涌向城镇寻求救助。[53]

在西华，1938 年的洪水淹没了大约一半的农田，18 万名居民逃离此地。当新堤完工后，泛区缩小了。然而，黄河水位还会时常上涨，而一旦水位上涨，新的堤防就会破裂，泛区也会扩大。支撑堤防所需的劳动力和物资数量都在不断增加，用于这些方面的花费已经多到无法计算。更糟的是，1942 年秋天至 1943 年春天，西华遭受了旱灾，并最终导致了饥荒的发生。4 月，小麦几乎要收割之时，狂风暴雨来临，导致河水上涨。很快，坡谢和荣村的堤防决口，起于鄢陵的洪水经过扶沟，汇集于西华，并冲走了那里的小麦。8 月份蝗虫袭击，随后则又是狂风暴雨。黄河的洪水导致沙河、颍河和贾鲁河在西岸的数十个地方溢出。洪水淹没了西华全境，而且水势比过去大了几倍。58,660 公顷的区域受到了影响，近 39,400 座建筑物遭到损毁，经济损失高达 535,879,600 元。西华有超过 137,890 人受灾，近 68,720 人需要救助。[54] 正如请愿者提醒中央政府的那样，黄河给中国带来了灾难，而且历史已经证明黄河很难被控制。他们声称，在过去，中国的统治者想方设法筹集资金来满足水利工程项目的花费。但这一次，堵塞荣村决口所需的劳动力和物资是从沿河诸县征用而来的。这些要求不仅受灾地区难以承受，而且甚至也超过了整个河南省所能承受的范围。"目前黄河对国防极为重要。之前尉氏、鄢陵、扶沟、西华等县在人力、物力、财力、畜力等方面都已经做出了贡献。现在灾情严重，人口稀少，毫无喘息之机会。"为了平衡负担，使这个项目更容易完成，请愿者要求堵塞决口的劳动力和物资应该从附近那些受灾较轻的县进行获取，同时，中央政府也应该对此支付费用。[55]

那年夏天的河防工作一开始，征调就接二连三地被分派了下去。民众把所有的时间都花在了堤防上。他们不得不放弃了自己的本业，因为堤防工作常常使他们精疲力竭，并给他们造成了不可估量的损失。尽管中央政府打算为劳动力和物资的征用支付报酬，但实际上，在政府所分配的资金中，只有一小部分能惠及民众。请愿者要求中央政府准备专项资金，并委派诚实、有能力的官员到工地上付款给民众。他们还要求进行检查，以根除无良人员的渎职行为。由于这些支出对于国防来说是必要的，故而可以与粮食税、强制收购相结合，共同征收，而不应作为一种临时性税收。上访者最后建议，"此问题事关全国。举全国之力以应对，如此则事易成。"[56]

然而，就在上述的这些要求被付诸行动之前，1944 年春天日军发动了"一号作战"，国民党的势力被日本人击溃，日本人将国民党从泛区以及河南省的其他地区清除出去，从而也导致了河防工作的突然停止。至此，到抗日战争结束前，国民政府的水利工程师一直无法恢复黄河沿线的修堤工作。就像抽取粮食来养活军队一样，为治河以实现军事目的，而不断输送能量的徒劳努力，动摇了国民党的地位，增加了民众的不满情绪。对于尉氏、鄢陵、扶沟、西华等黄泛区各县来说，这些巨大的能量需求加剧了生态危机。鉴于河防的军事化特质，战时水利工程代表了另一种形式的"军事宏观型寄生"，它通过破坏民众赖以生存的社会，损害了国民党政权的力量和合法性。

到抗日战争结束时，河南的水利基础设施急需全面修复。这些基础设施的废墟很可能在各个乡村中漫荡徘徊了八年，而在这八年中，黄河淹没了数十条小河的河道，破坏了在正常的应力条件下防备充足的堤防。[57] 现在，水利基础设施急需被重建和加强。黄泛区平原上中牟和周家口之间的贾鲁河、双洎河、颍河和沙河的堤防情况已经出现了恶化。从黄泛区的西缘到这些河流的河口，都需要加固堤坝，从而限制河水的流动，直到它们能够形成新的河道。由于黄河大堤的修筑，没有出口的贾鲁河只得向西漫延并淹没那里的大片土地，从而使中牟和扶沟之间的大部分土地都被淹没在了水下。双洎河从鄢陵以北流至扶沟，冲毁了当地所有的堤防和河道。在扶沟以南，黄河的洪水则沿着双洎河的旧河道继续流淌。颍河在周家口西北的大块土地上漫荡，需要通过筑堤来防止它继续泛滥。另一方面，沙河已被堤防控制，不再淹没周家口上方的地区。而由于周家口下方地区也于近期修建了堤防，所以沙河亦不再在此地区泛滥。但发源于黄河新河道以东的水流却没有出口，只能在该地区继续漫荡。[58] 由此可见，哪怕是大规模的人造工程也是无法战胜黄河的。事实证明，人类建造的水利系统——即使是高度军事化的那些——是无法与大自然的能量相匹敌的。

结　论

在 1937—1945 年的抗日战争中，黄河发挥着独特作用，而且该作用完全无法根据它过去的行为来进行预测。人类不断介入，并一再用他们的劳动塑造和重塑河流，但河流从未屈服于人类的意志。尽管国民党的水利工程项目旨在利用河流的能量保卫国家（日本人及汉奸也在为实现自己的战略目标而修建堤防），但河流仍然汹涌流淌，肆意移动，丝毫没有顺从人类的意图。如果不具备控制人力与自然能量的能力，控制黄河水流就是不可能的。国民党的军事领导人和水力工程师，一直致力于汲取和协调治理黄河所需的劳动力和物资，希望可以利用河流实现其战略目的。

军事化的水利控制必须调动和消耗大量的能量，但由于繁琐的劳动和对资源的汲取，人们对于这种军事化的控制普遍感到不满，这也使得它最终被证明是不成功的，甚至在政治上产生了反作用。劳动力稀缺、财政匮乏、资源枯竭、泥沙淤积和河流的漫荡倾向，都转化为了生态的不稳定。对于国民党来说，对抗日本的战争持久进行，而对抗河流的战争显然正在走向失败。当国民党军事领导人在 1938 年制造黄河洪水，并建造水利工程来阻止日本时，他们试图把黄河作为一个自然盟友。然而讽刺的是，他们的行动其实也释放出了一个天敌。在 20 世纪 40 年代初与日本人作战的同时，国民党也深陷于一场代价极其高昂的对抗黄河的斗争之中。

这场冲突影响了社会的各个阶层。对于被迫为这场冲突提供能量的河南受灾地区来说，战时水利维护的需求导致了生态破坏的加剧，排除了农业恢复的可能性。当地社会的能量——他们做功的能力——已经被耗尽。

第五章

迁徙生态学：难民迁移的社会效应和环境效应

正如前两章所展示的，在1942—1943年，中国对日本的军事抵抗将河南的大部分地区推向了生态崩溃的边缘。在与厄尔尼诺现象相关的气候波动相结合之后，战争破坏和军事活动对能源的需求更加贪得无厌，并最终导致了饥荒的发生。中国国民党政权为军事目的而动员人力来操控黄河，此举需要从河南饱受战争蹂躏的环境中汲取更多的能量。但是，由于难民迁移造成的战时资源消耗和人口损失，有效的水利维护变得几乎不可能。本章将回到这样一个问题：河南黄泛区的居民是如何应对战争所造成的环境破坏，并获得能量来维持自己的新陈代谢的呢？

难民们用以承受战时灾难的一系列生存战略改变了社会和环境景观。战争引发的灾害导致人们的流离失所，一些亲属单位甚至因此被彻底摧毁（由于家庭成员的死亡或被迫迁移）。河南的农村百姓遭受了失去、分离、亲属死亡或失踪的痛苦。为了应对这些损失，女性必须和男性一样，处于持续的运动状态中。战时的混乱导致了身体健全的男性的明显缺乏，大量身体健全的男性或加入了军队或在远离家乡的村庄寻求工作，另有许多男性失踪或死亡。与20世纪中国农村的典型性别比例不同，在河南遭受战争灾难的地区，妇女的数量超过了男性。

这种不稳定性改变了人们对女性家庭成员的期望。随着男性家庭成员的离去，许多妇女和女孩成为家庭的唯一支柱。女性不仅要依靠自己的劳动生存，同时还要照顾儿童和年老的家庭成员。这使得妇女在农业活动中发挥出了更大的作用，她们甚至会冒险去寻找其他的谋生方式。和其他地方一样，在中国，燃料收集通常是妇女和儿童的工作。相较于世界上的其他地区，华北地区的木材和其他类型燃料的极度短缺，使难民的生活格外艰难。战争引发的社会混乱非但没给农村妇女提供解放的机会，反而给她们带来了更大的负担。来自河南的证据证明了贺萧（Gail Hershatter）的说法："在 20 世纪 30 年代和 40 年代，妇女往往不局限于家庭空间。她们的身体流动性并不意味着解放，而是意味着在困难、危险、暴露和羞耻的混乱环境中四处走动。"[1]

生态影响也是存在的。当 1942—1943 年的河南饥荒迫使一批又一批难民涌入陕西省时，人口迁入与森林砍伐、土壤侵蚀加剧同时发生。与此同时，中国国民党战时政府在陕西省进行了重新安置难民和重新开垦"荒地"的工作，并且，政府还在该地区推动了战时经济动员。所有的这些工作（相比于人口的自发迁移而言），对环境变化有着更为深远的影响。由于战时土地清理的目标是贫瘠的和高度易侵蚀的土地，这种利用环境支持战争的方式最终便会导致植被覆盖的大量消失以及土地的严重退化。除了改变景观外，耕作贫瘠土地还会危及最脆弱的难民群体的健康，特别是社会经济地位低下的妇女和幼儿。而这些问题的最终结果将会揭示难民迁移与环境变化之间的复杂关系。

第二次浪潮：饥荒难民

由于军队从黄泛区被彻底摧毁的环境中汲取了越来越多的资源，这就使得资源对于仍然居住在那里的平民来说变得更加稀缺和不可获得。在国民党控制的扶沟地区，当地政府派人乘船前往泛区，从有人居住的村庄里收集粮食和金钱。招募了不少土匪的扶沟国民党游击队正居住在这片土地上，他们从当地村庄获得食物、饲料和补给。在从特定的地区获取他们想要的东西后，游击队就转移到另一个地区。而当保长和当地的绅士们刚把他们送走之时，其他的游击队很快就又到了。基于显而易见的原因，当地民众把这些游击队称为"蚂蚱队"，他们蜂拥穿过村庄，吃尽他们能吃的一切。对于农村居民来说，士兵——如同洪水和干旱——代表着另一种灾难。

由于食物供应不足，更多的当地居民通过迁移来寻找生存之道。1941—1942 年的干旱和蝗灾，与粮食税和其他税收一道，迫使先前不愿逃离家园的人们放弃家园。尤其是扶沟县城，这里很快就成了饥荒难民的聚集地。起初，难民们涌入庙宇，但随着越来越多流离失所的人涌入县城，他们不得不居住在城墙周围的洞穴中（这些洞穴原本是用于抵御日本人轰炸的庇护所），又或者，露宿街头。随着县城人口的增加，粮食稀缺，物价飞涨。一些家庭为了寻找食物而向西迁移，但最贫穷的家庭并不能负担起这次行程的费用。难民们在当地政府设立的施粥所排队。但是，由于需要救济的人数量众多，这些举措无法预防饥荒。[2] 灾民们卖掉了他们的财产。一些家庭甚至开始卖妻卖女，而在这些被卖掉的妻女中，有很多最终不得不在漯河、洛阳或西安当妓女。[3]

　　1942—1943 年的饥荒加剧了战时河南水利基础设施损毁所带来的破坏。在受黄河洪水影响的县，饥荒造成了大量人员死亡。根据国民党的一项调查，鄢陵原本有人口 260,000，而在饥荒期间，约有 56,580 人死亡，65,850 人逃亡。扶沟在战前有 340,000 人，1938 年黄河洪水淹没全县的 90% 以上后，仍有 170,000 居民在此居住。在 1942—1943 年的饥荒中，扶沟的人口减少至 120,000 人。[4] 1945 年之前，扶沟的人口进一步减少。留下来的居民常常要去搜捡可以作为燃料的有机物，他们通过出售这些有机物来维持生活，也有的人选择做搬运工，甚至还有人就那么漫无目的地在街上游荡。[5] 由于洪水和饥荒，西华县大约有 250,000 人移居别处，在那里他们被人雇用，从事劳工、搬运工和小贩之类的工作。[6]

　　由于许多地方粮食短缺，帮助难民的工作变得比平时更难以负担。在 1942 年至 1943 年期间，洪水灾民对日益减少的粮食供应施加了额外的压力，同时这亦加剧了河南地区的粮食短缺，而该地区此时正是他们的避难之处。1938 年之后，大批难民涌入鲁山，居住于庙宇、学校和其他公房中。鲁山地方政府工作人员按照上级指示，征发粮食和衣物以向难民发放。然而，在农作物歉收后，鲁山等县很难再养活最近赶来定居的难民。[7]

　　疾病可能夺去了和饥饿一样多的生命。国民党的调查人员发现，1943 年的春天，流行病已经在河南饥荒地区普遍存在。陇海铁路国民党支部的一项调查发现，"（由于疾病导致的）死亡人数与麦收前饿死的死亡人数相同。在许昌、鄢陵和扶沟发现了'回归热'和'霍乱'等传染病。病人发病几小时后就会死亡"。河南省既缺乏疾病预防经验又缺少医疗设施，人们几乎没有办法应对这种疾病。[8] 一份当地报纸报道，在鄢陵，"由于灾情，群众普遍营养不足，大量人口因饥饿和疾病而死亡。有许多尸体未经掩埋或埋藏甚浅，因此伤寒、回归热等疾病在城市和村庄都很常见。感染的速度和伤害的严重程度确实令人难以置信。因而，望各界人士团结一致，尽快消灭瘟疫，以保障人民群众的健康和幸福"。[9]与这份报告所暗示的相反，事实上，死尸与流行病的蔓延几乎没有关系，与流行病蔓延真正有关系的，其实还是饥荒。[10]营养不良降低了人们对各种疾病的抵抗力。大量人口聚集在卫生条件差的地方，方便了疾病的传播。在几个月的饥饿之后，霍乱和痢疾开始流行，这使得河南饥荒地区的人口大量死亡。[11]

来自尉氏县的妇女王氏的经历体现了因饥荒而被迫逃亡的难民的苦难。1938 年之前，她和她的丈夫李合志、婆婆（她丈夫的母亲）以及三个女儿一起生活在尉氏县的张铁村。黄河的洪水冲走了他们的草席，淹没了他们的土地。于是他们和她丈夫的家族一起前往附近的瓜村寻求庇护，但在那住了几天之后，她的婆婆去世了。流离失所的家庭成员的到来使他们的亲属本来就有限的食物储备更加紧张。王氏说："亲戚家一下添了几口人，一点存粮经不住吃，日子越来越难过。"当她的娘家人也来到瓜村寻求庇护时，情况变得更加困难了。她的父亲催促她的丈夫逃往陕西，因为那里的粮食便宜，他们将会更容易谋生。但她的丈夫李合志心里却很是犹豫。如果没有亲戚，他们会很难生活，而且他们可能还会遇到强盗，另外如果他们走得这么远，回家也会很困难。他的妻子提醒他："亲戚家的粮食眼看就要吃完，俺总不能叫人家受累，老在这住着不是个常法啊。"合志考虑再三，意识到他们没有别的活路，于是他买了一辆土车，带着家人和他们的一些财产向陕西出发了。[12]他妻子的缠足并未阻止她长途跋涉："俺是个小脚，平时在家还可以，出远门可就遭了罪。俺跟着车子慢慢地扭，一天下来，脚脖子就肿了，脚掌也磨烂。就那俺也得咬着牙，一步一步往前挪。"离开时，他们的亲戚给了这个家庭一点粮食，但刚刚经过郑州，他们就把粮食都吃光了。她和合志去要饭，但要饭很不容易。在他们经过的地区，很多人也没有粮食。"有的人把落地的小柿子、榆树皮搁在一起磨面吃，有的人吃起了白土。能要到一块糠皮饼子，就像是吃到了山珍海味。人家自己都没有吃的，谁还管俺要饭的！" [13]

一天，他们九岁的大女儿秀兰从田里挖出了一些胡萝卜。田主抓到了女孩，并坚持把她的父亲合志带到了连保处。在连保处合志被打得很厉害，以至于无法走动。[14] 这件事发生后不久，他们一家就住进了一座破旧的土地庙里。由于合志的伤势，他们不能再走路或乞讨了。经过深思熟虑，这名妇女和她的丈夫决定，把秀兰交给另一个家庭作为童养媳，以获取食物，因为他们别无选择。这个女孩不想离开她的家人，但她的父母向她保证，如果她加入另一个家庭，她就不会再挨饿了。同时，父母还和她说，一旦他们到达陕西并过上了更好的生活，他们就会回来找她。[15] 合志拄着拐杖，和妻子、秀兰一道去探寻是否有人想要一个童养媳。一个富有的家庭同意用两袋谷壳和一点现金换取这个女孩。几天后，合志的伤势好了些，他们就上路了。他只能艰难地行走，所以他的妻子——用她的小脚——推着他们的土车。他们走走歇歇，一天只能走 10—15 千米。

灾难、流离失所以及因丈夫受伤而不得不承担的那些辛勤工作，使得这位妇女没有足够的能量去抚养孩子。"当时俺的三妮儿正吃着奶，俺吃糠咽菜，有一顿没一顿，白天还要推土车，几天下来，头老打晕，人眼见着瘦。"由于担心妻子的身体状况不能撑到陕西，合志决定放弃幼女，从而保护她的母亲。这对夫妇把婴儿放在了一个集镇的十字路口，很快，他们便看到一个四十多岁的女人把她带走了。[16]

后来，合志和妻子听到有人说，难民即使在去到陕西后，生活仍然很艰难，很多人终究还是饿死了。所以，他们放弃了去那里的想法。这对夫妇带着剩下的女儿，靠着给人帮工、乞讨又维持了半年的生计。在第二年小麦成熟之前，这家人决定返回尉氏。但是妻子的身体状况却每况愈下。她回忆说："俺觉着头疼，身上发烧，肚子作胀，走路一点力气也没有。"合志借了一头驴，让他的妻子和女儿骑上先走，他自己则留在后面推车子。在一场暴雨中，王氏和她的女儿骑着驴到达了尉氏县城，他们在那里的一位亲戚家得到了庇护。[17]

那天夜里她的病情恶化了，她因发烧而神志不清。亲戚家的其他家庭成员担心她会死在家里，于是想要把她送去城隍庙。但是，她的亲戚不同意，还请来了一位医生连夜抢救她。后来她才知道，原来自己得了伤寒症。几天之后，她的病情减轻，她能走路了。但当她回去找她的丈夫时，却找不到他。几年过去后，她不知道他是死是活，所以她就再婚了。[18]正如本章其他部分所表明的，这个故事十分典型。

饥荒、植物和动物

在粮食供应减少后，饥饿的人们开始寻找杂草、根茎、未成熟的小麦芽和"任何被发现可以烹煮的绿色的东西"。[19]饥荒灾民通过剥树叶和树皮来消除他们的饥饿感，此举毁坏了河南省仅存的已经数量很少的树木。白修德回忆说，在他去饥荒地区访问时，"我们边走，边可以看到，人们在用小刀、镰刀和菜刀剥树皮"。他们从省政府以前种植的榆树上剥下树皮。怀特推测，"接着这些树就会枯死，然后被砍倒当柴；也许全中国（的树）都被这样砍伐了"。[20]

　　一位外国传教士写道，在许昌以北的道路上，"榆树上可以被人够到的部分，树皮都已经被全部被剥去了；叶子和小树枝也被切断当作食物"。饥荒通过这种方式，毁坏了成千上万棵树。剥皮"从而停止其循环"，剥叶以"破坏其肺"，饥饿的人就是这样攻击一棵树的。"肺病"侵袭了"该地区 90% 以上的树木，其中许多树木的循环都被切断了。它们很快便会死去"。人和树遭受了同样的命运。有一些（数量很少）树的"肺"病已经开始痊愈："如果它们不再受到这种疾病的侵袭，如果它们能够吃到大量有益健康的食物，它们仍然可能成长为成熟的树木……对于一些幼树来说，由于呼吸系统受到损伤，生命刚刚起步就要承担着巨大的痛苦。它们的抵抗力较低，一次严重的伤害就几乎会把它们摧毁……它们被困在战争和饥荒的磨盘中，没有人有时间保护它们不受这些威胁的影响。"[21] 战争和饥荒显然不是河南的森林遭到砍伐的最初原因，但随着饥饿的人们通过搜寻树叶和树皮来充当食物，这一问题被大大地加剧了。

　　饥饿的人类不得不杀死很多农业生产所需的动物力量，以确保在短期内获得必需的食品，这给河南的牲畜带来了损失。"即将饿死的驴、骡子和牛被杀掉，带肉的骨头被煮熟，做成肉汤，和其他食物混在一起吃。"[22] 1943 年春，一名国民政府调查员说："去冬及今春，人民因灾情严重，多将耕牛及其他牲畜宰杀出售，据调查统计，牲畜被宰杀者约有十分之七。”一旦饥荒结束，牲畜短缺就会普遍存在。[23] 根据当时出版的报纸报道，“在今年河南的农村中，再也听不到狗吠和鸡啼，就连耕牛和骡子也都被它们饥饿的主人忍痛杀掉。而推磨耕田就全要依凭着人力了。”[24]

相较于其他动物，犬科动物所受到的影响似乎更加扑朔迷离。在饥荒时期，许多村民杀死并吃掉了他们的狗。[25] 但与此同时，流浪狗也以人类的尸体（这些人多是饥饿和疾病的受害者）为食。白修德回忆说：“沿途有不少野狗，都逐渐恢复了狼的本性，它们吃得膘肥肉厚，我们停下来拍了一张野狗从沙土堆里扒出尸体来啃的照片。有的尸体已被吃掉一半，其中有一个人的脑袋都已被啃得一干二净，可以看清只剩下骷髅了。”[26] 在王氏和丈夫合志逃荒的逃荒路上，来自尉氏的这个妇女（王氏）记得自己看到了大量的死尸：“有一回，俺看见路边麦地里有三个死尸，一个是白发老头，脸朝下趴在麦地里，身上的棉衣已经被别人扒了；一个是妇女，仰脸朝天地躺着，身旁还扔着打狗棍和破竹篮；还有一个是十几岁的孩子，他们也许是一家人。一条黑狗啃着那个孩子的腿。”她的丈夫拾起一块石头把狗赶跑。但他们一离开，那条狗便又回来吃尸体。[27]

灾难与性别

对许多河南难民来说，1942—1943 年的饥荒是近来一系列因战争导致的灾难中，人群流离失所的数量最多的一次。另一位没有留下姓名的扶沟妇女的困境则说明：多种因素的结合使得河南居民的确有必要进行多次逃亡。1938 年洪水前，她和丈夫、女儿、两个儿子、一个儿媳和一个孙女居住在一起。这户七口之家拥有大约 0.33 公顷的坡地和一个小橙园。此外，他们还租种了更小的一片崗地。她丈夫编织苇席，在农闲季节出售以增加收入。1938 年的洪水淹没了他们土地中的丘陵地带，她的长子带着妻子和女儿逃到汉口。日本人占领武汉后，抓住了她的儿子并强迫他做苦力。没多久，他就死了，他死后，他的妻子也就改嫁了。此时，这个家庭的其他成员仍旧待在扶沟。因为尽管他们的土地被淹了，但在他们所租的地里还种着红薯，橙园里也果实累累，而且，他们的房子亦大体完好。

在当地保长命令这个家庭提供一名成年男性参军之时，这个家庭的状况开始恶化了。由于他们的大儿子已经离去，二儿子又还太小，不足以完成任务，所以他们不得不卖掉一部分被水淹没的土地来筹得资金，然后付给保长以解决这个问题。此后不久，大批蝗虫从泛区蔓延开来，吃掉了他们家在租用的土地上种植的高粱。可地主仍然和他们要租金，所以他们不得不把橙园里的收成给他，以此作为补偿。由于家里经济困难，这名妇女带着女儿和二儿子来到漯河。他们在红十字会难民收容所住了近三年。她的丈夫则留在了扶沟，靠卖木柴或其他他能收集到的燃料谋生。

1942 年黄河堤防再次决堤，洪水淹没了这个家庭的橙园和房屋。这时她的丈夫也去了漯河，住在红十字会难民收容所。在住了八九个月之后，她的丈夫又返回扶沟，并通过制作苇席来谋取生计。回到扶沟后不久，他就染病去世了。丈夫去世之后，这名妇女想带着儿子和女儿逃往陕西，但当他们到达许昌时，所有的钱就都花光了，他们不得不沿途乞讨。由于无法喂养孩子，她不得已将他们卖给了别人。最终，她到达了洛阳，并坐上了去西安的火车。但当她到达西安时，她也病倒了。于是，她只好住在西安火车站附近的一个防空洞里。她的一个邻居可怜她，给她送来了茶和剩饭。一个月后，她康复了，并搬到了西安西南面的一个村庄里。在回河南之前，她在那里的一个寺庙内住了四年。[28]

另一个叫王瑞英的妇女在其十三岁时，成了尉氏一个家庭的童养媳。她和她的丈夫刘焕，丈夫的两个弟弟以及他们的母亲，一起居住在三间草房里。1938年黄河决堤，他们所在的村子被淹。

> 水刚来时，一村里人都逃到北岗大庙里，有田产的都盼着水下去，好种地建房。俺穷，没牵挂，头场水一落下去，俺就辞家逃荒了。走时有俺婆母，刘焕俺俩，二弟刘货夫妻俩，还有俺女儿小恩，儿子德安，一共七口人。

这个家庭渡过了贾鲁河，然后继续往东南走，靠着要饭，他们来到了西华县，最终，他们落脚在那里的一座庙里。刘焕和弟弟靠干粗活挣钱，王瑞英和弟媳则领着孩子要饭。年老的婆母留在庙里守着东西。"活计是挣来的，要得来，就吃；挣不来，要不来，就饿着。遇到天阴下雨（他们无法出去乞讨），一家人都得挨饿。"[29]

这时候，王瑞英又生了个女儿，但她在坐月子期间，连剩馍剩饭都吃不上。他们的处境日益艰难。西华当地人没有粮食了，这使乞讨也变得不可行。刘焕和弟弟找不到工作，所以整个家庭经常会数日都没有食物吃。王瑞英回忆说："俺没饭吃，就断了奶水。小妮儿饿得直哭，吸不到嘴里奶，她就狠狠地咬奶头，俺看孩子可怜，也顾不得疼，就让她噙着。孩子没撑多少天，就饿死了，临死的时候，嘴里还噙着干奶头。"[30] 家里的其他人勉强熬过农历新年，但为了寻找食物，他们已经挖净了地里的野菜，剥光了远近的树皮。冒着挨骂挨打的风险，王瑞英带着儿子，潜入田里掐麦苗吃。她的婆母饿得不能动，连哼一声的力气也没有了。没有别的选择，王瑞英和她丈夫决定将女儿小恩送给另一户人家做童养媳。女儿被送走后没几天，王瑞英的婆母就去世了。[31] 尽管王瑞英的家庭已经十分缺乏维持生活所需的食物，但他们还是要为水利维护项目提供劳动力。她回忆道：

> 婆母娘死后四五天，当地的保长就上门了，说是要派刘焕的工，叫他去打黄河堤（黄水泛滥后的新河道）。俺说："他已是被病饿折磨得要死的人了，哪还有力气去干打堤的活？"保长说："咱村里十家有八家都是这情况。你们都不去，俺跟上面咋交代？去吧，上面这次派工打堤是以工代赈，一天能挣几角钱，还给粮食。"

刘焕一听说能得到钱和粮食，便坚持要接受这项任务。"俺去，俺这身子骨能撑一天就干一天，能挣一斤粮食给你和德安（他们的儿子）吃两顿面糊糊也是好的，这树皮草根再吃下去，俺一家又得死人。"就这样，刘焕拖着病体出了门，前往堤防上干活。[32] 王瑞英担心已经忍受数月疾病和饥饿折磨的丈夫无力为修堤运土。如果他出了什么事，她就真的无所依靠了。第二天，有人捎信说刘焕在走了 15 千米，到达道陵岗的工地之后，就倒在地上起不来了。接到消息后，王瑞英赶紧去找他。但当她到达时，她的丈夫已经死了几个小时。"刘焕一死，撇下俺孤儿寡母，逃荒没人担行李，要饭没人打狗。"她觉得毫无活路，就想自杀。她说："在一旁的好心人看俺哭得可怜，又要自尽，就劝俺说'你可千万不能寻短见啊，你死了，孩子咋办咧？'"两个妇女照看着她，其他人拿来一捆高粱秆，把她丈夫的尸体卷起来埋了。于是，她的丈夫和婆母都"成了异乡鬼"。刘焕死后不久，他的弟弟刘货也饿死了。王瑞英回忆说，"弟妹为了活下去，只好改嫁。俺妯娌俩抱头痛哭一场分了手，弟妹一走，俺要饭连个伴也没有了。"[33] 王瑞英的女儿小恩嫁入的家庭也很穷，在返回西华最后一次看望了她的母亲之后，小恩也饿死了。王瑞英只好独自离开，带着她的儿子搬到遂平县。一天他们外出乞讨时，她的儿子发现了几粒豆子，一个财主硬说这是德安偷他家地里的，抓住德安，抡起秫秸就打。王瑞英跪在地上苦苦求情，财主才把她的儿子放了。王瑞英在遂平过不下去，于是又回到了西华。过了一段时间，西华也待不下去了，她便又去西平投靠她的妹妹。妹妹家也靠要饭过日子。后来，她同妹妹一起要饭，直到 1947 年（黄河河堤修好之时），她才领着儿子回到尉氏老家。[34]

在扶沟，一位名叫刘东敏的男性洪水难民的困境或许进一步说明了战时移民模式给家庭带来的破坏性影响。1938 年秋天，刘东敏和他的妻子姜秀英带着两个儿子来到了鲁山县的一个小村庄。当地甲长安排他们住进了一间破旧的楼里。由于这个家庭没有生活来源，甲长只好对其他家庭进行了临时摊派，所得的善款则完全被用于接济这个家庭的生活。刘东敏在村里的前几个月，要粮还不是什么问题，但几个月之后，当地人开始找出各种不能把粮食交给他的理由。刘东敏只好跟着小队挨家挨户说好话，劝说当地人给他点儿粮食。最终，因为没有别的谋生方式，刘东敏不得不离开家庭，把自己卖了壮丁。

1942 年灾荒的时候，刘东敏的妻子姜秀英已经把刘东敏卖壮丁的钱花完了，所以她不得不靠乞讨度日。刘东敏离家后，有一个叫曹文章的男人经常陪着姜秀英外出乞食，不但替她背粮食，还给她买米和馒头吃。两人很快就谁也离不开谁，想着结婚。但是对曹文章来说，供养三个人十分困难，尤其是姜秀英的小儿子，他的头上长满了秃疮。但姜秀英非常想嫁给曹文章，她希望通过这种方式并入曹文章的门户，于是她就采取了她所能想到的最极端的方法。1942 年 10 月，姜秀英带着孩子去县城要饭。回来的路上，她把小儿子推下了桥。这个九岁的小男孩挣扎着爬出了河，所以姜秀英就又下到河边用石头把他砸死了。在杀死了小儿子之后，姜秀英让大儿子去县城要饭，后者则再也没有回来。于是，仅仅几天之后，姜秀英就搬去和曹文章住在了一起。1943 年秋天，刘东敏从军队逃回到鲁山，听到发生的事情，十分悲愤。但是由于他是逃兵，不敢报官。曹文章安排一些村民给了刘东敏一笔钱，让他回去再娶一个。刘东敏没有别的选择，只好拿了钱，并同意解除与姜秀英的婚姻。[35]

难民们痛苦的具体程度难以度量，但证据表明这种痛苦是普遍存在的。1946 年对扶沟县和西华县 94 个家庭进行的调查，为我们提供了一组数量上的信息，这组信息关于战时洪水、饥荒以及由此产生的社会混乱在村庄和家庭层面所造成的影响。这组信息的样本量虽小，但信息丰富。94 户家庭共 404 人，平均每户 4.3 人。四口之家占样本的 20.2%，三口之家占 18.08%，两口之家和六口之家则均占 17.02%。[36] 自 1937 年抗日战争全面爆发以来，被调查者中的 358 人（占调查总数的 88.56%）都曾在某一时期经历过逃亡。[37]大多数家庭（占调查总数的64.93%）的每个家庭成员都成功逃亡并安全返回。然而，有26户家庭（占调查总数的27.6%）经历过一名家庭成员的死亡，在5户家庭中，有多达4名家庭成员死亡。[38]绝大多数人都经历过流离失所，几乎三分之一的家庭都经历过一个近亲的死亡。

样本的年龄方面，0—14岁组占25.7%，14—44岁组占40.85%，44岁以上组占33.45%。儿童和老年人占主导地位，二者合计共占总人口的59.2%。而青壮年在样本当中则占少数。[39]河南黄泛区的青壮年占比低，很有可能是因为他们已经迁徙到了其他地区。在洪水和饥荒时期，有活动能力的人都逃离了家园，只留下儿童和老人，这造成年龄分布的扭曲。

女性占样本人口的52%，男性仅占48%。[40]在20世纪初的中国农村，河南黄泛区的人口以女性为主，这是不正常的。在当时的中国，杀婴和弃婴通常会使性别比例偏向男性。[41]女性在泛区占主导地位，部分原因是战时的需要导致男性被征召入伍或被征用为劳动力。而且，男人们离家出走和逃跑也更为容易。与女性相比，年轻男性找到工作的机会更大，在路途中成为暴力受害者的风险更小。此外，传统的性别规范规定女人应该照顾和抚养子女，这也限制了她们的流动性。因此，与女性相比，男性更容易到其他地方去寻找工作。[42]例如，1938年洪水过后，扶沟的许多健全男性外出务农、务工或参军，留下他们的子女、妻子和长辈当乞丐。[43]

河南黄泛区的战时移民模式和人口趋势破坏了家庭单位的稳定，同时，也对农村社会的性别分工产生了很大影响。随着健全的年轻男子或抛弃了土地，或加入了军队，妇女在农业劳动中便扮演了越来越重要的角色。尽管性别规范阻止了这一现象，但在 20 世纪初，华北地区的妇女还是经常会从事各种农业劳动的，特别是来自贫困家庭的妇女。然而，女性干农活仍然被视作是一种贫穷、羞耻、性脆弱、充满虐待意味的行为，它是对女性远离公众视线规范的公然违反。在士兵和土匪在农村游荡的时候，外出在田野里工作，使妇女随时面临着危险。[44] 然而，由于战争引发的灾难所导致的贫困，越来越多的妇女开始从事农活，其结果是农业部门的女性化程度越来越高。河南的这种战时趋势，与贺萧在陕西的发现相一致，在那里，"在 20 世纪三四十年代，妇女和女孩在田里的出现不仅仅是对男性劳动的补充。由于男性的普遍缺席，农业正逐渐成为女性的工作"。[45] 随着农业的女性化，中国遵循了军事冲突时期的一种常见模式。

1941 年一份关于整个河南地区的农业报告指出，自战争开始以来，该省村庄约有 150 万健全男子服兵役。因此，"生产性劳动力"大幅下降，这对农业生产造成负面影响。[46] 后来的一份报告指出，河南普遍缺乏劳动力，这使得集约经营根本不可能发生。除了应征入伍的健全男性外，还有很多男性为了逃避兵役或劳役而逃亡。健全男性农民变得极其稀少。由于无人耕种，大量田地被荒废。调查报告总结说："现在乡村所剩者，不是老弱，就是妇孺。"[47] 正如格雷厄姆·佩克（Graham Peck）所观察到的那样，在一些村庄里，多达四分之三的健全男性被征入伍，所以"大多数家庭只有在老人、孩子和孕妇在田里工作的情况下才能维持下去"。[48] 这种模式反映了战时中国的一种普遍趋势，这种趋势就是：因为男性的离开促使女性不得不自己养活自己和家人。[49]

1942—1943 年饥荒期间的难民迁移进一步促进了性别分工中

的这种转变。张光嗣代表国民党中央政府，前往河南考察饥荒情况，他发现："因饥荒或逃或亡者甚多，故今后耕田之农民将供不应求，此类问题亦将日益严峻。"在张光嗣所调查的河南省饥荒地区耕种田地的人口中，"妇女居多，而年轻男性则极少"。[50]同样，在1943年饥荒最严重的时候，一位外国传教士指出："男人要么在军队里，要么在修路筑堤，只有女人可以照顾农场和抗击蝗虫，而她们中的大多数人其实并没有足够的力量。"[51]战争和由此引发的环境灾难极大地减少了河南黄泛区健全成年男性的数量。女性、小孩和老年人的比例则相应增加。由于人口结构的变化，家庭越来越依赖于女性成员的劳动力，因此女性不得不开始承担更多的农活。

在陕西的河南饥荒难民

1942—1943年的饥荒使得大批的移民像黄河洪水一样离开河南。饥荒给灾民带来了巨大的痛苦，而就在此时，有消息称，陕西和一些西北的其他省份收成还不错，因此成千上万的饥荒受害者开始向西跋涉以寻找食物。在鄢陵，一些居民早就认识到了饥荒的严重性，他们在种下1941年的小麦之后，便卖掉了自己的家产，举家逃往了陕西。但也有很多人，尤其是老年人，留恋故土，不愿离开。还有一些农民认为他们有足够的谷物、甘薯和干菜，可以坚持到下一次收获。1942年饥荒最严重的时候，许多不愿离开的人开始面临饥饿。[52]

1942年8月，每天大约有500名难民途经洛阳前往陕西。到了秋冬之季，难民人数变得更多。据估计，到1943年，超过300

万人逃离河南到其他省份寻求救济，而这其中的大多数人最终落脚陕西。[53] 很多难民仅仅在几年前才因为黄河决堤离开家乡。此时，他们中的一些人在农村的农场里当工人，但当庄稼歉收时，他们变的既没有工作，也没有食物。于是，当听到陕西丰收的消息时，河南难民便决定向西迁移。[54]

1942 年冬天，白修德描述了聚集在火车站里的难民，他们正在等待着向西前往西安。大多数人没有坐上火车，而是依靠大车、独轮车或步行赶路。[55] 处于河南饥荒地区的村庄里空无一人。白修德说，战前郑州的人口有 12 万，但饥荒过后，人口骤减至 4 万。[56] 与白修德一起前往饥荒地区的记者哈里森·福曼（Harrison Forman）报道了他的所见："憔悴、半饥饿的难民大规模流亡，他们挤满道路和火车，其数量已经超过了 300 万。公路上到处都是未埋葬的尸体。村子里空无一人，数英里之内，树木都被剥去了树皮，这些树皮已经被那些身体过于虚弱的人吃掉了——他们无法参加向西和向南的长途跋涉以获取食物。"福曼写道，河南的"灾区"占地约 2 万平方英里。[①] 受灾最严重的地区在黄河沿岸或郑州附近，距离日占区边境只有 12 英里。[57] 福曼这样描述道："一辆接一辆的火车被人所覆盖，在火车光滑的车顶上，男人、女人和孩子，箱子、包裹、锅碗瓢盆、犁（原文如此）和手推车都混杂着拥挤在一起。一些人被挤到火车的最边上，突兀地悬在那里。他们或被卡在由车钩相连的车厢之间，或是卡在拉杆的下面，或是站在发动机的猫道上，他们与发动机的距离近到可以抱着蒸汽锅炉取暖。"许多饥荒难民从高速行驶的列车中摔下而死亡。[58]

---

① 1 平方英里 ≈ 2.6 平方千米。——编者注

陇海铁路运送河南难民人数（1942 年 8 月—1943 年 6 月）

月份	向西	向东	合计
1942 年			
8 月	84,950	—	84,950
9 月	171,708	—	171,708
10 月	164,798	—	164,798
11 月	192,862	11,530	204,392
12 月	166,170	36,440	202,610
合计	780,488	47,970	828,458
1943 年			
1 月	157,606	77,980	235,586
2 月	170,016	113,420	283,436
3 月	155,390	148,950	304,430
4 月	58,000	216,650	274,650
5 月	4,500	197,110	201,610
6 月	220	53,560	53,780
合计	545,732	807,670	1,353,402
总计	1,326,220	855,640	2,181,860

1942 年 8 月至 1943 年 6 月，陇海铁路特别党部对通过铁路从河南前往陕西的难民进行了统计。向外迁移在 1942 年 11 月达到顶峰，当时有 192,862 名难民乘车西行。1943 年春收之前，难民开始大量返回河南之时，这股浪潮发生逆转。从 1943 年 4 月开始，向东移动的人口开始超过向西移动的人口。然而，1943 年 6 月时往西迁移的人口仍然比往东迁移的人口要多出 470,580 人。这些西迁的人要么留在了陕西，要么继续迁移到中国西北的其他地区。[59] 并且，大多数的饥荒难民是靠徒步完成了这趟迁徙历程。河南的道路上"挤满了推着手推车的穿着蓝黑色衣服的人，手推车上堆满了难民们最为珍贵的物品，包裹和被吊在竹扁担两头的

篮子里的婴儿，裹脚的女人拄着拐杖，在齐踝深的黄土中艰难地行走。在饥荒地区的中心地带，村庄皆空无一人，饥饿的人们像苍蝇一样在大城市的街道上飞来飞去"。[60]

从整个战时中国的角度来看，难民的救济状况还是由地区决定的。在国民党控制下的西南地区，政府机构和其他救济组织"在社会康复和福利领域做出了重大努力"，但这些努力所取得的实实在在的成就还远远不够。[61] 在中国东部的浙江省——这场战争最为激烈的战场之一——贫困难民救济计划并没有提供多少实际的救济。[62] 正如拉纳·米特所指出的，在河南，"控制权在国民党和日本人之间来回变换"，救援计划"缺乏实质性内容"。[63] 而一旦河南难民到达陕西，救济机构所能支配的有限资源又根本无法满足他们的需要。

1943 年访问陕西的救济调查员报告说陇海铁路华阴至宝鸡段沿线有 15 万—20 万名饥荒难民，另外宝鸡城内还有 1.2 万名难民。绝大多数难民"肯定会在冬天死去，除非立即采取措施为他们提供食物、适当的住房和医疗帮助"。[64] 绝大多数河南难民在陕西既没有亲戚朋友，也没有地方居住。传教士和中国救济机构向河南的难民和陕西的穷人分发粮食，后者中的部分人因河南移民的竞争而失业。当陕西当局试图减缓通过边境的人群流量时，大量难民便聚集于豫西。[65]

来自河南的国民党将军张钫和其他省内名人成立了豫灾救济委员会，他们在西安为难民同胞设立了两个接待中心。外国观察家称，河南本地人都听说过张钫，"知道他是一个成功而有权势的人物，近年来他一直为同省老乡奉献，慷慨地为他们提供资金，征集捐款，与政府和铁路当局谈判，规划可以雇佣难民的复垦计划和项目，并为争取难民的权利而奔走"。[66]然而，战时陕西物资短缺还是阻碍了这些救济工作的开展。

1942 年 11 月 13 日上午，豫灾救济委员会在西安的国民党支部召开紧急会议，讨论在市内建立饥荒难民接待中心的议题。然而，能满足该中心要求的建筑物却很难找到。于是，救济委员会只好决定在西安城墙外的空地上搭建临时的草棚，以帮助难民躲避恶劣天气的侵扰。为了搭建帐篷，他们收集了大量的芦苇垫和麻绳，这些物品原本是厂主和雇主用来包裹货物的。豫灾救济委员会在向陕西省政府提交的请愿书中说，他们需要竹竿来支撑草棚和屋顶。由于原材料的价格已经上涨到了极高的水平，救济委员会并没有资金来购买竹竿。救济委员会指出，目前正值冬季，西安周边的村民正在从树上砍下树枝。为了给难民提供庇护所，救济委员会要求陕西省政府给西安城外的长安县（今西安市长安区）下令，要求该县指导各乡保劝说当地村民带回已削剪的细树枝，并"根据自己的能力做出贡献"。[67]但事实上，西安周边的村庄也十分需要这种生物量，他们需要将这种生物量用于其他用途。由于该地区的村庄几乎没有任何公共或私人林地，所以木柴非常昂贵，村民们把所有可用的小树枝都当作了燃料。因此，正如陕西省民政厅解释的那样，要求他们提供树枝实则非常困难。然而，由于这是一项慈善事业，省政府还是勉强同意让长安县尽最大努力去鼓励捐赠。[68]生物量的缺乏使细枝都变得非常珍贵。

在西安附近定居的河南难民最终在大小不同、类型各异的临时收容所里安顿了下来。在西安城墙周围的山坡和护城河的堤防上，人们挖掘了大量的洞穴，一些难民便居住于此。事实证明，陕西的黄土很容易挖掘，但毛细作用会使洞穴地面持续保持潮湿，并且几乎没有通风。[69]陕西省政府定期填补洞穴，并命令难民迁移，这导致许多人无家可归。还有一些难民则住在由泥土、麦秆和高粱秆制成的收容所里。[70]木材短缺"使得修建时必须节约"。通常，他们的住宅使用小树作为支撑屋顶的支柱，屋顶呈拱形，从而便于将应力传递到泥墙上。因为连盖屋顶所需的稻草也变得"稀缺或价格过高"，所以难民们不得不在每次下雨后修补从下面的高粱席中流失的泥土。大多数收容所为了节省墙壁的建筑材料而不得不对地面进行挖掘，所以许多住宅实际上"只是受保护的坑"。通常，一个七口之家就居住在这样一个狭小逼仄的地方。[71]难民的住宅分布在西安城的四面，最早来的难民靠近城墙居住，较晚近来的则居住于城市的外围。

这些定居点不是避难所的随意聚集，而是组成了具有流民性质的乡村社区。毫无意外，难民们都是基于同乡关系才聚集在一起的。正如一位外国观察家在战争结束后描述的那样：

> 城市的南面可以被称为"小扶沟"。在这个区域，来自扶沟的难民已经安营扎寨。来自该县的难民被与生俱来的亲缘关系所吸引，并在与自己背景相同的群体中获得了某种安全保障。从其他县迁来的也是如此。当你在城市中穿行时，你会发现小尉氏、小西华、小鄢陵……鳞次栉比，每一个都有其公认的领袖、方言和特色。

这种居住模式促进了相互援助，"即使它提供的安全只是精神上的，但所有人共有的痛苦经历实则已经产生了一种社区精神，这种精神减轻了难民在地位上的屈辱和生活上的困难，并激励难民们与比他们更贫困的兄弟分享他们自己也并不富余的那些东西"。当地组织和各同乡会则为难民们协商法律上的和其他各种类型的问题提供了基础。然而，即使在河南同乡会的帮助之下，"婴儿仍然挨饿，儿童面黄肌瘦，身体健全的人十分稀少。护城河充满了绿色的污水，斑疹伤寒、伤寒、霍乱在沿岸潮湿、密布的棚屋中肆虐"。[72]

陕西地方当局对来自河南的流离失所之人几乎没有提供什么帮助。西安市政当局禁止难民在没有通行证的情况下进入城市，最终在同乡会的恳求之下（同乡会要求陕西地方当局要根据职业和能力对难民进行登记），他们才同意发放这份证件。一些难民找到了人力车夫的工作，另一些人则通过打零工的方式过活。"难民人口提供了一个廉价的、对工作充满渴望的劳动力库，这使得这座城市的居民（包括军队）在他们有需要的时候从不缺少劳动力。"[73]豫灾救济委员会的接待中心登记了很多来到西安的难民，委员会把他们编成"队"和"小组"。难民们要么住在接待中心，要么住在救济委员会为他们安排的其他临时住所。在西安著名的鼓楼附近开设了一所难民儿童学校。每五天，委员会会向12岁以上的难民发放500克玉米作为口粮，12岁以下的难民则发放玉米187.5克。接待中心还帮助健康状况良好的难民找工作，并为患病者提供医疗服务。此外，救济委员会还将一些难民安置在了中国西北更偏远的地区，或是遣送他们回到了原来的家园。总的来说，接待中心接待了约2000名难民，安置了约400人参加甘肃省的土地开垦。来自鄢陵和扶沟的难民，由于家乡已被洪水淹没，所以他们大多被安置到了甘肃。1943年麦收后，来自河南其他地区的难民返回家乡。[74]

在西安周边的难民中，只有一小部分人受益于这些救济措施。1943 年 3 月，中国调查人员估计有超过 30 万名饥荒难民从河南转移到陕西西安的周边地区。救援项目最多援助了 2 万人。接待中心每月发放 26 元的补贴，这些钱只够买 6 顿饭吃。大多数难民没有收到任何形式的救济，所以他们只能靠自己的手段谋生。"绝大多数难民分散在关中（陕西渭河流域中部）的各县，要么自己找活计，要么乞讨"。西安、宝鸡等城市的官员主要关心的是维护辖区内的秩序，因而忽视了救济工作。陕西省政府秘密指示军队和警察禁止难民进入城市。但从河南来的 4 万多难民以某种方式找到了潜入西安的方法。[75] 到 1945 年，来自河南的十多万难民生活在西安，他们在那里乞讨或做苦工，[76] 其中大约一半是 15 岁以下的孩子。[77] 难民不仅很少得到救济，而且经常招致西安当地居民的敌意。正如调查人员所说，"最糟糕的是，有些无知的居民鄙视难民，甚至殴打他们。在豫灾第一收容所，有两三个女孩被打伤了。她们说这太可怕了，从今以后她们宁愿饿死也不愿乞讨"。难民们白天乞讨，晚上则睡在大街上。路人很少关注他们。如果难民死了，没有人埋葬他们。一些难民到距离西安 10 千米远的村庄乞讨。但是那些去农村碰碰运气的难民也并不会比住在城市里的难民过得好。"当有几个人一起乞讨的时候，他们会被咒骂或殴打。当有很多人一起乞讨的时候，栅栏的门就会关上了，他们会被人赶走。"[78]

救济机构努力防止河南难民和陕西当地人之间的紧张关系爆发成为冲突。每隔几天，豫灾救济委员会接待中心的工作人员都会去探望他们收留的难民，并明确表示："我们来到陕西了，不和我们在河南老家一样了。你们必须守规矩，不要有不端行为，否则有你们的罪受。"对于分散在西安各地的河南难民，接待中心的工作人员都会仔细地告诉他们如何最大限度地避免"不幸事件"。[79]

对于国民党的领导人来说，尤其重要的一件事情是：阻止河南难民迁移到陕北，加入陕甘宁边区的共产党军队。确保由国民党控制下的各县收留难民，可以防止难民们溜进陕甘宁边区。[80] 针对中国共产党根据地已出台的难民救济措施，国民党领导人给陕西中北部各县下达了指示，要求他们必须督促当地居民与难民合住，借给难民粮食，供给他们耕地，并且不招难民当兵。保甲人员采取严格的预防措施，阻止难民进入共产党控制的领土。[81] 尽管国民党努力阻止他们，但是到 1944 年，还是有将近 11,900 名河南难民冒险向北进入陕甘宁，当地的共产党当局在那里接纳并安顿了他们。[82]

在陕西省赈会的命令下，省内各县和地方诸保共收容 21,000 万名难民，并为他们提供了居所。在陕西居民的惯常思维中，河南难民常常会和他们争夺有限的粮食供给和其他资源，所以他们对当局此举并不欢迎。帮助这些流离失所的人口亦给陕西地方政府增加了负担，所以他们也时常抱怨，但国民党当局担心，如果拒绝救济难民，那么难民们便会破坏法律和秩序，或者更糟的是，他们会加强共产党的力量。[83]

陕西省第三区行政督察专员印制的标语被分发到各县政府。这些标语鼓励陕西人向河南难民提供救济并告诫当地人不要虐待他们，但同时，这也揭示了河南人和陕西人之间存在的摩擦：

1. 我们必须竭力腾出房屋（或窑洞）供难民居住！
2. 不要欺负难民！

> 3. 赈济难民胜造七级浮屠！
>
> 4. 不要乱拉难民服兵役！

国民党当局试图用爱国主义的话语来缓解紧张局势，并迫使当地人将有限的资源让出一部分给难民。另一组标语宣称：

> 1. 赈济难民即是助力抗战！
>
> 2. 应该欢迎难民开垦土地，因为那样便可以增加粮食供应，减轻当地负担！ [84]

这些劝诫性的口号和告诫并不太令人信服。战时的经历并没有给社会意识提供多少活力，也没能使社会意识"超越家庭和地方的联系，而走向对社会的重新定义"。[85] 战争没有以新的方式把人们聚集在一起，反而加剧了当地人和外来人之间的紧张关系。然而，很明显，在河南饥荒期间，就像 1938 年黄河洪水之后一样，难民救济与民族抗战和战时动员的论述重叠在一起。特别是陕西的土地复垦，在这里，"人尽其力，地尽其用"成为可能。[86]

饥荒难民安置所造成的环境影响

由于饥荒导致陕西的河南难民数量激增，国民政府再次试图通过移民和土地开垦来帮助他们。如第二章所述，从 1938 年开始，国民政府就开始从黄泛区和其他战乱地区迁移难民，以开垦陕西黄龙山地区的荒地。[87]

土地复垦极大地改变了黄龙山的环境。难民定居清理了原本覆盖着灌木、草地和树木的高地地区。

　　由于没有足够的适于耕种的平地，难民们把耕作线推上了山坡，他们清理了谷底、"边界山脊的黄土封顶"以及陡坡。在这片丘陵地上，难民们种植玉米、土豆、荞麦和麻类植物。[88] 土地清理破坏了黄龙山自 19 世纪末以来一直繁盛的植被，导致水土流失加剧。初夏的雨水冲走了斜坡上田地里的庄稼，把碎石和巨石推到了下面的农田上。[89]

　　除土地开垦外，其他受难民青睐的经济活动也对土地产生了影响。1943 年 2 月，陕西省第三区（此大区包含黄龙山及其周边县市）的行政督察专员，出版了名为《难民谋生指导》的小册子。这本分发给全区各地的小册子旨在指导河南饥荒难民如何用最好的方式进行谋生。这本小册子里列举了一些副业，这些副业要求"难民依据自身之劳力，找到生计"。所有列出的生存策略都对该地区的森林和其他植被造成了压力。在这些职业中，有砍柴、割

黄龙山上的难民定居者和草食动物

草、烧炭（尽管指导亦敦促难民不要燃烧"好材料"）、收集树枝和树藤编篮子、在山上采集草药和染料。指导还建议他们烧造陶器，而这需要有机材料作为燃料。这就使得黄龙山林地的"整理森林"工作显得尤为重要：

> 没有人整理（森林），所以它们的稀疏和密度是不均匀的，树枝是过度生长的，这妨碍了它们的正常发展，也导致它们常常不能成材。树枝和废弃的木头被丢弃在地上，这也是一种遗憾。难民可以和当地山主商量，使山主让他们整理（森林）。你整理所得的材料都归你所有，你可以进行售卖。此外，它们还可以制成犁、斧子和锄头的柄，而这些东西也可以卖上一个好价钱。

另一方面，该指导也指出了一些所谓的"难民谋生歪路"，如乞讨、秘密收集武器、贩运鸦片或其他毒品、卖妻鬻子。[90]然而，所有较好的谋生方式其实都对环境造成了损害。伐木和烧炭在黄龙山移民中的流行，表明这些谋生策略是普遍实行的。

黄龙山战前有丰富的森林，但在土地开垦工程开始后，难民们的活动对森林造成了巨大的影响。[91]运输道路沿线的森林和有人居住的村庄附近的森林都遭受到了广泛的破坏。可开垦土地上的树木全部被砍伐，不适宜开垦的土地上的一些树木也被砍伐。无论是为了清理土地还是由于粗心大意，难民们点燃的火常常会导致巨大的火灾，同时也造成额外的损失。垦区居民和邻县居民烧木炭取暖，毁坏了许多树木。移民到达山区后，也砍伐树木，以获取建造房屋、谷仓、灌溉工程和其他建筑的材料。[92]开垦工程有禁止在山坡上放火和滥伐的相关规定，但森林火灾和滥伐仍时有发生。由于植被覆盖的丧失，水土流失和河道泥沙淤积日益严重。"当山脉被侵蚀，河流被（淤泥）填满，并变得浑浊时，农业生产的收成就会不足，侵蚀问题也就会出现了。"[93] 1943 年官方报告警告，按照目前的开采速度，在大约十年的时间里，黄龙山就将不会再有任何森林。[94]

黄龙山森林植被的损失并非例外。陕西全境也发生了类似的环境变化，在战争时期，国民政府运用国家力量通过开垦土地来提高农业产量。到 1943 年，在国民党控制的陕西地区，开垦工程已开辟了超过 1,000 公顷的土地，在这些新开垦的土地中，由再定居难民开垦的土地占了总数的绝大部分。[95] 1937 年至 1943 年间，共产党在陕北发起了垦荒行动，亦开垦了 160,000 公顷的土地。据报道，难民和其他移民的开垦面积超过 133,330 公顷，占总面积的 83% 以上。[96] 尽管这些数字可能会被夸大，但其所产生的生态效应还是显而易见的。一位外国观察家报告说，陕北共产党控制地区所开垦的土地"都是贫瘠土地，一旦经过几年的水土流失，一定会变得毫无用处"。[97] 无论是在国民党控制区，还是在共产党控制的地区，土地开垦活动都会耗尽那一地区的林地和其他植被，而代之以种植谷物。从 1937 年到 1945 年，整个陕西的森林面积从 25% 减少到 16%，这导致了许多贫瘠土地的水土流失加速。[98]

如何解释这种生态破坏？访问垦区的美国土壤保护专家罗德民（Walter C. Lowdermilk）强调，由于流离失所的人对他们的"宿主环境"并不熟悉，所以难民们所采用的耕作技术根本不适合黄龙山的丘陵地带。由于他们家乡的土地非常平坦，来自河南平原的难民不习惯耕种陡坡地。定居者直排耕种，"耕作时既不考虑地形也不进行等高耕作"。[99] 在某种程度上，这种解释是令人信服的。然而，大多数难民并没有任何办法对实施土壤保护措施所需的劳动力和资源进行昂贵的投资。在从土地获得收成之前，难民们只能依靠政府的援助来获取他们的食物和衣物。由于这个原因，我们很难想象难民有能力实施土壤保护技术（例如修建梯田）。

根据其他的政府报告来看，黄龙山的土地退化是由于人口压力上升而造成的。从这个角度来看，该地区的确接纳了过多的难民，这些难民的数量超过了其有限的适宜开垦的土地所能承载的数量。截至 1942 年 7 月，垦区共安置难民 29,500 人，开垦面积 11,925 公顷，平均每人开垦约 0.404 公顷。[100] 1942—1943 年河南饥荒造成的难民迁徙导致黄龙山人口激增。1943 年初河南饥荒期间的调查显示，有 52,377 名难民定居在黄龙山，开垦面积约 16,766 公顷（人均约 0.32 公顷）。[101] 在收容了 20,000 名饥荒难民后，垦区的人口也达到了"饱和水平"。[102] 随着黄龙山的可开垦土地被填塞，难民安置使得土地退化或将发生。正如政府调查人员警告的那样："如果收留太多难民，那么这片土地肯定会使用不当。除了森林会遭到破坏之外，保持水土健康亦无可能，人们的生活也将会变得更加贫困。"[103] 另一份报告认为，定居者已经耗尽了数量有限的适于开垦的土地。"该地区的土地开垦已逾五年，这里多丘陵，且山上的大量森林已被砍伐。故而日后之水土流失定会增加，雨水也将难以存蓄。"[104]

然而，这种纯粹的人口统计学解释未能捕捉到推动这些环境变化的社会经济力量。难民人口是动态的、复杂的，而不是同质的。定居在黄龙山的河南难民，其生活水平的高低往往与他们到达这里时间的早晚密切相关。1938 年黄河改道后即来到黄龙山的难民从国家资助的移民安置计划中获益最多，他们似乎也为改变该地区的自然景观做了更多的工作。1942—1943 年河南饥荒后迁来的难民，则生活在更加绝望的环境中，但他们对环境的影响也比较小。作为这里更为贫困的群体，环境破坏对他们所产生的影响，与他们的身份之间似乎是不成比例的。

较早迁来的难民所建立的村庄生产了大量粮食，生活条件和营养状况相对较好。而与1942 年秋天来到黄龙山的饥荒难民所居住的村庄则更为贫困，这里的居民也时常会营养不良。[105]总的来说，1942 年之前到达的定居者开垦了更多的土地，在对黄龙山森林的破坏中也占了更高的份额。根据官方报告，"老定居者在土地开垦方面取得了很大进展，但黄龙山的可开垦土地不多。新定居者缺乏农具，土地开发只能依靠人力，进展缓慢。老移民有更多的资本，可以利用他们的积蓄，所以开垦更快。"[106]由于没有粮食吃，也没有开垦土地的工具，许多新定居者只好放弃了他们的土地，给老定居者当起了雇工。一些后来的难民甚至成为了早期定居者的租户，土地制度开始变得不公平："老定居者根基稳固，他们用钱雇新定居者来开垦土地（移民们将这些老定居者称为'地班子'）。在这种情况下，富者愈富，穷者愈穷。不久之后，这里就会产生大地主。"[107]那些根基稳固的、富裕的定居者从土地复垦中获益良多，而那些新的难民却更多地受到复垦所产生的负面生态后果的影响。低生活水平增加了疾病的易感性。20 世纪40 年代初，黄龙山北段暴发了致命的克山病，这是一种与硒缺乏有关的心肌病，由于人们对其认识不足，导致某些病毒株的毒力似乎增加了。[108]克山病最严重的症状包括心律失常、心悸和充血性心力衰竭。[109]由于克山病最明显的症状之一是吐黄水，在陕西它被称为"吐黄水病"。

中国土壤硒含量低的地区克山病发病率最高。战争灾害造成的大规模迁移，迫使人们耕种如黄龙山山坡那样硒含量低的贫瘠土地，这无疑威胁了人类的健康。中国克山病最早的记录来自黄龙山的石碑铭文，这种疾病最早可以追溯到 17、18 世纪，这种疾病的出现很可能是导致清末以来此地就无人居住的原因之一。[110] 战争期间定居在黄龙山的河南难民不具备这些地方性知识，这使得克山病对这些最弱势的人群造成了沉重的伤害。

官方报告将黄龙山克山病的流行与人类营养联系起来："垦区人民的主食是玉米，少蔬菜，少盐。饮用水矿物质含量高，碘、钙含量低，这些都对人体健康造成了很大的影响。妇女和儿童经常患有甲状腺肿大、佝偻病和呕吐性黄水病。"[111] 1944 年黄龙山暴发克山病期间，死亡仅仅发生在新近难民居住的村庄中，这些难民营养不良，耕种的土地贫瘠，肥力较低。在生活水平更高、耕地更好的由老定居者聚居的村子里，则无人死亡。[112] 克山病成为 20 世纪 40 年代中期黄龙山的地方病，每年的冬春之季暴发。这种疾病给妇女和儿童造成了十分严重的伤害。由于克山病的威胁，黄龙山的移民在 1946 年后期开垦项目结束前就开始源源不断地外流。[113] 另一方面，20 世纪 40 年代末和 50 年代该地区人口的减少也给了次生生长林得以恢复的机会。[114]

结　论

战争所引发的生态灾难显然是河南难民迁移的重要催化剂之一。在难民遗弃的地方，农村基础设施倒塌，农作物种植几近停滞，以前难民定居的地区也变成了荒地。农民逃离、土地荒弃、房屋倒塌、农具丢失、牲畜被杀。构建和维持农业生态和水利系统中的秩序和结构——与所有复杂结构一样——是需要大量能量的。中日之间长期的军事冲突，使得投入人力和资源以维护和重建环境基础设施的可能性越发渺茫。战争在河南黄泛区留下了一片废墟，那里变得人烟稀少，急需重建。

战争所造成的创伤使人口流离失所，经济生产力降低，社会最弱势群体的健康和营养也被进一步损害。[115] 从社会角度来看，抗日战争期间因军事冲突和生态动荡所引发的移民都大幅度地改变了当地社区的结构。农村男女的生活故事中穿插着被迫分离、饥饿、疾病和死亡。战争、洪水和饥荒摧毁了家庭，并导致性别角色产生了的持久变化。年轻人或加入驻扎在河南的军队，或被征召到水利工程项目工作，或离开这里到别处去寻找生计。与女性、儿童和老年人相比，健全男性的数量有所减少。有些女孩被当作童养媳送走或被卖去妓院，这可能会使她们在其他家庭成员死亡的时候仍然能够活着。因为父亲和丈夫的缺席或死亡，许多妇女不得不独自供养整个家庭。随着农村家庭妇女在田地里所承担的负担、羞耻和危险地增大，劳动的性别划分也就因此发生了变化——农业在变得更加女性化。

在生态层面上，战争引发的洪水和饥荒所产生的连锁反应远远超出了军事交战的范围。战争时期，与其他很多地区一样，因为军事冲突，河南人家乡附近的资源也被剥夺了，因此，他们不得不去一些便于到达的地区寻找资源。[116] 当河南的难民移居到附近的村镇寻找食物和住所时，他们便又会对已经被战争给予巨大压力的食物和燃料供应施加额外的压力。难民并没有在河南砍伐森林，而这仅仅是因为在抗日战争爆发前的几个世纪，人类活动就已经摧毁了华北地区的森林。[117] 而在陕西的一些地方，这个问题就比较明显了。比如黄龙山，在那里，难民对土地的清理导致了森林砍伐和土壤侵蚀加剧。相对富裕的难民对环境造成了更多的破坏，并且，事实上，这部分难民也从环境地改造中获得了最大的利益。而另一方面，贫瘠土地的种植则威胁到弱势的群体的健康，特别是贫困妇女和儿童的健康。

关于难民和环境的讨论往往分为两种方式，要么是托马斯·马尔萨斯（Thomas Malthus）式的，要么是埃斯特·博塞拉普（Ester Boserup）式的。马尔萨斯认为，接收流离失所人口的地区，人口密度将会提高，进而导致现有资源捉襟见肘。难民依靠他们的"宿主环境"来获取食物、燃料和其他必需品。人口压力所带来的森林砍伐和对贫瘠土地的耕种最终会导致生态退化。博塞拉普认为，生态稳定源于积极的维护和管理，而这种维护和管理往往是劳动密集型的，因此在人口稠密的土地上，对生态稳定的维护和管理将更容易推行。[118] 以上两种观点常常被认为是完全对立的。但从某种程度上讲，河南黄泛区难民逃难所呈现出的后果其实与这两种观点都相符。要根据所思考的环境特征来选取恰当的分析视角。战争引发的灾害使河南省的景观大体上变得荒无人烟，维持人造农业景观所需的劳动力也被战争消除了，这造成了严重的生态退化。与此同时，这些动荡亦加剧了对环境——比如陕西的高地地区——的压力，因为接纳难民，这些地区也遭受到了森林砍伐和土地的加速侵蚀。

然而人口并不是唯一的变量，政治权力也很重要。在不考虑国家接待和救济作用的情况下，中国战时难民迁徙所带来的生态影响是难以理解的。通常，国家权力在分解难民与环境之间的相互作用时并不凸显。历史学家们详细描述了流离失所的人们在没有外部援助的情况下为重建被战争破坏的环境所做的斗争。[119] 但是，在河南难民重新定居的土地上，最为严重的环境影响其实正直接来自中国战时政权为实现其经济和军事目标而对难民进行动员的种种努力。难民迁移也不能与许多其他导致战时生态破坏的军事、政治和经济因素隔离开来看，而这也将会使得"流离失所者对环境产生了直接影响"这一概念变得更加复杂化。考虑到中国开垦"荒地"和促进粮食生产的动力特点，与难民迁移有关的环境变化及其对人类健康所产生的间接影响，也必须被视为战争动员的另一个生态牺牲品。

第六章

土地需要人民，人民也需要土地：
战后恢复的开始

战争通过无数种方式来破坏环境。抗日战争对中国北方脆弱的人工环境的影响尤其巨大。本章和随后的章节将探讨这场战争所造成的破坏程度，以及战后农业生态恢复的过程。近八年的战争[①]、洪水和饥荒摧毁了河南人工农业景观的复杂的能源获取和利用系统。黄河的洪水摧毁了农场、田地和水厂等环境基础设施。集中的、可用的能量转化为不易被人类获取和利用的能量形式。军队消耗了剩下的极少的可用能源，几乎一点儿也没有留给平民。为了应对战争带来的灾难，数以万计的难民逃出河南。人力供应减少，使得对农业生态系统和水利系统进行集中维护变得更加困难。战时牲畜的减少进一步损耗了能量和生产能力。到1945年抗日战争结束时，战争已经耗尽了战后重建所需的粮食、人力和其他资源。为使农村居民有能力恢复农业生态系统的生产力，从河南省黄泛区以外地区汲取大量的能源补助就显得十分必要了。

　　这些投入的很大一部分具有国际性质。1945年，日本从中国撤军后，河南黄泛区的重建得到了联合国善后救济总署（UNR-

---

① 原书如此。现在一般认为，抗日战争的时间为1931年9月18日—1945年8月15日，共14年。——编者注

RA，以下简称"联总"）的大规模援助。该国际组织向第二次世界大战后陷入社会经济混乱的国家伸出援助之手，他们为这些国家提供食物、燃料、衣物、住所和医疗援助。联总还致力于通过提供重建通信、农业和工业的材料和专业知识，为战后经济复苏和增长奠定基础。在单一国家中，重建中国的战争受损地区是联总的全球项目中最大的一个组成部分。1946 年和 1947 年，联总共向中国派遣了 2,000 名外国专家，与这些专家同来的还有价值 1,700 万美元的物资。为了进行救济事务，联总通过一个由国民党政权创立的合作机构——行政院善后救济总署（CNRRA，以下简称"行总"）——开展工作。联总－行总所做的最引人注目的努力就是重建黄泛区。[1]

　　从 1946 年 5 月到 1947 年 3 月，在联总－行总和国民政府黄河水利委员会的监督下，数万名民工奋力堵住了花园口的决口，并将河流恢复到了 1938 年前的河道。为监督堵口工作，联总任命曾在中国其他水利工程项目中工作了 20 年的美国工程师塔德（O. J. Todd）担任黄河水利委员会的首席顾问。此外，联总和行总还向返回黄泛区的难民提供了物资援助，并帮助他们将耕地恢复耕种。[2] 塔德将这一努力视为"一个通过把近 200 万英亩 [①] 部分或全部丧失可靠生产能力的土地恢复为优质农田，从而使世界粮食供应每年增加约 200 万吨的机会"。联总－行总还通过让难民返回故土的方式，减轻了陕西和豫西地区养活难民的负担。首先，黄河必须"回到原来的河道，泛区的水必须被排空，只有这样才能使淮河的支流不仅能够清理那些新流入的泥沙，还能够清理那些从

---

① 1 英亩 ≈ 0.4 公顷。——编者注

黄河流域而来的沙质沉积物，在'中国经历苦难'的这几年，黄河已经侵入了另一条河（淮河）的领土之中"。[3] 堵塞决口，重定河道，恢复泛区农田，这些都与联总更为远大的目标不谋而合。这个目标就是：实现中国在农业生产中的自给自足。通过这些举措，国际救济机构向河南提供了巨大的能量补贴。尽管联总－行总提供的能源投入是农业生态恢复的必要前提条件，但这些能源还并不足够。河南农村人民的劳动才真正完成了修复河南饱经战乱蹂躏的环境基础设施的任务。

推迟返乡

即使在 1945 年以后，大部分河南东部黄泛区的人口仍然在减少。1946 年联合国自然资源保护规划署（UNRA）的统计数据显示，河南省受黄河洪水影响的 20 个县的人口比战前下降了 22% 以上。[4] 除了分散在河南各地的难民外，还有 200 万来自河南各地的难民生活在陕西和中国西北较偏远的地区。[5] 由于田地、房屋、农具和家畜都被摧毁，大多数难民只能选择离开。1945 年下半年，日本一投降，难民就以每天 4,000—5,000 人的数量从陕西向东返回河南老家。然而，仅仅 20% 的河南难民离开了陕西省，另外 80% 的人则选择留了下来。[6] 聚集在西安的 40 万洪灾难民中，只有 9 万人返回了故乡。有些人在意识到自己没有办法在自己的家乡谋生后又返回了西安。[7] 1946 年 5 月，联总的一名调查员发现，"目前大多数难民并不急于离开（西安）。一些人在探望了他们在泛区的旧居之后，仍然选择回来（陕西），以等待更好的条件"。陕西的住房设施和食品供应比开封和西安之间的任何地方都要好，陕西的慈善机构也能更好地提供援助。[8] 行总河南分署为流离失所的灾民设立了六个接待站，为他们提供食物和住所。[9] 但是如果在河南没有田地和房子，那么留在陕西就显得更有意义了。回到一个能源匮乏的地方并不是一个有吸引力的选择。河南的洪水已经退去，稳定已经可以得到保证，那里的土地也已经变得可以养活他们，但难民们还是迟迟不愿回去。

在河南泛区，农田的开垦则需要"从头开始"。正如联总的救援人员所说："土地需要人民。如果要恢复土地，那就需要人们多年的耐心劳动。但另一方面，人民依靠土地，除非土地有可以养活他们的希望，否则他们不会回来。"难民们知道，当他们努力重建农业景观时，他们就必须要在恶劣的条件下生活。但是，"如果生活太不稳定，如果他们不能确定自己是否能在最初的时期里生存下来，他们就不愿意冒险，因为那样的后果很可能是饥饿或是另一次的被迫离开，而离开势必会付出巨大的艰辛和代价。在条件改善之前，土地和人口的相互依赖因素将会一直处于僵局：土地需要人来进行恢复，但人群却在那个已经具有安全措施的远方徘徊"。想要打破这一僵局，就需要"在泛区实施一个无障碍的供应和分配方案，建立一个能够转移和提供人口的组织，以及一个协调土地和居民二者预期和实际需求的机制"。[10] 战时人口损失导致了人类建造的环境基础设施的崩溃，而修复它需要人力。但是，如果受灾地区的环境缺乏足够的能量来支持他们自己的新陈代谢，那么大多数流离失所的人就不会产生返回的意愿。因此，重建农业生态系统所需要的能量流其实是无法在当地获得或生产的。

战后景观

1945 年后，当难民冒险返回河南受淹地区时，他们所看到的环境变化已经超出了他们的认知范围。据估计，豫东有 615,510 公顷的土地在战争期间被洪水淹没。然而，到 1946 年时泛区已经明显缩小。河流改道造成洪水无法再至，泥沙沉积使得土地上升超过洪水水位，这些都是泛区缩小的原因。很多曾被淹没的区域变得干涸，其面积约达到 326,050 公顷。据报道，1946 年洪峰期间洪水覆盖了 228,120 公顷的土地。在旱季，当洪水退去时，被淹没的地区缩小至总面积的一小部分，此状态会一直持续到黄河水位上涨、洪水再次泛滥之时。行总和国民党河防机构共同参与了加固堤坝和防止洪水扩大的项目。河水逐渐向西移动，所以 1938 年（或之后不久）被洪水淹没的地区基本上都已经干涸了。农民们开始重新定居和开垦一些土地。但由于很少有难民愿意回来，该区域内的大部分地区其实并没有人居住。[11]

鲁莽的人类暴力所造成的生态影响几乎使所有人都必须逃离，正如朱莉娅·阿登尼·托马斯（Julia Adeney Thomas）在谈到韩国的非军事区时所写的那样，令人意想不到的结果是，这种做法"为其他物种保留了一个自由区"。人类的遭遇是悲惨的，但其他生物却因为人类的相对减少而繁盛了起来。[12] 战争对泛区景观的干扰改变了原有的生态群落，并导致了次生演替，投机者、速生植物物种在该区域内迅速栖息定居。

柳树和芦苇在黄河东侧位于尉氏、扶沟、西华、太康等地的约 64,000 公顷的狭长地带里生长，那里的河水在 1939 年至 1942 年期间逐渐消退。[13] 这片土地被覆盖在"一片茂密的柳树丛林之下，

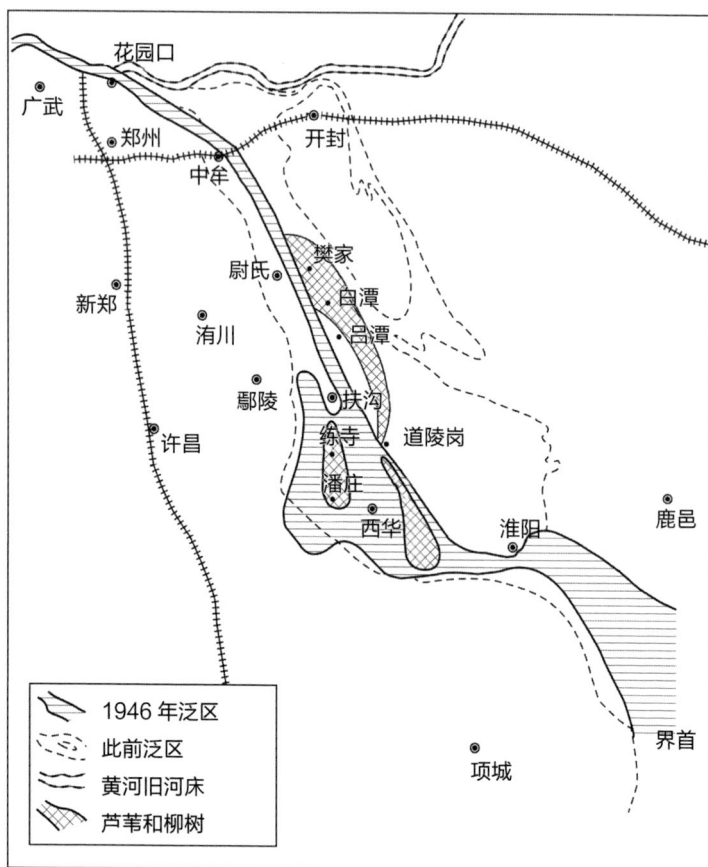

1946 年河南黄泛区的土地类型

新长出的柳树高达 8 英尺，直径为 1—2 英寸^①，沼泽的芦苇则散布在更潮湿的地方"。¹⁴ 茂密的柳树和芦苇一望无际。一位洪灾难民回忆，在扶沟的部分地区，"人们钻进柳林，半天还走不出来。苇丛和蒲子的面积也不小，呈片状，小面积的有一块田地那样大，大者有几亩、十几亩甚至几十亩的，全县一千多平方千米的土地上，

---

① 1 英尺 ≈ 0.3 米，1 英寸 ≈ 0.025 米。——编者注

除少数未上水的地方以外，大部分都是这种情形。那时的野兔特别多，它们从苇丛、野草丛里钻进钻出，或觅食或跑动，奔波跳跃，自由自在"。[15] 但是，对人类来说，土地的这些变化却是社会经济复苏的障碍。据联总的调查估计，一个拥有 20 亩土地的农民需要花费 100 个工作日来清理杂草、准备耕种。由于大多数当地居民已经离开，人力不足使得杂草丛生的地区难以恢复农业生产。[16]

从 1942 年至 1945 年，这里的很多土地都一直被淹没着，但现在它们已经完全干涸了，并且长着并不茂盛的草，这些草在黄河河道的东西两侧延伸了一段相当长的距离。在尚待开垦的土地中，这片草地占了最大的比例。很多人在抗日战争结束之后就回到了这片被杂草覆盖的地区。在其他仍然被洪水淹没的地区，有不少难民群落在堤坝上扎营过冬，每个群落由来自同一地方的几百名难民组成。在少数地方，人们重新定居，并形成了小村庄。返回的难民住在由高粱秆制成的临时棚屋里，棚屋里涂满了泥土。大多数人找到了修堤和推手推车的工作，也有些人在城镇和乡村里做起了小商贩并以此谋生。[17]

在抗日战争胜利后不久的 1946 年 3 月，中国再次陷入了内战。如第三章所述，中国共产党在豫东地区的影响从 1944 年开始扩大。1945 年中日战争结束时，中国共产党已经控制了太康、淮阳、西华、扶沟、尉氏等县的大片地区。国民党军队通常会控制城镇，而共产党军队则控制周围的农村。[18] 联总的资料显示，截至 1946 年，中共声称其已拥有约 576,000 英亩的土地——约占河南黄泛区的三分之一——以及居住在这片土地上的 75 万至 100 万人口。这一地区占地约 30 平方英里，包括了大部分被柳树和芦苇覆盖的地区，以及不久前被洪水淹没过但现在已经可以耕种的大量土地。[19] 此时，共产党尚未对他们声称拥有的地区施加特别严格的控制。中国共产党的领土"由一个没有固定总部的政府控制，其总部经常从一个村庄转移到另一个村庄，甚至从一座城市转移到另一座城市，而他们也根本不在乎这座城市规模的大小"。这里与共产党控制的其他地区之间只能依靠有限的无线电和通讯员保持通讯。[20] 事实上，河南的大部分洪泛区没有进行重建。人口稀少的地区，既不受共产党控制，也不受国民党控制，而是处于二者的控制线之间，双方都可以进入。[21] 由于许多景观人烟稀少，尚未开垦，军队也没有直接控制这些区域的动机。

对于 1945 年和 1946 年返回泛区的少量难民来说，多年来对土地的疏于照顾造成了他们所认为的巨大的生态衰退。扶沟损失最重，西华、太康紧随其后。[22] 一位目睹过扶沟旧时面貌的人这样描述说，"村庄里的树木，有的被人砍伐，有的被刮去树皮（用于 1942—1943 年饥荒期间的消耗）而枯死，存活的只有一小部分。一眼望去，呈现的是一种凄惨萧条的破败景象。唯一显生机的是乌鸦和喜鹊，它们成群结队，飞上飞下，嘎嘎乱叫。夜晚，有狐狸、獾和草狐（原文如此）等野兽出没"。没有了人和家畜，野生动物的物种便开始繁盛起来。对于这些生物来说，战争及其最初的后果给它们带来的是机会而非毁灭。[23]

无论黄河的主河道流经何处——如尉氏、扶沟、西华和太康——大量的泥沙都会沉积下来。即便是在洪水退去后，这些沉积物仍然掩盖着人们的房屋、建筑物、财产和土地。在尉氏，地面比洪水前高了四米。[24] 田地被埋在下面。低洼地区和黄河进入其他河道之处的沉积物尤为厚实，这阻碍了河水流动，导致了悬浮颗粒的沉淀。例如，在贾鲁河进入颍河的扶沟和西华地区就出现了这样的情况。[25]

　　西华缺少村庄、树木，也几乎没有有关于人类的任何踪迹。据一位曾居住于此的居民回忆，"返乡灾民吃水没有井，休息没有房，耕地无牲畜，种地无种子，买卖无市场，生活极其困难"。[26] 溪流横于阡陌，土地上覆盖着厚厚的沙，风一刮，沙尘暴就来了。这些状况使得交通也变得非常困难。联总的观察员惊讶地发现，西华"除了埋在'两人深'的淤泥中的农场，一些被埋到屋顶的村庄以外，什么都没有"。在雨季，水覆盖了整个地区（的景观）。而在这一年剩下的时间里，地面将会变得湿软而干燥，干燥到可以让人走过去。[27] 老年人和其他无力逃离的人——大约 6,000人——聚集在西华县的县城。加上返回的难民，此时，该县的人口已达到了约 15,000 人。[28] 一些居民将"一车接一车的家具和农具"带到周家口，并在那里出售他们的这些财产，以获得足够的钱养家糊口。还有一些人则卖掉了他们的土地，做起了苦工。[29] 死水潭和随处丢弃的垃圾在西华县的县城内处处皆是。夏天，当炎热的天气到来时，疟疾、伤寒和霍乱便开始盛行。[30] 人们住在 6 英尺①的房间里，"地面上有黏糊糊的绿水。他们的床是用砖砌成的，他们的纺车也是用砖和土堆成的"。[31] 积水覆盖了扶沟县城的大部分区域。[32] 在汛期，人们搬到地势较高的地方，一旦洪水退去，他们就又回到原来的房子里。[33] 以前，在扶沟县城繁华的商业区做生意的商人们此时也都关掉了店铺，沿街只剩下了几个小贩。[34]

　　整个泛区，所有村庄都搬到了堤坝上，民众生活在严重的拥挤之中。"房子是用稻草和泥建造的，地面总是湿的，甚至连埋葬

---

① 原文如此。此处或许指 6 英尺（约 1.8 米）高。——编者注

死者的土地都没有。这里没有任何卫生条件可谈——堤边是一个让人感到十分寒冷的污水池。人们没有足够的衣服，一整座村庄都挤在一座桥上。"[35] 周家口以东的堤防上的"数百个泥草棚（或只是草棚）聚集成了一个狭小的村庄"。棚户区无法形成足以抵御冬季天气的屏障，尤其是在堤顶裸露着的位置。住在避难所的人们或找到了修建堤防、推手推车的工作，或在周家口和堤南的村庄里做小商贩。在地势较高的地方，人们在有小块旱地的地方建造了房子，但这种房子并没有任何支撑物。[36] 但另一方面，至少对一些居民来说，联总-行总提供的食物和其他援助还是部分缓解了他们的严峻需求的。[37]

能量平衡与疾病环境

随着河南对难民安置工作的缓慢开始，难民们开始逐渐返回河南。此时，保证他们的身体健康和预防各类疾病的暴发就变得十分必要了。战争改变了人类与环境之间的关系，而制造疾病的寄生虫正是利用这一新的机会占领了生态位（这个生态位正是由人类的暴力行为及其引发的动荡所开辟的）。这种对生态位的占领，可以使疾病从人类宿主的身体中吸取到额外的能量。借用威廉·麦克尼尔的名言，人类的生命"处在一种脆弱的平衡体系之中，该体系的一端是病菌的微寄生，另一端则是大型天敌的巨寄生"，尤其是人类的军事系统。[38] 就像人体中的微小寄生虫从人体中提取能量一样，军队所提取的能量正是从农村居民那里获得的。这种能量分流进一步减少了原本可以用于农业重建的能量盈余。

战争、食物短缺和恶劣的生活条件严重损害了人类的健康，并削弱了他们的免疫系统。而之后，与国共内战有关的人口运动则加重了这种困难。正如联合国难民署的内部调查所说，"由于大批战争难民逐渐返回泛区拥挤的生活环境之中，加之与国共内战有关的军队大规模流动，使得控制和根除流行病成为所有卫生组织都面临的一个非常棘手的问题。"[39] 联总-行总和河南省卫生厅认为必须要控制疾病的传播，因此，他们在难民返乡的路线上提供了足够多的医疗服务，并重新建立了卫生设施。[40]

难民们为了生存所需的能量而进行迁移，而他们的这种流动无疑将促进传染病的传播。1946 年 10 月的一份报告指出，"流离失所者和政治难民不断涌入"河南造成了疾病的传播。大量的国民党军队因军事形势被调入该省。军队也在传播疾病方面发挥了作用。泛区的卫生条件和生活条件较差，"因此大部分人都患有各种各样的疾病。随着寒冷天气的到来，加之人们因经济上的拮据（或是其他各方面的原因）而无法获得食物，预计营养不良的人口比例将会大大提高"。[41] 流行病对河南主要交通枢纽的威胁尤为严重。行总的一份报告所指出，"郑州是平汉和陇海铁路的交叉点。（抗日）战争胜利后，复员人员成群结队地经过，人口迅速增加，流行病很容易暴发。"[42]

传染病除了在返回的难民中蔓延，也在仍居住于泛区的人群中频繁暴发。虽然大多数居民饮用开水，但有些地区的人还是直接饮用生水（很可能是因为他们缺乏燃料）。结果，由于水受到污染，霍乱、痢疾和伤寒肆虐。糟糕的住房和卫生条件是常态。营养不良普遍存在于那些因洪水和战争导致的不毛之地上。根据联总的报告，在一些地区，正在进行的与国共内战有关的军事行动"（与和平时期相比较）阻碍了土地的耕种，从而导致了人们的营养不良，而且在很多情况下，促进了疾病的传播"。[43] 眼部疾病影响了 30%—40% 的人口，肺部疾病则影响了另外 10%—20% 的人口。[44]

斑疹伤寒和回归热是最大的威胁。但是这些疾病"通过在难民站，特别是在遣返路线上清除进入该省的难民身上的虱子，得到了非常有效的控制。到 1946 年只有不多的斑疹伤寒和复发性发热病例被通报"。[45] 白喉、脑膜炎和回归热也偶尔会出现，但最为常见的还是炎症性眼部感染和皮肤类疾病。早在抗日战争前就已是河南一个严重问题的黑热病（利什曼病），由于医疗设施和药品的缺乏，其情势越发严重。不同形式的黑热病都可以通过雌性沙蝇的叮咬传播，患者在被叮咬后皮肤和黏膜上会出现溃疡，进而对患者的免疫系统构成潜在的致命危害。根据联总-行总的医务人员进行的调查估计，河南有 50 万人感染了黑热病。同时，他们还认为事实上应该有更多的人患上了黑热病，因为有很多病患根本未被报告。[46] 战时的混乱和流动性也加剧了这一问题。日本入侵前，黑热病主要发生在毗邻苏北的河南省最东端。一份行总的出版物说："抗战以来，人口迁移，天灾人祸，使本病西延，波及省境全部。"[47] 在河南泛区，黑热病使 30% 以上的人口饱受折磨。[48]

根据联总-行总于 1946 年春季在扶沟进行的营养调查，"接受调查的人中大部分是儿童，但也有一定数量的成年人，其中有60% 以上被发现营养不良，另有 20%—25% 的人营养状况很差。这种营养不良的证据表现为儿童生长不良，以及维生素的普遍缺乏。婴儿尤其营养不足。"[49] 其他的相关报告称，泛区只有 2.6%的人口有足够的营养，而其他 97.4% 的人口则营养不良。小孩、老人和体弱者都处于饥饿之中。只有参加工赈的壮年男女才能有足够的食物。[50] 1946 年 3 月，信阳暴发天花疫情。这种疾病沿着河南的交通路线传播，并在几周后袭击了郑州。当地政府采取措施控制疫情。联总–行总也向受灾地区运送了天花疫苗和基本的医疗用品。根据联总的内部资料，在郑州暴发疫情期间，该市的难民营"是感染的重点。隔离是避免传播的关键。当该病获得有效控制之后，该病的发病率迅速下降"。1946 年 6 月，郑州和开封发生了霍乱疫情，并逐渐蔓延到其他 5 个城市。联总率先实施了"严格的公共卫生措施，以应对疾病的快速传播"，并"呼吁地方和军事当局在制定公共卫生措施方面进行合作，以切断疾病的进一步传播"。[51]

1946 年夏末，疟疾在河南黄泛区及邻近地区流行，染病人数超过 1 万人。[52] 扶沟县的疟疾发病率在县城人口中达到 50%，在

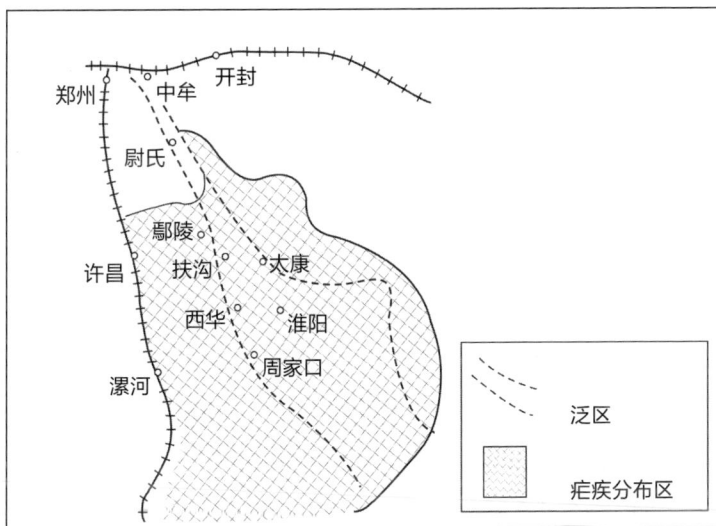

1946—1947 年河南省疟疾分布情况

村庄中甚至更高。[53] 环境基础设施的崩溃和由此导致的洪水使人们更容易受到感染。正如联总的报告所指出的那样，"在泛区，遍布整个地区的沼泽为蚊子提供了繁殖场所，而蚊子一直是该地区疟疾发病的主要原因之一"。由于蚊子的繁殖非常广泛，当局很难对疟疾进行有效控制。在国共内战中，为了对抗共产党的军队，国民党军队被调遣至河南，这与难民活动一道，促进了疾病的传播。"恶性疟疾"的流行源于"大批难民的涌入。大量云南军队的入驻同样发挥了作用，这种疟疾在云南省普遍存在"。[54] 联总-行总的人员和其他医疗单位调查了疫情，并向该地区的机构分发了抗疟疾药物。[55] 尽管当局已经在努力遏制这些疾病，但疟疾和其他传染病仍然对人类的健康构成着严重威胁。

黄泛区的土壤条件

自 1938 年改道以来，黄河在豫东地区沉积了大量的泥沙，这彻底改变了这里的景观面貌。水流侵蚀把曾经是高地的地方变成了低地；泥沙淤积使原来的低洼地区变成了高地。与此同时，黄河的沉积物填满了贾鲁河、沙河等水道。由于该地区地形并不平坦，淤泥又阻塞了其排水系统，所以每当下大雨时这里就会发生洪水。[56] 在一些地方，沉积物使陆地上升了 1—5 米，因此受洪水影响的区域便随着水从高处向低处移动而不断扩大。在尉氏和西华县 96.5 千米长、16—40 千米宽的区域里，淤积达到的最大深度平均约为 3 米。[57]

1945 年后黄泛区的土壤结构在很大程度上是人为（由战争导致的洪水和沉积模式）造成的。战后的调查人员说沉积物的组成"极其复杂"。某些类型的沉积物对农业有害，另外一些类型的沉积物则对农业有益，这取决于特定地区的具体条件及其与河流主河道的距离。例如，在花园口的决口附近，沉积物由砾石组成；而在一些较远的地区，沉积物则由更细的沙子组成。沉积物的厚度也各不相同，河南泛区比安徽和江苏泛区更厚。花园口溃口的水流一减缓，最粗糙的物质（如砂石和砾石）就沉积了下来。1947 年一份关于泛区情况的报告指出，粗糙和质量低劣的沉积物有时会使以前肥沃的土地无法恢复农业生产。但是，因沉积而导致土壤质量恶化的地区仍然只是少数。

> 在大多数地方，由于泥沙沉积，土壤的生产力并没有下降。在某些地方，由于粉沙土和黏土已经堆积成层，只要稍加耕作，此地土壤的物理性质就一定会特别适合农作物的生产。同时，在一些地区，由于黄河上游带来的这种新的泥沙堆积，村民们说，即使不使用化肥种植农作物，也不会导致农作物减产。因此，除了很少的一部分案例之外，大多数因泥沙积累所造成的状况其实并没有大多数人想象的那么差。

多年的泥沙积累使表层土壤坚硬而牢固，因此就需要通过对土地进行耕作和疏松，"来利用其肥力，以获得最高之作物产量"。然而，由于缺乏役畜，耕地"成了一个大问题"。[58]

黄河的沉积物完全由沙土组成，一旦在冬季和早春旱季被风侵蚀，就会形成沙漠，这也正是一些时事评论家所担心的。但中国土壤专家对这种观点进行了驳斥："盖泛区中之沉积物种类不一，不仅一种沙土而已也。而沙土之风蚀，亦不若想象之严重，且沙土之分布于泛区中者，面积亦不甚大。"[59] "沙化"的威胁——沙土沉积易受风蚀，往往会被风吹动并形成沙丘——在河南黄泛区确实存在，但这也并不是新出现的问题。用一位参与农业恢复的联总官员的话来说："洪水退去后出现的土地与河南的平原完全一样。它们有相同的起源，并以相同的方式沉积。这儿并不像他们所说的是'一片全新的、不同的、原始的、危险的土地，一个潜在的尘暴区和沙漠'。"[60] 沉积作用其实对土壤质量并没有什么影响。大部分景观都很适合耕种。实际上，在一些地方，新的沉积物甚至缓解了以前存在的问题，"例如原本排水不良、盐分过多和黏土过厚的土地"现在被覆盖上了几英尺厚的沃土。[61] 联总的报告称，尉氏和西华之间的大片土地"可能比黄河发生洪水前更加具有生产潜力了"。周家口附近的沙河以北的沉积物也有利于小麦生产。[62] 总体而言，河南黄泛区土壤变化较大，新沉积的类型也多种多样。根据战后调查，沉积类型"一种是淤泥之地，最为膏腴肥沃，最宜耕稼，而面积也最广，这情形有如非洲尼罗河一样，是洪水唯一的恩赐。一种是沙地，大多分布于河床干涸之处及其附近地带，此种沙地不宜种植，并会给泛区带来一些非常严重的问题。因为这些沙地是会逐渐扩大的，所以应当造林，以阻止其面积延展扩大……还有一种便是碱土，碱土也是不宜种植的"。当地居民解释说，在水流湍急的地方，一些土地变成了沙地，而在水流缓慢的地方则不会。水流经过而又回流之处则基本是碱土。[63]

沉积物的成分取决于黄河水的深度、流速、物理地形和与河床的距离。总的来说，沙质土壤沉积在河流主河道附近，此处河水的快速流动清除了细小的物质，留下了沙粒。一些粗沙在深层土壤中发生了分层现象。但河南黄泛区的大部分土壤质地较为均

黄河

花园口

开封

陇海铁路

郑州　中牟

尉氏

平汉铁路

鄢陵　扶沟　太康

鹿邑

淮阳

周家口

新沉积
以砂质和粉质壤土为主的沉积
以黏质和粉质壤土为主的沉积
含盐渍土的钙质冲积土
以黏土和壤土为主的土地
砂姜土

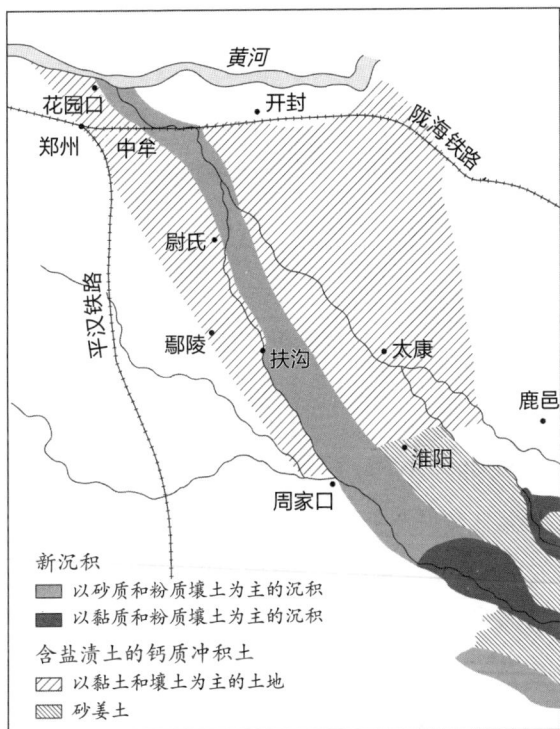

1947 年河南黄泛区土壤分布图

匀，从细沙壤土到极细沙壤土在这里都有分布，所以，这里的很多地区并没有形成沙丘。上游的沙子往往更粗糙，在那里快速流动的水使更大的悬浮颗粒沉积下来。沙子在下游变得更细，在那里，流速较慢的水使得更小的颗粒得以沉积下来。大片粗沙出现在贾鲁河等大型河道附近的黄泛区上游。远离主河道的地区往往有黏土。会随风移动并产生沙尘暴的粗沙主要存在于洪水源头的花园口附近或弯曲河道的拐弯处。最大的沙地则位于花园口和中牟之间相对狭窄的区域。[64] 在这些地区，"土地确实很贫瘠，农民要和被风吹动的沙子做斗争"。[65] 塔德回忆说，花园口决口附近的沙尘暴有时会变得非常严重，工人们不得不"躲在为护堤而运来的高粱秸秆堆后面"。[66] 中牟四分之三的土地"由于被流沙覆盖而荒废。有些植物将永远无法培育，但如果付出艰苦的努力，很多植物还是可以被种植的"。中牟的耕地质量总体参差不齐。有些地方很容易种植作物，但有些土地则是由沉重而黏稠的黏土组成的，不容易耕种。一些树根深深扎入了无人看管的土地深处，而这也将会使耕种变得困难。[67]

土壤有流失性，但随着豫东地势的升高，水土流失其实并没有造成太过严重的问题。正如联总的土壤复垦专家切皮尔（W. S. Chepil）所解释的那样，考虑到肥沃土壤的沉积深度，由于侵蚀所造成的表层土壤的消失其实是不会损害肥力的。但同时，他也指出："如果不采取控制措施，风蚀就将会变得非常严重，尤其是在沙质土壤上。风蚀造成的最严重的破坏是风沙的切割作用所带来的对种植作物的破坏。"[68] 在小麦和其他作物收获后，几乎没有任何植被留在干涸的河床上，风对细沙的侵蚀"对附近良田构成了严重威胁"。这些土地的农业生产力很低，有时甚至无法耕种。干旱时易受风蚀的河床沙土是最严重的问题，而河床沙土在其他地区也造成了类似的问题。[69]

能源短缺使得人们加快了移除植被覆盖物的速度，这使得侵蚀问题变得更加严重。切皮尔认为："人口对农业用地造成的巨大压力才是想要永久控制沙地的最大障碍。长出的每一小块植物都被用作了食物或燃料，因此，除了消化之后的排放以外，很少再有有机物返回土地。在这种情况下，土地被剥蚀，除非受到某种保护，否则土壤很容易随风飘移。"[70] 由于所有植物材料都为燃料和住房所需，"这些材料，包括树根，都被从地面上清走。在这种情况下，维持高含量的土壤有机质，以及使用剩余植被来防风几乎是不可能的"。[71] 中国的土壤专家与外国的同行们意见一致，他们也建议道："沙丘固定之道，首在严禁草木之采伐，次在造林之推行。"[72] 切皮尔和其他土壤专家呼吁广泛植树，以创造防风林，进而保护土壤、防止侵蚀。"在土壤含沙量高，毗邻漫流河道（这种河道会带来快速流动的洪水）的地区"，植树尤为重要。[73] 切皮尔喜欢种植柳树，因为洪水不会毁坏柳树，但同时，他也推荐具有防风固沙价值的其他树木。[74] 他观察到，这套风蚀控制系统已经经过河南"数辈"农民的实践了，因此该系统"绝对已经超出了试验阶段"。[75]

切皮尔说，泛区的土地往往水分过多，无法种植夏季作物。高粱在潮湿的土壤中生长得很好，但大豆和棉花却生长得很差。由于农民们在旱季退水时种植冬小麦，因此冬小麦的生长几乎也没有遇到什么困难。[76] 土壤及深层土层皆富含孔隙，因此排水也并不是一个棘手的问题。旧河道也有利于排水。"整个地区虽然非常平坦，但地势略倾斜，几乎没有大面积的洼地。由于土壤孔隙率高，故而亦无须进行瓦管排水。"[77] 然而，在夏季暴雨期间，排水问题将会变得"特别严重"。[78]

水退后，风蚀有加剧的危险。如中国土壤专家所指出的那样，在河南等旱作地区，"在黄水既经排去后，水源缺乏，灌溉问题又将发生。河南境内之沉积均较轻松，水易漏去，如遇干燥，即将引起风蚀，且足符旱农耕作之充足水分供给，亦将成本区之重要问题。故在复耕区域，利用此次造成之黄河道，为灌溉渠道，亦不失良政策也。以及凿井等法解决之"。[79]

河南泛区有一大片盐碱地，面积约 1200 英亩，位于扶沟西南 3.2 千米处。这个毗邻扶沟的高地地区，仅仅只是被洪水的回水淹没了，所以该地并没有发生泥沙沉积。地下水有 1—3 英尺深。双洎河的渗漏使得盐分更难滤出。农民们用"土壤和地下水来提取食盐，据报道，此类食盐质量低劣"。如果要降低地下水位和清除多余的盐分，就需要进行深层排水。土壤对水具有相当的渗透性，因此如果地下水位降低 4 英尺或更多，雨水就将会滤出盐分。[80] 在春季干旱时节，中牟、尉氏、西华等地的部分沙土中还出现了另外一些盐碱地。虽然只存在于有限的地区，但盐碱化摧毁了幼芽，阻碍了作物的生长，从而减少了受影响土地上高粱、小米和豆类的收成。[81]

联总的研究人员在 1947 年的一篇文章中警告说，缺乏有机质是"该地区生产优质作物的限制因素之一。在农民恢复正常使用堆肥之前，大部分土地上草的生长都将是有益的"。种植豆类作物有助于增加第二年小麦产量。[82] 切皮尔对土壤恢复肥力的能力持乐观态度。沉积物的组成物基本上与战争前的土壤组成物类型相同，但新的沉积物缺乏"原始（原来）土壤所含的少量有机物"。从目前状况来看，沉积土地上的作物产量并不高。但是切皮尔并不认为低生产率会持续很长时间。[83] 尽管沉积物严重缺乏氮，但恢复肥力仍是有可能的。同样，切皮尔认为缺氮只是一种暂时的情况。

　　如果情况与世界上其他一些半湿润地区的情况类似，那么即使没有添加肥料或豆科作物，表层土壤中的氮应该也会逐渐增加。这种增长是细菌活动的结果，氮从土壤空气中转移，固定在死去的细菌体内，然后被所种植的作物吸收。农作物的密集生长使得数千年来都生长于此的每一片有机物都被清除了，同时，这也使华北地区的土壤生产力变得很高。在整个历史进程中，该地区没有从外部地区引进过氮肥，但洪水冲走的氮肥量肯定是巨大的。本地区很少种植豆科作物（该作物可以通过其共生的根瘤菌固定氮），但是从已经种植和正在种植的良好作物来看，土壤中的氮含量一定保持着比较高的比例。这些条件表明，这个区域非共生固定的氮含量肯定是非常高的。

然而，切皮尔认为，氮肥对土地排水后最初种植的几种作物来说非常重要。这一初始阶段过后，氮肥可能就不需要了。[84]事实上，施用进口合成肥料在一定程度上弥补了有机质的缺乏。1946年至1947年，联总－行总向河南泛区发放硝酸铵、磷酸铵化肥共计1,850吨，施用面积20,730多公顷。[85]就当地农民而言，他们预计，"需要10到20年的良好耕作和添加腐殖质，才能使这片沙质土地的产量达到优质水平"。[86]重塑土壤肥力需要持续的人力和投资。

农业生产的障碍

不管土壤质量如何，有机能源的不足都阻碍了所有恢复耕作的努力。首先，种子极度短缺。当农作物因洪水或干旱而歉收时，居民们就把种子储备作为食物。[87]由于没有种子，农民只能种植少量的土地。河南的大型商业中心有小麦种子，但大多数人无力购买或借贷[88]。联总的调查人员声称，1946年河南泛区需要近4,600

吨种子用于目前正在耕种的土地。[89] 为了帮助恢复生产，联总和行总从中国其他地方购买种子，借贷给农民。[90] 1946 年秋，行总河南分署开始了第一轮种子分发，他们向扶沟、西华、淮阳等地的 20,200 多户家庭提供了近 473,250 公斤的小麦种子。[91]

　　战争引发的洪水和饥荒也导致了畜力的严重损失。据估计，洪水导致 22 万头牲畜死亡，在 1942 年至 1943 年的饥荒中，成千上万的牲畜被灾民杀掉或卖掉。[92] 到抗日战争结束时，拥有 100 户人家的村子里只有不到 10 头役畜，所以耕作主要依靠人力。[93] 在河南泛区，"灾后养牛和其他牲畜的村民要么把牛卖了换成人吃的，要么因为无法为它们获得饲料，也就只能把它们卖了"。河南泛区的牲畜整体损失达到了 50%—60%，在一些地方甚至达到了 90% 左右。[94] 在扶沟，每三四个家庭才拥有一只牲畜，这个数量仅仅达到农业生产所需数量的一半。[95] 在河南各地，牲畜的短缺是"春耕的最大障碍"。[96] 整个河南"动物数量大幅度减少"，一些地区的动物数量减少了 80% 或更多。[97] 根据联总的一项调查，河南省在抗日战争之前约有 327.3 万头牲畜，这个数量本身就是不敷使用的。而到了 1945 年以后，河南省的牲畜总数则下降到了 212.6 万头，减少了近 114.7 万头。由于战后没有牲畜，工人们每天只能依靠人力为花园口堵口工程运送 300 吨高粱秸秆和柳枝。[98] 行总人员指出："农民耕种之原动力，牲畜既极感缺乏，则归耕农民无力耕耘，致大好田园，多成荒芜！影响粮食生产至巨。"[99] 牲畜"价格昂贵"，普通农民根本无力负担。由于人们养不起它们，所以许多牲畜被赶到了省外。有牲畜的农民常常把它们卖掉，以此换来购买谷物和缴纳税款的钱。在河南部分地区，牛瘟疫情进一步加剧了牛的短缺。[100]

农民很少能用惯常的方法来耕种土地。在更多的情况下，他们用锄头或镰刀来整地，并用齿耙播种。[101] 1946 年，在种植冬小麦的地区，播种的"方法是用耧（一般是五个人拉，一个人扶着播种机）"。泛区的土地"基本上是光秃秃的"，一小部分干旱到足以种植的土地已经被播种上了冬小麦，人们"预计在明年夏季洪水来临之前会有收成"。大多数人住在邻近的高地上，他们只是到地里去耕地和收割。洪水经常淹没庄稼，使人们失去粮食储备。[102] 战时洪水冲走了灌溉渠道，沉积物掩盖了水井，这些状况对该地区的灌溉和饮用水供应造成了威胁。[103] 在牲畜几乎不存在的情况下，人类肌肉力量是所有农活的能量来源。[104] 在土地露出水面而尚未干燥之时，当地民众试图在泥泞的土壤中拖动播种工具播种。"人力牵引"很普遍，"因为动物短缺——役畜储备几乎没有——所以人力必须替代农业牲畜的功能。"[105]

整个地区还存在着农具短缺的问题。每个村庄拥有的犁和耙通常不足五六台。平均每家连一把锄头都没有。大多数人只能使用小铁铲。[106] 扶沟的农具严重不足，全县只有不足八十把犁可以耕地，每五个人只有一把锄头。只有一半的农民有犁和耙子来给他们的牲畜使用。[107] 联总的报告建议，"许多地区急需动物和工具，但人们宁愿忍受这些东西的缺乏，也不愿缺衣少粮、没有种子。除非提供足够多的动物，否则犁是不需要的，因为其需要的牵引力太大，无法靠人力拉动。的确有一些耕作用的犁是人力拖拉的，但在大多数情况下，如果没有动物，土地就将在缺乏前期耕作的条件下直接播种。在这种情况下，预期收益率会很低"。[108] 牲畜和工具的缺乏以及人类劳动力的严重缺乏，使得集约耕作不可能实行。[109]

为了缓解短缺，联总的农业专家安排人们从邻近地区购买牲畜，并提供大量的农业工具。为了避免支付高昂的牲畜价格，联总－行总前去买牛的人不得不艰难地讨价还价。耕牛储备中心由行总指定的主管负责，他们把牛借给农民，农民使用完后再把牛送回中心，由中心进行照料和喂养。不幸的是，联总进口的许多农具不符合当地标准，必须重新加工。因此，在农村建立铁匠铺，并为他们提供可以用来制作工具的材料，被证明是更为有益的。尽管联总－行总的努力帮助农民恢复了部分土地的耕种，但收益来得很慢。在 1946 年年底前恢复耕作的河南泛区，农业生产水平仍然远远低于其潜在水平。[110] 农田一直种植到河边，但作物产量极低。[111]

燃料和木材短缺

开采泛区野生植被中储存的生物能量是居民获得（他们所急需的）收入的重要途径。由于没有役畜和农具，而且几乎没有现金储备，居民们不得不"把柴火运到开封，以购买食物，并储备一些资本来恢复他们的土地"。那些开始重新耕种土地的农民不得不"接受现状，去清除地里长满了的膝盖深的芦苇和猫尾巴草，并尝试在不耕地的情况下进行播种"。[112] 另一份报告描述道："大多数人其实并没有耕种的能力，因为他们缺乏工具和畜力，所以只能靠捕鱼和割草维生……因为每个人都在割草，所以河岸沙堤上的草几乎都被割掉并且收集起来了。放眼望去，光秃秃的沙漠里点缀着几间草棚，里面住着三到五个人。"[113]

联总的工作人员报告说，在河南泛区，"这片土地上的草和稻草一长出来，男人、女人和孩子们就将其一刀一刀地收割，捆成一捆，然后用手推车推着走 20 到 30 英里，运到区外更大的集镇去卖。"[114] 1946 年，回到扶沟的难民们清除了芦苇、柳树和其他杂草。一些扶沟居民还在鄢陵、许昌、淮阳、太康等地出售作为燃料的柳枝和草。[115] "庄稼生长的时候"，还有一些人在扶沟和开封砍柳树、割草来售卖，"在那里，他们赚回来的钱足够养活他们自己（难民）"。[116] 一些人从沉积物下挖出旧木材和树木，把它们卖到扶沟县城，以获取购买食物的钱。[117] 西华居民把修堤不需要的柳枝晒干作为燃料出售，或者拆毁房屋、变卖家具，以此换来种子。[118]

这些能源有相当大的市场。由于河南煤炭短缺，该省的"树木和灌木丛被迅速砍伐用作燃料，甚至连铁道机车都烧上了木头"。[119] 1944—1945 年日本人占领扶沟县城，日本人和伪军为获取木材拆毁了一座孔庙，而当地人则洗劫并出售了庙中生长的柏树。[120] 1945 年以后，人们砍伐了所有能找到的小树木和灌木来满足燃料需求。从附近其他村庄蜂拥到中牟干燥地区的洪水难民收集稻草和灌木出售。大多数孩子都将他们的时间用于"收集那些可以作为燃料的稻草和树枝"。[121] 在整个泛区，售卖燃料具有类似的重要性。联总的一名代表说："当前他们不是在耕种自己的土地，而是从覆盖他们土地的柳树上收集树枝，再用手推车运到 30 英里外的开封。一次完整的行程大约需要一个星期。每天都有 10 到 15 个人从此地出发。"燃料一斤在农村卖 20 元，在开封卖 100 元。在这样的市场价格下，燃料收集每周可以为他们带来大约 14 万元的收入。收集燃料的收入使居民有资本购买农具、种子、牲畜和其他必需品。[122] 通过销售燃料，人们得以买来高粱和甘薯当作食物。[123] 救济机构向返回的难民及其家属分发粮食是至关重要的，正如联总的工作人员所说："这样，正值壮年的人就可以集中精力从事恢复耕种的工作。否则，如果壮年的人每天都要砍柴来换取粮食以养家糊口，那么，他们又怎么能有精力和体力去全力复耕呢？"[124]

建筑材料普遍短缺，几乎没有砖或木材可用。回乡难民"无以为生，多掘淤泥下的砖瓦木料，载到许昌出售。需要建筑材料的，就再从许昌买回。"救济人员对如何结束这种"矛盾现象"感到困惑。[125]"数以百计"的居民都在深挖沉淀物以掘出屋顶的木材。在河南泛区南部，人们把木材带到周家口，然后再带到漯河，那里的商人以每斤 60 元的价格购买。在泛区北部，木材经常被用作燃料。独轮车车队运送了数万块的屋顶瓦和烧砖。"被淤泥掩埋的树木正在被挖掘和切割，以用作燃料或棺材。"统计下来，据联总的报告估计"每天至少有 1000 吨建筑材料被运出"。而当人们为了谋生而运出建筑材料时，救援机构运入的建筑材料就显得毫无意义了。[126]

走向复苏

由于河南省开垦荒地"限于人力财力"，联总-行总为此付出了巨大的努力。[127] 在联总设立拖拉机项目以协助土地复垦的少数地区，来自矿物燃料的能量得以复苏。1946 年 5 月，在国民党中央和河南省政府的捐赠之下，联总开始进口可以在泛区犁地的拖拉机，以使泛区恢复农业生产。行总河南分署在樊家开了一个拖拉机站，此地处于尉氏的柳树和杂草丛生之地。随后行总又在扶沟以南开了一个拖拉机站，此地紧挨着一片仍然洪水泛滥的地区。

　　土地在种植之前必须清理干净，但是人力又明显不足。在必要的人力出现之前，拖拉机被引进来完成这项任务。1946 年，首批 57 台拖拉机运抵河南泛区，到 1947 年 2 月，这里已有 3 组拖拉机车队，150 多台拖拉机。起初居民很少，但在这个拖拉机项目开始后，人们陆续返回。相关单位鼓励返回的村民们清理树桩，这样拖拉机就可以毫无阻碍地工作了。联总总计向泛区运送了 264 辆拖拉机，其中约 200 辆参加了复垦活动。拖拉机每天能犁 4 公顷地，这节省了大量的人力。到 1947 年初，拖拉机已经帮助泛区开垦了几千公顷的土地，而之后，这个数字将会变得更高。[128]

　　然而，拖拉机队只在受淹地区的一小部分土地上进行了作业。由于既缺乏燃油又缺少合格的维修人员，它们的效率被降低了。由于没有足够的运输能力，拖拉机常常不能获得足够的柴油，这就使得拖拉机不能满负荷运转。[129] 因此，土地复垦在很大程度上还是依赖于畜力。1946 年 10 月，行总河南分署在扶沟设立"耕牛站"，并购买了耕牛 83 头。1947 年 3 月，在这些牲畜耕地超过 1,030 公顷后，联总将其以原价卖给了当地农民。此外，河南分署还利用救济项目，帮助从事土地初期复垦工作的人员。这些项目雇用了西华和其他地方的返乡难民，开垦了超过 2,570 公顷土地，而据报道，在西华、尉氏、扶沟、中牟和淮阳，行总提供的物资援助帮助这些地区开垦了超过 66,660 公顷的土地。[130]

　　然而，即使有联总－行总提供的能量补贴，难民也只是逐渐地流回泛区，土地复垦工作进展缓慢。例如，在 1946 年春，中牟四分之一的土地——主要是"富人"的财产——恢复了耕种。洪水发生时，地主们搬到几千米以外的地方居住。他们在前一年第一次回来，带着牲畜和农具耕种土地。幸运的人们可以在洪水回来之前收割庄稼，然后再被迫离开。其余的中牟人则住在村子里。有些人有工具和牲畜，其他的人则只能向他们借用。所有的农民都必须赶在洪水吞噬庄稼之前把庄稼收上来。[131] 1946 年 6 月，有报道说："目前整个地区的人力供应不足，农户们的所有家庭成员都在田里和打谷场中长时间地工作。"[132]

尽管有这些障碍，农业景观的重建还是在逐渐开始进行。在泛区的一些地方，甚至在抗日战争结束之前就已经开始了重建工作。1944 年后，随着中国共产党在河南泛区逐渐成为一支有影响力的力量，中共的干部们开始致力于通过救济、互助和土地复垦计划来动员当地民众。洪水一退去，中国共产党的"军事工作队"就开始呼吁流离失所的人们回来种田。为了吸引难民返回，中国共产党借给他们种子粮。在吴应铣的评估中，这项种子借贷计划"极大地巩固了"共产党和洪水灾民之间的关系，加强了共产党及其进行集体性防御运动的力量。[133] 吴应铣认为，从 1944 年到 1945 年，中国共产党动员河南泛区的农民使将近 670 公顷的土地恢复了生产。[134] 然而，考虑到它们的规模不大，这些早期的恢复工作其实只对仍处于荒芜状态的大片土地产生了很小的影响。

1945 年末，在共产党控制的扶沟地区，人们修建了一条 50 千米长的堤坝，以保护农田免受洪水侵袭。除了修复 1944 年发生在吕潭的决口，当地共产党领导还动员 3,000 人在尉氏县修建了一条 15 千米长的堤坝，以此将黄河的水限制在一条固定的河道内，此举恢复了 3,330 — 4,000 公顷的土地。到 1945 年秋，居民们已将这一地区 20% 至 30% 的土地开垦出来种植小麦了。[135] 为了进一步促进农业复苏，扶沟地区的共产党政府为居民提供了 5 万公斤的小麦种子，并将每亩小麦的税收减少了 2—3 斤。[136]

1946 年，大批流离失所的人开始返回家园，开垦土地。但并非所有难民都能从这些援助中受益。许多人在扶沟和开封砍伐和售卖柳树，"在那里，他们的赚回的钱足够在庄稼还未成熟之前养活自己（难民）"。1946 年秋，农民们从行总获得了 4 万公斤种子，另外还有当地共产党政府提供的 2 万公斤种子。80%—90% 的土地都种上了小麦，大部分地区的收成都很好。最初，大部分的种植都是靠人力来完成的，但在每一次收获之后，村民们都能购买更多的牲畜。在农民所拥有的牲畜中只有一半配有犁和耙，至于其他没有装备犁和耙的牲畜，农民们也设法从其他地方借来了犁和耙为它们装备。到 1946 年秋，河南洪涝地区 66% 的土地都种上了小麦。柳树和杂草曾经覆盖了该地区大部分的景观。但是居民们清除了所有的柳树，只在新的村庄附近留下一些。[137] 河南受淹地区恢复生产的速度"超出预期"。[138]

大多数居民住在由柳树和草制成的居所里，少数人则居住于用砖、茅草和木材建造的更好的房子里。许多人挖掘旧村庄的遗址，希望从中可以找到重建新家园所需的砖块和屋顶框架。除了木材短缺，"造成房屋重建工作延迟的主要原因是，所有可用的人力都被用于清理土地和将柳枝运到城镇以换取食物上了"。由于最近的丰收，他们预计很快就能重建他们的村庄。[139] 1946 年，洪水退去，土地刚刚足够干燥时，农民们就在泛区种植上了小麦。在扶沟县，"小麦的种植紧挨着一些洪水尚未消退的地方，或者，还有一些小麦则被种植在了高地上"。庄稼的收成仍然很差，"尤其是种植在新沉积的淤泥上的那些"。[140] 到 1946 年底，即使在受灾最严重的扶沟县，大约 70% 的难民也已经返回，90% 的土地已经不在水下。该地区的一部分已经在耕种，但是芦苇和其他野生植物仍然覆盖

河南省扶沟附近泛区的战后景观

黄河洪水和废弃的定居点

着剩余的一大部分。[141] 通向复苏的第一步已经迈出，但仍有许多工作要做。

结　论

抗日战争在河南造成了大规模的生态混乱，耗尽了重建所需的能量盈余。重建饱受战争蹂躏的农业景观和恢复生产力需要大量的人力。然而，由于1945年后仍然存在着很多遭到破坏的地区，在流离失所者恢复对土地的信心之前（他们可以通过土地获取生计），他们并不敢冒险返回泛区。沉积物沉积导致的土壤条件恶化的确没有他们想象的那么糟糕，但是返乡农民没有开垦土地所需的工具、种子或牲畜。燃料和建筑材料亦严重短缺，传染病也开始盛行。行总河南分署的负责人有充分的理由来强调他的担忧，"地方和人民无力承担这项复兴大业"。[142]

人类的生存依赖于广泛的"环境基础设施"的存在，正如克雷克所解释的那样，人类（所有的生活都）"嫁接在当地的自然资源上，并跟随当地的自然资源逐渐成形"。但另一方面，当地环境基础设施也需要人类社区的维护，以及对其持续的"管理和使用"。[143] 如果没有持续的劳动和投资，水利网络、灌溉系统、村庄、农田甚至是生产性土壤都不可能存在。然而，大多数人其实并不愿意或者并不能居住在这种缺乏环境基础设施的景观中。这就是问题所在。如果没有人类角色的存在，重建具有活力的农村社区就没有生态基础。只有国际救援机构和中国政府的外部干预，才能打破这一僵局，为复苏注入动力。联总-行总向河南洪灾地区输送的能量和资源，以及当地共产党当局采取的重建行动，启动了修复人工农业生态系统的艰巨任务。渐渐地，重建工作取得了进展，人口也逐渐回升。正如在下一章可以看到的，联总－行总和农村居民劳动所产生的巨大的能量投入，加快了 1947 年春，黄河回归旧河道后的人口重生和农业生态恢复进程。

第七章

重建与变革

1946 年联合国善后救济总署在中国最大的一项任务就是封堵花园口的决口，使黄河回归至 1938 年前的河道。这一水利工程的壮举包括建造一个大型堆石坝和土坝，以阻止水从决口流出，并使河流回到原来的河床。1946 年 6 月，问题出现了，洪水冲走了堤防修复结构的一部分。幸亏有跨国救援机构提供的能量投入，工人们才得以继续进行改道工程。美国和其他一些国家提供的这些援助被看作一种"幽灵面积"。"幽灵面积"是一种关于土地面积的假设，它被定义为"在给定的技术条件下，供养一个系统内的人口所必需的系统外土地面积"。跨国援助带来了一笔生态上的意外之财。跨国援助是能量流的一个重要来源，而这也是饱受战争蹂躏的河南的生态景观所无法提供的。[1]

　　堵口工作于 1946 年恢复。每天，都有多达 10 万公斤的面粉被送到这里以供这里的 5 万名工人食用，而这些面粉大部分是由联总从美国进口的。工人们用镐、铁锹、锄头、手推车、扁担和柳编篮挖土和疏通临时引水渠道。[2] 大多数劳工是难民，来自工地附近的地区，如郑县、中牟和广武。由于交通困难，泛区内离工地较远的县无法派遣劳动力。[3] 花园口堵口工程共发放了近 6,830

吨面粉，这为工人提供了抗击河流力量所需的能量。[4] 仅仅为了堵口，联总就从俄勒冈州进口了 5,000 多吨面粉、1,000 个松木桩和 800,000 板英尺的木材，此外，他们还进口了 2,300 卷（300 吨）铁丝网和 43 吨钢缆，更不用说来自美国的打桩机、推土机、卡车、驳船和其他重型设备。他们还从印度进口了 2,243,000 个黄麻沙袋，从菲律宾进口了无数绳索。但是，也并非所有的能源输入都来自国外。国民党当局亦为此采购了 50,000 吨柳枝、1,000 吨麻绳、超过 198,140 个木桩、20,000 吨高粱秆和超过 190 个铁锚。大约有 200,000 立方米的石块来自河南省的采石场。由于战乱和洪水，豫东地区的麻类植物产量急剧下降，火车和卡车将 1,000 多吨麻类植物从汉口、山东和河南南部运往花园口工地。[5]

　　尽管有这些跨国补贴，但中国的军事和政治形势还是使得河水回归故道的工作复杂化。到 1946 年时，黄河已成为国共内战中国民党和共产党所控制的土地范围的有效边界。共产党军队控制了河流北侧及其 1938 年前的河床——决口合龙后黄河将返回该河床。中国共产党要求拨出粮食和资金，以安置在干涸河床上建房的 400,000 人，并加固下游堤坝。1945 年 12 月，美国总统杜鲁门（Harry Truman）任命马歇尔将军（George C. Marshall）——前参谋长联席会议主席、第二次世界大战中美国和其盟国"胜利的缔造者"——作为他的特使到中国，让他负责国共两党之间的停火协商。1946 年中期，马歇尔、国民党和共产党就黄河归故问题进行了谈判。然而，就像马歇尔的整个任务一样，这些会谈毫无进展。国民党代表虽然同意了中国共产党的移民安置条款，但对此，却从来没有遵守过。[6]

　　1946 年，黄河河道将要回归的那些地区已经成了国共两党军队新一轮战斗的地点。正如联总的工作人员回忆的那样，这条河再次"具有了战略意义"。[7] 黄河归故将切断共产党军队的补给来源（他们于 1938 年前在黄河河道的北侧和西侧之间建立起了补给线），从而使得局面更有利于国民党。在不到十年的时间里，国民党领导人第二次试图利用这条河及其所产生的能量来推进他们的军事目标，并增强他们日渐衰落的力量。最后，战略因素决定了堵口的时机。国民党军事指挥官从民间的工程师手中接管了堤防修复工作，1947 年 2 月，他们监督了堵口工作的完成。河床居民没有收到关于河流回归的预先通知，这导致了他们的生命和财产损失。大约 500 个村庄被淹没，超过 100,000 人无家可归。这激怒了中国共产党，在它的宣传中，充斥着对国民党和联总的谴责。[8]

尽管存在政治上的争论，堵口工作还是在 1947 年 3 月 15 日顺利完成。该项工程的工作量和消耗的能量都是相当巨大的。参与这项工程的民工们总共花费的工作日超过了 3,000,000 个，完成土方 3,013,900 立方米，修筑护岸 566,060 立方米。[9] 除了联总提供的资源外，大多数材料都是在当地采购的。军事化的水利工程使得泛区本就惨遭破坏的环境以及剩余人口和牲畜的肌肉力量都处于极限状态。农民们常常需要花费几天的时间——用缓慢移动的牛车，经过沙地和破旧的道路——才能把高粱秆和柳枝拖到工地。[10] 一位到过花园口的中国观光者描述道："数万工人在黄沙烈日下，昼夜不停地加紧抢堵，人力与水力形成了一场大规模的决斗。最终，人力操纵了一切，难以克服的黄河，终被人力战胜。"[11]

尽管付出了代价，但封堵这一决口也为河南的农村民众带来了实实在在的利益。黄河归故后，洪水从大部分泛区消退，这加速了农业生态恢复。据联总统计，1946 年和 1947 年，该机构在河南泛区分发了大约 40,000 吨粮食。其中一部分用于支持黄河归故，其余则用于直接的救济项目（喂养中心、流动厨房、分配给家庭的生鲜食品）或用于水利、筑路、填海造地和植树造林的工赈。[12] 联总还向返乡农民提供了 3,400 吨衣物、5,740 吨种子和 900 吨化肥。[13] 返乡难民的劳动，加上联总和行总的能量补贴，在几年内便重建了农业生态系统，并将农业产量恢复到了 1937年前的水平。但战争的后遗症是含混不清的。尽管最明显的破坏被证明是短暂的，但战争却对环境产生了持久的影响。

　　河南泛区的重建与 20 世纪中国最重大的政治变革交织在了一起。急速变化的形势塑造了中国共产党和国民党在国共内战最后阶段的地缘政治格局。中国共产党通过输送能量，来修复被战争破坏的人造景观，它与中共的革命动员重叠在一起，并最终以对政权的夺取而结束。

返回的难民

　　将黄河移回 1938 年以前的河道，可能会导致大量的劳动力涌入，这些劳动力是重建环境基础设施所必需的。堵口后，流离失所者从豫西和陕西返回。返乡人数每天都在增加，到了 1947 年3 月，返乡人数已经增长为一个巨大的数字。[14] 每天有 1,000 人穿过郑州返回家乡。铁路运输的匮乏限制了他们的行动。由于要向延安的中共军事基地进军，国民党“要求为军事行动提供一切可用的铁路运输”。通过铁路运送人员和物资发动战争，阻碍了重建农业景观所需的劳动力流动。许多难民聚集在西安，使得那里产生了严重的交通堵塞。铁路枢纽的延误常常让难民一次就得滞留 6 天。[15]

在返乡的移民和他们的家乡之间横亘着一段艰难而漫长的旅途。由于救援机构设立的接待中心很少，大量难民死于从西安到豫东的途中。那些乘坐牛车或货车前往许昌的人并没有得到任何照顾。到达许昌后，难民们不得不露宿街头。不久，许昌站的站长同意在火车站附近划出一块地，建立一个难民营。离开许昌后，难民们还要徒步前往 56 千米外的泛区。大多数人需要跋涉至少 80 千米才能到达他们的家。联总的工作人员观察到，"这条路线上没有睡觉或进食的预先安排。人们在旅途的最后一程时往往已经筋疲力尽了"。在没有休息营地的情况下，许多老年人在途中死亡。[16] 如果有人从许昌或漯河来到灾区，将会看到"妇人怀中抱了孩子，踯躅于往他们家乡的道上。有箩担或小车收些什物而行的，那便算是景况较好的难民了"。[17] 截至 1947 年 7 月，约 26 万已登记难民和 10 万未登记难民返回河南省泛区，而且数量还在与日俱增。[18]

联总的救援官员说，自 1945 年年底以来，在河南建立一个难民援助组织——该组织设有登记处、难民营、分发中心和接收站来管理难民的流动——的努力"可耻地陷入了困境"。最重要的问题是"对难民的漠视和公然蔑视"。当地居民抱怨说，救济给难民的衣服太好了，而且他们认为，难民们也不会为此而感激。警察和士兵向难民扔石头，把他们赶出"残破的草屋"。在许多情况下，"他们'难看'的房屋，以及为摆脱乞讨，而耗费了巨大努力建立的临时商店都会被人摧毁，而且也得不到任何补偿"。木材和其他材料的高价格使得建造营地变得困难，而获得土地同样困难重重。大多数适合修建难民营的地方也都是军事操场的理想场所，因此这些地方基本都被用作军事操场。[19] 糟糕的供给系统、战时对运输系统的破坏以及军队对铁路的垄断都大大阻碍了救济工作的进行。[20] 为了解决这一问题，行总河南分署发起了救援行动，并修复了超过 325 千米的公路。[21]

1947 年春季，联总—行总开设了数量不多的接待中心，这些中心向返乡难民提供水、食物和其他物资。当难民到达自己的村庄时，联总—行总还为他们分发了额外的用品。[22] 由于难民缺乏货币，许多人将联总—行总分发的地毯、布和其他货物兑换成现金，这导致了救援物资从该地区流失。[23] 联总提供的面粉"比中国村民们食用的食物要好很多。通常，他们的主食连劣质小麦粉都不是，而是更便宜、更粗糙的谷物，比如小米"。所以，大多数村民选择不吃联总的面粉，而是把它卖到城市里，"在那里，这是一种正常的消费物品，而作为回报，他们获得了大量的日常食物（即粗糙的谷物）。这成了惯例"。[24]

那些"空无一人，条件恶劣"的大型寺庙和建筑被修好，以供难民们临时居住。缺乏资源，特别是木材资源的缺乏，导致建造永久性住房的变得希望渺茫。当地居民对燃料的搜集使情况变得更糟。正如联总的工作人员所描述的，"在 90% 的地区甚至没有建筑材料可用于建造临时住所。临时住所所需的草和麦秆已被收集起来作为燃料出售，（所以）根本就找不出建造临时住所所需的 300 斤建筑材料"。由于缺乏生物量，挖洞并覆以草席（以供难民们居住）就成了唯一的替代方案。由于物资严重短缺，救济机构不得不从外地购买麦秆来制作草席。在河南泛区中，只有 10% 的地区有足够的砖来建造永久性住房。"已经在这些地区生活了一段时间的人，此时已积累起了成堆的草和麦秆，他们甚至打算在一年内卖掉它们。"在这些地区，人们可以建造永久性住房。[25] 但在大多数地方，由于缺乏燃料供应，砖和瓦无法生产，因此难民们只能用晒干的坯来建造房屋。[26] 行总的分支机构设立了帐篷村，为流离失所的人提供庇护，但那也无法容纳所有的人。[27]

在这个能源匮乏的环境中，燃料和食物对实现人类的幸福是至关重要的。1947 年春天，大批难民在堵口后返回家乡，对此，联总表达了对燃料短缺的担忧。一名救济官员警告："现在的情况比以往任何时候都要糟糕。必须尽快采取措施解决此问题。我们在这座城市（西华）设有牛奶供应，但由于我们没有燃料，牛奶根本无法存储。如果我们没有燃料供应，我不知道返回的难民将如何得到食物。"除非行总的卡车能够从许昌运送来煤炭以缓解燃料短缺，否则难民的结局将会变得更加可怕，这也正是救援人员所担心的。这件事不能推迟，因为"对许多返回的难民来说，这将是生死攸关的问题"。[28] 在扶沟，寻找燃料来源也面临着挑战。[29] 联总稍后的一份报告描述了"紧缺而急需"的燃料情况：

> 房屋的木材、树木、草和任何可以作为燃料的东西都已经被那些提早返回的人们带出了这个地区。事实上，我们目前的大规模食物供应站正是通过燃烧木制房屋，才得以为人们做饭的。这片土地上的草和稻草一长出来，男人、女人和孩子们就将其一刀一刀地收割，捆成一捆，然后用手推车推着走 20 到 30 英里，运到区外更大的集镇去卖。燃料问题不是一个可以回避或者搁置一旁的无关紧要的问题。

烹饪燃料由联总的食物救助中心用卡车从许昌运来，运输的花费相当高。为了缓解粮食短缺，联总在 1947 年煞费苦心地"确保（该地区）种植大量的可以被用作燃料、粮食、住房材料的高粱作物（这种作物还可以被少量的用作饲料）。然而，这种作物要到 9 月份才能收割。而与此同时，其他可供替代的资源其实也非常紧缺。"[30]

1947 年秋天，联总的视察团访问了泛区的 33 个定居点，并据此描述了农村村庄的重建情况。一些返乡难民居住的村庄已部分被摧毁。人们新建了一些定居点，这些定居点建立在淤泥之上，而在淤泥下覆盖着的，是与这些定居点同名的古村落遗迹。"尽管除了经纬度坐标相同之外，这些新村庄与它们的同名前身并没有什么更多的共同点，但以前的居民还是认为，他们已经回归到了他们以某种方式准确识别了的地点，建造了一个同名的新村庄，重建了他们所说的'我们的土地'。"对外国观察家来说，这种识别废弃村落遗址的能力是"中国人本性中所具有的强烈故土情怀的一种证明——事实上，土壤是由从黄河上游倾泻下来的一层又一层的淤泥组成的，但这似乎并没有改变'他们的家'在那个地方的事实"。他们的判断是不可思议的："当一个村民指着荒地上一个不起眼的地方，宣布'那是我们的井'，或者'那是我们的门'时，恐怕不少持怀疑态度的观察者，都会扬起疑问的眉毛。而当他们看到微笑着的农民们挥舞的铁锹下真的出现了井或门时，他们又都会感到十分惊讶。"

事实上，大多数新恢复的地区都有"极其稀少的"土地。1947 年，由于播种晚和暴雨导致的大豆歉收使得情况变得更糟。高粱种植的推迟使人们失去了建筑材料和燃料。在西华附近，居民们挖砖或翻新那些由于海拔高度而经受住洪水的建筑。大多数返回的难民生活在"四英尺高，五英尺长，完全用稻草建造的原始简陋的小屋里，为了增加生活空间他们往往还会将地面向下挖一英尺深"。[31] 少数人住在帐篷村。据救济人员说，难民们表现出了"合作、勤奋和乐观的极佳精神状态——尽管他们的大豆收成不佳，他们的水供应不稳定，他们需要的燃料必须通过挖掘土地中的草根来获得"。[32]

土地开垦

　　尽管条件如此恶劣，农业复兴还是取得了成果。1946年，河南泛区66%的土地上种植了小麦，另有30%的土地种植了夏季作物。冬季水位下降缓慢，但在1947年3月花园口的决口被封堵后，水位开始迅速下降。茂密的草、香蒲和柳树生长在初冬干燥的土地上。逐渐干燥的土地都被浅草覆盖着，而堵口后出现的土地却几乎没有植被。4月份，一些农民种植了高粱。大部分的农民在5月份种植了豆类、棉花、谷子、玉米和麻类作物。农民只能依靠体力劳动，这通常会使他们无法打理好他们的土地以供种植。因为绿豆、高粱和小米其实都是要用播种工具种植的。黑豆的播种方法是每1—1.5平方米挖一个洞，在每个洞里种上几颗豆子。另一种方法是每隔1.5米犁一次犁沟，沿犁沟每隔一段距离种一次豆子。这种方法在干燥的土地上很容易操作，因此，在1938—1947年间，农民们用这种方法在河道的大部分河床上种植了作物。一旦一个地方的草长到了30—50厘米高，农民们便可以使用这些方法来进行种植农作物。种植作物的成功与否则取决于"是否有足够的劳动力和手工工具来耕作两行（作物）之间的土

流离失所的人回到了河南泛区

地以消除杂草"。因此，在香蒲丛生的地区（那种地区将使耕作无法进行），这种耕作方法是无效的，而耕作是农业活动中必不可少的环节。[33] 尽管此时黄河已经回归到 1938 年以前的河道，但较小水道沿线的堤坝仍然需要重建和加强。为了应对夏季可能到来的洪水，堤防维修不得不在初春开始进行。[34]

多元的能量来源为复兴提供了动力。尽管规模有限，但联总还是将化石燃料能源体制的要素引入了河南的农业部门。联总建立在扶沟练寺的拖拉机队在杂草丛生、香蒲丛生的土地上作业。然而，役畜和它们的肌肉力量有着更为重要的作用。根据联总的报告，"一些返回的难民还有一些粮食库存，另一些（没有粮食的）人则会购买这些粮食库存并承诺将会在粮食收获后付款。这些交易的价格是由粮食本身决定的，而为了立即购买这些粮食，购买者常常必须支付双倍的价格。此外，来自泛区以外的先进地区的农民带来了牲畜，他们甚至还作为佃户耕种了受淹地区的土地"。据报道，其中一名农民在沙河以南拥有 1.3 公顷土地，他带着一个工作队来到西华，接着他带着他们（以佃农的身份），耕种了 6.6 公顷土地。[35]

新返回的难民主要居住在种植夏季作物的土地上。他们努力把贫瘠的土地改造成一个能够养活他们的农业环境，但能量短缺危及了这场农业复兴。"他们靠简陋的小屋勉强度日，大多数人甚至只能居住于简陋的棚屋。他们在工具和牲畜不足的情况下长期从事着繁重的农作物种植工作，他们迫切需要食物和援助。这种情况一直持续到 11 月。"一些人没有搬回他们的村庄，而是住在了高地上或是像扶沟县城这样的城镇里，因此，他们每天都要到周围的农村去耕种他们的土地。由于洪水泛滥，海拔较高的村庄里的居民数量是原来的许多倍。[36] 由于地主尚未返回与佃户达成协议，其他地区仍未开垦。缺乏植被覆盖使沙地易受沙尘暴的影响。一些不久前尚是黄河河床的土地"并没有被种植，因为那里的淤泥仍然处在足以被吹走的沙质程度"。这些地方的农作物歉收"是由于物理侵蚀切断了幼苗，而不是由于（土壤过于沙质而导致的）缺乏水分"。然而，当野草生长阻止风蚀之后，这些地区的大部分土地就又都可以被种植了。起初，未开垦的土地几乎没有人烟，但到 1947 年 5 月，难民们便开始复归垦荒。[37]

在很短的时间内，人类的劳动和投资重建了河南泛区的农业生态系统。1947 年初对西华、扶沟、周家口、太康等地进行的航拍调查显示，随着农作物在新开垦的土地上生长，土地上出现了"一片片绿色"。当时，70% 的河南泛区已被耕种。[38] 到 1947 年

联总-行总为返乡难民设置的帐篷村

5 月底——还剩下三四周的种植时间——未开垦的土地只占 4%。
联总的调查指出："杂草丛生、香蒲生长旺盛、耕作繁重的地区
在这片土地中所占的比例最大。"这些土地在去年秋天已经干涸，
但由于无法进入，所以此地并没有种植小麦。在冬天和春天，杂
草则覆盖了这里的土地。于是，这些地区的垦荒工作被一直拖延
到了最后，"而像干涸的河床这样容易耕种的土地则几乎都是在
夏天就进行了种植的"。[39] 1947 年 6 月初，即使是在扶沟和西华
的靠近河道的地区——那个地区的土地"含沙量高于平均水平而
且人口稀少"——也有约 40% 的土地被用来种植农作物。预计到
第二年，90% 的土地将"在不需要任何人帮助的情况下"被重
新种植。[40] 1947 年夏末，整个泛区 80% 的土地恢复了耕种。[41]

　　拖拉机队帮助人们开垦尚未开垦的土地。预计拖拉机队能
在秋天前使这片荒地恢复生产。仍处在水下的土地面积已不超过

拖拉机队正在清理耕地

819 公顷。[42] 1947 年春天返回的农民"都贫困不堪，耕种乏力"。[43]
因此，在一份由中国人撰写的报告中认为，农业机械比人力劳动
更有效率。拖拉机还可以根据需要深耕或浅耕，且覆土均匀。通
过清除草根，机械化耕作将增加单位作物的产量。而且，它们"在
必要时更能日夜工作，这是人力畜力所不能办到的"。[44]

　　运输设施不足以及军方对这些可用设施的垄断，限制了拖拉机
的效能。1947 年 3 月，联总的工作人员抱怨说，"行总方面严重缺乏
运输工具，这大大延误了机器和用品的运送"。为农业机械提供燃料
总是一件令人头痛的事："你知道，还是老样子。没有汽油。"[45] 尽
管如此，拖拉机队还是在相当大的一部分土地上进行了耕作和播种，
不然这些土地将仍处于休耕状态。1947 年的春天，当耕种开始时，
河南泛区的两个基地只有 40—50 台拖拉机。到 1947 年 5 月，这里

已经有了 200 多台拖拉机，在西华和扶沟未开垦的地区还建立了 4 个新基地，但这些基地并没有全部投入使用。[46] 联总预测，"最迟在 10 月底前"，河南现有的拖拉机就能够"处理完所有尚未开垦的土地"。[47] 到 1947 年底，拖拉机已经在他们的基地附近开垦了大部分土地。在贾鲁河以东位于太康和淮阳的土地上，仍然生长着柳树、芦苇和杂草。由于排水不畅，整个西华县城和扶沟县城以北的一块土地仍被洪水淹没着。[48] 在河南泛区，共有 260 多台拖拉机被用于耕地，播种面积超过 113,310 公顷，这大大加快了灾后复兴。[49]

然而，大多数农民坚持过去的做法，利用自己的肌肉力量开垦土地。除了向开辟耕地的农民提供物质奖励外，联总-行总还支持将"人力复垦"作为工赈，此举使农民开垦了近 26,670 公顷土地。联总-行总帮助农民总共开垦了 107,885 公顷耕地，占河南泛区弃耕土地的 24% 以上。[50] 即使救济机构做出了重大贡献，人力（这些人力基本来自返乡难民）仍然是重建农业生态系统的最重要的能量。

塔德指出，拖拉机使返回的难民能够立即进行种植。"但是，越来越多的难民回来了，他们开始重建那些在 1938 年被遗弃的以及被洪水淹没的棚屋，由于缺乏犁，用来拉犁的动物又太少，于是，锄头像往常一样开始工作。因此，1947 年夏天，黄泛区的大部分地区又开始耕种。"[51] 一位拖拉机项目的参与者回忆说，"农垦队由于农具不足，所翻耕的土地虽多，但机器耙播的只是少数。大部分土地由农民自己下种，所用大宗种子如小麦、大豆等由农垦队提供，杂粮种子则由农民自筹"。[52] 据报道，农民们——其中很多人依靠联总的面粉和物资维持生计——把河南泛区 75% 的土地重新耕种了起来。[53] 像往常一样，大多数居民不得不"自力开垦"。[54]

蝗灾防治

昆虫与人类食用的同一种谷物并从中获取食物能量，所以，它们可能会扼杀人类复兴的萌芽。如第三至五章所述，20世纪40年代初，河南每年都发生蝗灾。1947年春天决口被封堵后，水位下降，留下了一片沼泽地，蝗虫在其中繁衍生息。然而，与抗日战争期间不同，人口的回归，以及提供资源和劳动力管理的救济机构的存在，使制定蝗虫控制措施和防止大面积的农作物被破坏成为可能。1947年5月，蝗虫在扶沟、西华和淮阳一出现，联总河南分署就立即展开了防治工作。各灭蝗队伍按照分局的指示，"坚持着制蝗第一的原则，以全力协助制蝗人员"[55]。联总负责监督灭蝗工作，施用杀虫剂，并为当地消灭蝗虫的行为提供褒奖。

由于受灾面积大，而且大部分地区都是人烟稀少的荒地，因此撒布毒饵、喷射毒液均不可行，也不可能通过传统的驱蝗战略动员人们消灭蝗虫。因此，联总的工作人员只好选择了另一种更可行的办法——他们用面粉奖励参与灭杀蝗虫工作的民众，而奖励的多少则根据从民众那里收集到的蝗虫数量而定。[56]截至6月底，这些努力不仅"肃清"了西华、扶沟等地由国民党控制的地区的蝗虫，同时，还消灭了由中国共产党控制的东部泛区的蝗虫。[57]

在这样的根除策略下，蝗虫可能已经被清除了，但是，蝗虫卵则没有被清除，而这些卵将会在夏末孵化。于是，蝗虫在7月中旬再次出现，防治工作不得不恢复。这一次，蝗群特别密集。然而，这种侵袭仅限于一些位于受灾地区的县——扶沟、西华、商水和淮阳——而没有影响到其他地方。此前洪水淹没了蝗虫出现的地方，但当洪水退去，这些地方就变成了人烟稀少的荒地。

这些土地长满了草，或者被泥沙沉积物覆盖。返回的难民开垦了这片土地，种植豆类作物和少量谷物。除了河岸上的荒地，蝗虫还袭击了大豆和高粱地。一份联总的报告说："其发生之原因，系因夏蝗群曾在该地带内产卵所致。卵之多寡与幼蝻之猖獗与否有密切之联系。就在当地观察所知，凡未开垦之地且人迹罕至者，则蝗虫产卵多，秋蝻发生亦猖獗。"虽然也有一些蝗虫出现在开垦的土地上，但它们的数量远没有荒地上蝗虫的数量多。[58]

起初，泛区部分地方因"情况特殊"，人迹罕至，对蝗虫的全面调查根本无法进行。[59]另外，交通和通讯的障碍也使得人们很难被动员起来去把蝗虫群赶到沟渠里。因此，这一策略再次被放弃，而改为用面粉奖励参与灭杀蝗虫工作的当地民众，奖励的多少仍根据他们杀死的蝗虫数量而定。联总引入中国的化学杀虫剂——特别是氟化钠——在根除工作中起到了辅助作用。[60]大自然也给予了帮助。7月下旬的大雨淹没了低洼地区，摧毁了蝗虫卵和幼蝻，从而减轻了蝗灾的严重程度。[61]蝗虫防治一直持续到8月底，这时蝗群终于被消灭了。[62]与前几年不同的是，在这一次的防治工作中，人为干预与自然节奏结合得很好，这就避免了对农作物的损害，从而使得大多数农作物得以继续生长。

改造土地

到 1947 年秋天，人们已经清理了"大量的（也可能是大部分的）长满柳树的土地"，并开始耕种。[63]11 月，联总的代表对"过去一个半月内泛区发生的变化"感到惊奇。返乡难民正在搭建成千上万的临时草棚。"这些草棚肯定不够用，但他们确实能保护人们免受气候的影响。在大多数情况下，人们似乎有相当多的草和柳树作为燃料，而且似乎也有相当数量的衣服。"生活条件"没有人们想象的那么糟糕"。然而，在3月和4月小麦收获之前，如果没有外界援助，这里"可能仍会形成相当大的饥荒"，一个严峻的时刻即将到来。因此，为了确保人们有足够的食物供应，救济机构就必须要介入。

联总－行总提供了大量投入。从1947年6月至10月，救济机构分发了大约1万吨粮食，以及125万公斤的豆类、高粱和谷子。秋小麦种子采购总额达100亿元，这为河南泛区的农民提供了3,000吨种子。联总从中国其他地区购买了这种种子，并将其以低利率借给农民，农民在收获后再以实物进行偿还。联总的工作人员报告说："靠着拖拉机和民众自己的力量，已经有成千上万英亩的小麦被种植了出来，几乎每个地方都能看到小麦从地上长了出来。当询问人们小麦种子来自何处时，他们总是回答说，来自行总。"在被调查的村庄中，"没有一个村庄从（除了行总以外的）任何其他地方获得过种子"。[64] 1946年和1947年，河南分署共发放小麦种子3,563,360公斤以上，杂粮种子1,368,590公斤以上，蔬菜种子57,334公斤，农民的播种面积超过91,960公顷。[65] 此外，该署还向超过101,370户家庭分发了202,740件以上的工具。[66] 行总的报告说，1947年冬天，"现在麦苗已经长至三寸多高[①]，以前荒凉的泛区，现已变成一片绿野，按照预计，来年夏天的丰收应是不成问题的。"[67]

灌溉是更大的困难。当黄河回到原来的河道，洪水退去，水

---

① 1寸≈3.33厘米。——编者注

源也就消失了。在花园口决口封堵之前，泛区苦于水太多；而封堵后，由于几乎所有的水井都被沉积物掩埋，水又变得十分稀缺。[68] 为了有水可用，行总执行工赈项目，挖了大约 1,600 口新井。[69] 泥沙淤积则使得疏浚排水成为必要，因此联总只好将其作为另一个工赈进行补贴。随着河道在 1947 年底被清理干净，从河南西部高地流出的水相对平稳地流入淮河水系，这使得农民能够种植夏末和秋季作物。[70]

1947 年 6 月，联总的工作人员观察到，"树木长得很快，而且人们在不停地种植。这不仅能使人们获得收成，还能够防止土壤风蚀。所以，他们并不太担心风蚀"。[71] 在沙地地区，风蚀造成的破坏是一种威胁，需要积极干预。1947 年，国民党当局听从联总专家的建议，开始在河南和安徽两省约 14,000 英亩的土地上种植小型防护林。[72] 作为工赈，农民们提供柳条并进行种植。在 1 亩的范围内，每种植 50 棵柳树，农民就可以得到 4 斤小麦作为报酬，其中 2 斤预付，2 斤完工后再付。小麦——作为农民急需的粮食和种子——激励了一些农民。因此，"建立防护林带，不仅为住宅和农田提供了急需的保护，对农民而言，也是有实际好处的"。[73] 除了保护土壤，树木带还将提供燃料和建筑材料。[74] 联总发起的项目在超过 3,610 公顷的土地上种植了 3,804,900 棵以上的树，但在解决河南长期存在的风蚀问题上，这也仅仅只是迈出了一小步。[75]

土地占有制

即使在土地被开垦之后，弄清楚谁拥有这片土地也不是一件容易的事情。由于土地被淤泥覆盖，要解决土地使用权的问题就几乎是不可能的。土地所有权"处于混乱状态"。[76]黄河沉积的泥沙"给界标的确定留下了困难的问题，特别是农田的边界"。[77]在某些情况下，农民拥有所有权凭证，因而就可以根据现有的地标来界定土地。但更常见的情况是，凭证丢失，地标被摧毁。[78]河南省政府则坚持要求返乡农民必须为其所拥有之土地提供凭证。在进行了一次土地调查后，河南省政府打算让农民保留那些他们有土地凭证的土地，而将剩余的土地作为政府土地。不出所料，当地居民对此提议并不满意。正如联总的报告所说："人们对这些行动充满猜疑，他们怀疑拖拉机队和合作社与这些事情有关联。"政府在消除他们的怀疑上，付出了很大的努力。[79]

平稳解决土地所有权的问题被视为"该地区成功重建的基础"。为此，联总敦促县、乡，以及各保、甲的官员和国家土地管理局开展合作。"同样重要的是，要使返回家园的人民相信，他们的土地不会因为某种他们不能理解的政府目的而被夺走。"这里的家庭被分为两类：保留土地契约的家庭和没有保留土地契约的家庭。为了确认财产权，联总的人员建议在县治安官办公室设立特别部门。"农民送来的契约等相关合同在经审查批准后，就应该发给农民某种形式的证书，以保证农民的权利。在其他情况下，则必须依靠长者和邻居的证词来判断农民对土地的所有权。"[80]

所有权的转移使事情变得更加复杂。土地投机十分猖獗。在1938年至1947年间，泛区的大部分土地通过低价出售而易于。

联总的的工作人员指出："洪水过后，土地变得非常便宜，农民变得非常贫穷，于是许多人被迫出售土地。这种情况一直持续到现在，交易仍然在以很低的价格进行，因为返回的难民常常无法在返回后养活自己。"[81] 面对绝望的环境，难民们不得不将土地——往往是他们最后的财产——以低价出售。土地掠夺接踵而至，人们对投机者充满了抱怨，而投机者通常是政府官员和军官。据报道，扶沟县一名国民政府党支部书记购买了超过 202 公顷的土地。这些土地的租金通常在其收成的 50% 到 60% 之间。投机取巧的土地交易与高利率相伴而生，因为谷物贷款必须在 6 个月之后双倍偿还。[82] 在中共控制的地区，中国共产党的地方干部对洪水和饥荒时期被迫出售土地的家庭则实行土地回购政策。[83]

由于战时的土地投机，联总的拖拉机队经常会仅仅为"某一个拥有大片土地的地主犁耕。然后，他们为他播种，甚至为他收获。这种做法明显对富人更加有利。农场甚至不需要租户了，而且至少在今年，没有租户，地主也能过得很好"。[84] 当有拖拉机犁地时，一些地主便开始拒绝给佃户应得的份额，所以他们不得不搬走。[85] 因此，联总担心，"在中国，农用拖拉机推广所带来的最终利益将还是主要会流向大地主，他们将利用它们来雇佣劳动力以取代佃农"。官员和地主都想要拖拉机，但小农场主和佃户通常则会认为，在夺取他们土地的计划中，拖拉机亦占有着十分重要的一部分。[86]

由于那些较富裕、人脉广泛的人已从当地居民的手中购买了大量土地，所以"泛区改善后的部分条件有利于这些已经在土地上找到相对廉价的投资的人"。[87] 为了解决这些不公平，行总在拖拉机站附近组织了几十个村庄作为"合作农场"来种植和收获农作物。例如，练寺拖拉机站鼓励村民成立合作社，在拖拉机犁耕的土地上种植农作物。村民们根据除草和收割的工作天数获得报酬。收成时，25%归地主所有，45%归工人所有，30%归管理人员所有。[88]地主们最初对加入合作社犹豫不决，但最终还是选择了加入，因为——正如一份关于泛区情况的报告所说——他们的"这许多田荒在那里，亦委实一时无力尽耕，在无可奈何的情景下，（他们）认为收获百分之二十，总比荒在那里强些"。[89]

20世纪40年代末，与抗日战争时期一样，女性家庭成员积极参与农业生产。"成年的难民编为成人队，妇女则编为妇女队，小孩则编为儿童队，他们也锄地刈草，成群结队地在田里工作着。"[90]联总的工作人员说，在合作社中"民众把他们的劳动力分成若干组。妇女、女孩和一些年龄较小的男孩在50到200人的小组中进行劳动。他们通常会从事除草和种植较小作物等一些十分乏味的艰苦工作。男人和大一点的男孩则成群结队地守着大片的高粱地"。收获后，合作社根据"工作小组积分"来分配农作物。[91]合作社在一些村庄运作良好，但有时"合作社表面上完全由农民经营，实际上却成了一批土地所有者申请救济物资的门面。在其他一些案例中，合作社又成了由当地政府官员设立的，作为控制人民私有土地的一种手段。"[92]

根据1947年发放给县政府的调查问卷来看，河南泛区租户租用的土地仅占全部土地的7%—10%。但是另一方面，通过调查问卷获得的信息又表明，绝大多数农民占有的土地也是极少的。例如，据报告，西华拥有（最多不超过）10亩地的家庭大约占32%，另有25%的家庭拥有10—20亩土地。淮阳的7万户人家中有33,935户拥有的土地不足10亩。这些数字是"保守的"，所以，农民的土地持有量是"极其小的"。[93] 由于战时洪水淹没了坟墓等人们熟悉的地标性建筑，联总建议道"要想永久性提高农场布局的效率，就要让农场覆盖在连续完整的土地上，而不是分散在一小块一小块的土地上"。然而，在现实中，他们也"认识到这一可取的方法并非在所有情况下都能够被遵循"。[94]

生态变化与军事形势

　　豫东环境基础设施的重建发生在 1946—1949 年国共内战时期。国民党领导人试图让黄河再度军事化，以切断中共军队与供应来源之间的联系，但此举产生了意想不到的后果。行总河南分署署长说："由于地方军事力量薄弱，泛区东部不知不觉地成为中共控制的领土。在决口封堵后，这条河又回到原来的河道。国民党军事力量没有增加，自然边界线也不复存在。"[95] 根据联总的说法，黄河回归 1938 年以前的河道，导致了"国民党和共产党之间的河水障碍规模急剧减小"。[96] 当河水将西部的国民党土地与东部的共产党土地分隔时，战争很少爆发。但是随着障碍的消失，军队便又开始争夺土地的控制权，紧张局势加剧。直到 1947 年，中国共产党才表现出对控制这片土地的兴趣。"之前，该地区人口稀少，普遍贫困"，但是，一旦泛区收到了大量的物资和设备，人口重归，实施直接的军事控制就显得比较重要了。[97]

　　在联总领导的复兴工作中，必须要考虑到中国共产党。关于这一点我们应该主要从两个方面去考虑。"(a) 中国共产党占领的地区是否应该在复兴计划中占有一定的份额；(b) 在中国共产党游击队经常出没的相邻地区执行一项规模较大的计划时，共产党

的作用也必须要被考虑进来"。1946 年秋，国民党领导人向联总
保证，共产党将在一个月内被赶出。为此，国民党军队从贵州、
云南调到河南。然而，与预期相反，中国共产党的力量却得到了
加强。[98] 1947 年 3 月，河南泛区的局势比以往任何时候都更加紧
张。国民党竭力消灭所有的共产党军队，但其结果是完全失败的。
中国共产党发动了猛烈地反攻。联总的工作人员说："该地区的共
产党团体行动迅速，人数众多，他们可以随意占据任何地方，并
能够控制住任何他们可能需要的东西。共产党的组织非常好，他
们也很有纪律。"[99]

到 1947 年春，中国共产党控制了旧河床的以东和以西的所
有土地。国民党则只控制着从尉氏到花园口的泛区的最北部地带，
以及太康和淮阳的一些城镇。各方控制的河南泛区土地的比例反
映了中共影响力的激增。

共产党的地区：75%

有争议的地区：20%

国民党的地区：5%

以前，中国共产党的土地是"没有任何组织的游击区"。但
在 1947 年，中共的豫北边区政府将其所控制的部分泛区组织化，
并建立了民政部门。中国共产党的干部进行土地改革，并在大多
数村都组建起了由共产党领导的民兵队伍。国民党和共产党军队
定期穿越河流西岸，但是，直到 1947 年夏天，他们之间却几乎没
有发生任何战斗。国民党控制了扶沟、尉氏和周家口的县城，但
同时，共产党也曾一度控制过这些地方。中国共产党的军队在西
华进进出出，使得该县的国民政府不得不退出该县。这种动态的
军事局势导致了混乱和不稳定。根据联总的报告，"在泛区西部，

除了在有军队管理时，其他时候，这里几乎没有什么法律和秩序"。名义上的国民政府仍然存在，当共产党离开后，保甲人员和警察通常也会返回那些较大的村庄。中共还为河床以西的地区任命了自己的政治委员。土匪则利用分裂的局势在该地区横行霸道。[100]

自 1946 年以来，河南军队征收的税收一直让民众感到焦虑，尽管国民党政权本应免除当年河南省的税收。国民党部队的存在"对现有的粮食储备造成了严重的破坏"。军队不顾平民的情况，对粮食供应持续施加压力。国民党军队臭名远扬，因为他们常常没收了人们的食物而又不给予金钱补偿。另一些时候，军队以远低于市场价格的数字给各个县进行补偿。像郑州这些小麦产量不多的地方则很难满足军队的需求。粮食价格"每天都在飞涨"。与 20 世纪 40 年代初一样，当地民众不得不出售其他商品来购买小麦，以支付实物税。只有通过军队从河南地区以外进口粮食，并对粮食支付进行调整，才能够使这种粮食短缺不至于再成为另一场生存危机。在某些情况下，军队因为村民不服从他们的要求而殴打他们。联总的报告说："地方治安官无力帮助他们的人民。有一两名治安官对这种情况感到厌恶，于是他们便指挥当地的民兵进行巡逻，以避免混乱。"和以前一样，军队的非人力成员对稀缺资源施加了额外的压力。在郑州，"治安官被迫命令他的机枪小队包围他的宅邸，以平息一名坚持为军马提供食物的军官所引发的暴动"。[101]

当黄河回到 1938 年前的河道后，军队汲取的食物并没有减少。1947 年，国民政府的行政院再次宣布，当年，对泛区将不再征税。然而，这一决定只适用于土地税，而土地税只占总征收额的一小部分。事实上，当地的国民党官员"继续他们的政策，将税收提高到人民所能承受的极限"。举例来说，在练寺，当地的保甲组织在小麦收获后，光是为购买步枪就筹集了600万元的税款。沮丧的行总工作组成员抱怨说："他们拿出来的速度比我们能带进来的快。"[102] 国民党的军队习惯于抢夺粮食，有时他们甚至霸占联总捐献的面粉。[103] 救援和复兴的能量最终被输送给了国民党的军队，以推动其发动内战，这使得救灾和重建的能量发生了转移。可见，国民党的"军事寄生"继续在危害着宿主社会及其自身的权力基础。[104]

与抗日战争时期一样，国民党的军队在国共内战中征召了大量的士兵和劳工。兵役制度经常会使家庭失去提供收入来源的个体。联总工作人员指出，国民党的征兵方法"毫无组织，毫无人性"。在许多情况下，征兵"似乎就是抓住任何一个可用的人力资源，并在需要且可得的时候把他带走"。征兵所带来的恐惧"对返回的难民产生了令人沮丧的影响"。[105] 抗日战争期间盛行的军民互动模式一直延续到国共内战时期。"传统上士兵和农民之间的关系是不好的。士兵们可以肆意地以最不人道的方式虐待他们，这也许亦反映出了士兵们自己所受到的不人道待遇以及他们个人的贫穷和饥饿。由于泛区是军事区的一部分（或者紧邻军事区），这方面的情况最为困难。"[106] 泛区的民众虽然找到了他们的土地，也已经开始在这片土地上进行耕种，但若是要重建家园，他们还需要获得"几年的税收和强制劳动减免"，以此来赚取资金和足够的时间。[107] 毫无意外，许多当地民众都支持共产党，"数以万计"的农村居民被招入共产党的军队，他们主要从事物资运输工作。根据文安立（Odd Arne Westad）的说法："这种援助对帮助共产党部队迅速在黄河以南建立据点起了很大作用。"[108] 事实证明，中国共产党在将人民拉回其控制的地区，并动员他们的劳动力开垦土地、恢复农业生产方面，比国民党要做得更好。共产党地区的税率普遍低于国民党控制的地区。在泛区东部，中国共产党在土地复垦运动的同时，还实施了土地改革。由于许多地主已经逃离，重新分配土地是相对简单的。当地干部估计了返乡村民的比例，并据此划分了可用土地，另外，他们还留下了一部分土地给那些还没有返乡的难民。随后信息被传达给那些还没有回来的人，这些信息使他们明白，土地在等待着他们。每个家庭耕种完土地后，村民们就会合作耕种剩余的土地。当难民返回时，他们便得到了种植着农作物的土地，至于那些（没有种植农作物的）剩余部分，也被进行了分配。这些土地改革措施不同于其他共产主义地区所采取的措施，"因为他们没有为任何一个地主做安排"。[109]一条直截了当的标语宣示了中共在泛区的土地政策："谁开谁种，谁种谁收。"返回的农民收到了种子、工具和其他耕作所需的物资。[110]税率从第一年的 3% 到随后几年的 10% 不等，"高利贷"是不被允许的。[111]这些土地政策对巩固中共的军事成果起了很大的作用。

尽管事实证明，国共内战对河南造成的破坏远不及抗日战争，但它还是在多个方面阻碍了复兴。旷日持久的抗日战争摧毁了华北地区的基础交通设施，虽然联总在尽力协助其修复，但是，"军队的运输仍一直是国民党军队的主要后勤问题之一，而且，他们的要求总是会成为被优先考虑的问题"。军事行动妨碍了救济。双方的军队都征用了物资，来自联总－行总的抗议很少能够迫使他们返还这些物资。[112]

行总的卡车行驶在泛区西部的道路上，在那里他们经常遇到共产党军队，却从未交火。在扶沟和西华工作的行总团队"为自己建立了一种非政治性的身份认可，尽管他们与两支军队都有一些小麻烦，但他们并没有受到严重的骚扰"。洪水平息后，联总-行总人员因担心交战所导致的交通危险，所以没有前往周家口和淮阳的南部和东部地区。几乎所有的补给都被运往了共产党控制的地区，或者国共之间存在争议的地区。国民党希望通过这些物资补给来赢得民心，一名国民党将军承认，他与该地区人民的关系在他们收到行总的物资后有所改善。由于大部分河南泛区都在中共的控制之下，国民党领导人希望这些救济物资能够增强人们对政府的忠诚度，并让他们相信国民政府对谋求他们的福利是有帮助的。同时，国民党军队也尽力阻止物资进入中共控制的领土。与共产党官员的谈判使联总-行总能够将物资运送到旧河床以东的地区。一卡车铲子、一百袋面粉和一些豆种被成功运抵了共产党控制的地区，但同时，国民党军队也俘获了四辆准备将医疗用品运送到共产党控制地区的卡车。[113]

随着国共内战的激烈进行，联总-行总的工作人员不得不经常穿越军事分界线。联总在泛区东部的共产党领土上启动的拖拉机项目，有希望改善西部有争议地区的拖拉机队和共产党军队之间的关系。然而，军事冲突总是挥之不去："虽然目前的局势使继续向农民分发粮食成为可能，但必须记住，严重的战斗还是随时都可能爆发的。此外，正在进行大部分复兴工作的黄河以西地区是一个有争议的地区，目前的相对平静不太可能持续很长时间。"大部分的复兴计划是在国民党和共产党交替控制的地区进行的，所以实施计划的附近地区常常会有公开的敌对行动。当正在进行救济活动的地区发生军事冲突时，项目便会暂停一段时间，直到和平暂时恢复后计划才会重新进行。没有任何工作协议允许行总在共产党控制的地区运作。[114] 理论上，如果没有其他的政治原因，联总-行总在国民党和共产党的控制区域上应该提供一样的援助。但事实上，尽管谈判在一个又一个层面上几乎不间断地进行着，可是，送往中共控制地区的物资还是很少。这种救济的政治化引起了人们的不满，特别是当国民党从中国共产党手中夺回这些地区，而联总-行总就立即向这些地区运送物资的时候。偶尔，共产党的军队会夺取物资，并将其分发给当地民众。但是，当 1947 年夏秋两季国共内战的形势决定性地向有利于中国共产党的方向转变时，共产党在分配救灾物资的方面就扮演起了一个更加合法的角色。[115]

1947 年秋天，共产党向南越过黄河大举进攻，深入国民党控制区，并几乎占据了全部的河南泛区。在中国共产党控制了这片区域之后，联总的物资还是源源不断地涌入。联总的工作人员回忆说："最终，在共产党的合作和协作下，向返回的难民分发物资成了实施该计划的主要方式。"[116]直到 1947 年底联总离开中国前夕，该机构的土地复垦计划结束之前，拖拉机仍一直在犁地。在那个时候，河南泛区 95% 的土地都已经处在共产党的控制之下了。[117]联总的工作人员认识到，随着中国共产党力量的崛起，"在联总消亡后，这个项目的未来发展将由他们决定"。[118]行总的拖拉机协助中国共产党运送物资、人员和伤员。1948 年春，国民党撤销了行总河南分署，宣称"向泛区运送物资相当于援助敌人"，并停止了所有的物资运输，疏散了其农垦人员。1948 年，在以徐州铁路枢纽为中心的淮海战役中，国民党军事领导人试图最后一次阻止共产党的军队。但是河南泛区的地形——被河川、湿地和湖沼所覆盖——阻碍了国民党的机械化设备，使得他们的军队很容易被人手不足、火力不足但机动能力强得多的共产党军队歼灭。[119] 中国共产党有能力灵活地调整其战略，以适应这一变化的环境，这促成了其在华北地区的最终胜利。

共产党巩固了其在豫东的势力后，立即接管了联总－行总的拖拉机队。[120] 然而，豫东地区的环境阻碍了中国共产党利用这些机械装置。此外，河南不断发生的军事冲突也阻断了运输路线，因此，到1947年底，石油和零部件的来源已不复存在。1948年春天，在相对孤立的泛区，由于缺少零部件，四分之一的拖拉机无法使用，"超过一半的拖拉机因为缺少燃料而停止呼吸（不能够发动）"。1948年6月，所有的农业机械完全停止运转，只能任其闲置或被腐蚀。[121] 拖拉机队的队员解释说："我国缺乏石油燃料，这是发展机械化农业的最大障碍。"汽油和柴油都是进口的，所以它们的价格高得令人望而却步。"如果使用（拖拉机）不像人力和畜力那样经济，农民就不会欢迎它们。"此外，"我们国家目前所有的农业机械都是外国制造的，而且零部件数量也不足。甚至，它们还都是残缺不全的"。如果没有零部件，机器就没有用处。"因此，过去河南泛区的拖拉机不得不采用'自杀'的方法进行维修和保养。人们常常会从几台无法修理的拖拉机上拆卸出可用部件，从而为修理其他状况更好的拖拉机提供替代品，以便维护这些拖拉机。"按照当时的速度，三到五年之内，河南的农业机械就会全部报废。[122] 1949年中国共产党取得胜利之后，和平与稳定的恢复使得进口燃料和零部件成为可能，从而避免了这一结果的出现。

人民的泛区

中华人民共和国政府也拨出资金用于恢复泛区的农业生产和改善泛区状况。一部地方史以英雄化的语言叙述了这整个故事。中华人民共和国政府"号召农民返乡生产，规定谁开荒谁耕种，三年不交公粮。这些政策极大地激发了人们的生产积极性，一场大规模向自然开战，重建家园的复兴运动在黄泛区蓬勃兴起"。1949 年后，在中华人民共和国政府的领导下，"组成了几十万人的治河大军，他们先后治理了颍河、贾鲁河、双洎河，排除了区内大面积的积水，确保了农业生产的顺利进展。并组建机（拖拉机）耕大队，帮助农民开荒种地，短短一年就大见成效，得到周恩来总理的赞许，并结束了复兴工作"。[123] 这些都不是新生事物。中华人民共和国继承了战后重建的遗产，以及战争所带来的遗留问题。

土地改革给河南泛区带来了前所未有的社会经济转型，这些具有革命性的改革政策旨在解决战时生态混乱所带来的问题。洪水冲毁了农场的边界，使中国共产党有可能实行"完全平等原则"。[124] 1951 年河南省政府发布的方案，反映了 20 世纪 40 年代末泛区普遍存在的复杂的土地占有模式，也反映出了中国共产党在土地改革措施上的因地制宜。在过去的几年里，"经过劳动人民的开垦"，河南省泛区逐渐恢复。由于受灾程度轻重不同，各地的恢复有早有晚。由于各地解放时间不同，中国共产党执行了一系列不同的措施，这些措施因"群众发动程度、农村阶级关系变化"而各有差异。总体来看，可以分作三种类型的地区。

第一种是受灾较轻，恢复较早，各阶层土地占有情况大体已恢复泛前状态的地区。"地主阶级与富农仍占有大量土地，继续保持着封建剥削的土地制度，广大农民仍是无地缺地，迫切要求土地。"在这种地区，干部们依照中央人民政府颁布的土地改革法执行土地改革。[125] 在第二种地区，再分配已经将土地给予了农民，而且他们也已经开始从事生产。但在一些村庄，地主阶级的"政治统治"并未被推翻，土地分配不均的现象依然存在。一些贫农和农业劳动者只有少量的土地或者质量较差的土地，那些后来才返回的人则根本没有得到土地。土地复耕也使得土地占有模式变得更加复杂化。土地被再分配给一个家庭，然后又由另一个家庭开垦，这常常会导致因土地占有权问题而引发的冲突。方针政策这样解释说，"有的地区在分田之后又实行'谁开垦谁种谁收'政策，现土地使用状况很不平衡。土地需要适当调整，确定地权……有的地区（如西华）在泛后进行急性分田时，土地尚未全部开垦，人口尚未全部回来，实行分荒田，而后来为了恢复生产，奖励开垦，又实行了'谁开垦谁种谁收'的政策"。土地再分配和土地开垦之间的矛盾造成了混乱。有的人开垦了他人已分得的荒地或留下未分的公共荒地。地方当局被命令收拾残局。如果县政府尚未采取措施解决这些问题，将根据以下原则进行处理："在抽回开垦者此种土地时，得酌情（根据开垦时所用的劳动力和已得的收益的多寡）以此项土地之一部留给开垦者。"连同开垦者原分得土地在内，最高不宜超过全乡人均土地面积的150%。超出部分则应该被抽出另行分配。

　　第三种地区还没有重新分配土地。但洪水过后，他们执行了"谁开垦谁种谁收"的政策。正如方针政策所示，"这种地区的阶级关系，已经起了重大的变化。但有的村庄地主阶级在政治上尚占有统治地位，在经济上，（他们）又将土地从开垦者手中夺回。

并且由于各阶级的人们回来的早晚不同，劳动力及占有生产资料、生活资料等条件也不尽相同，（这导致）开垦土地数量质量均有差别"。有的农户得到的土地很少，晚归者则没有得到土地。在这种地区实施的方针，既应该遵守土地改革法，但同时，也应加以适当调整以"解决无地少地农民的土地问题，确定地权，开展生产"。

河南省政府还制定了"实质性的办法"来实施这些政策。政府授予每个村庄的地方当局以没收和重新分配土地的权利，这使得土地持有更加公平。经由伪"救济总署"用机器开垦的土地，或地主富农占有的土地，则抽出另行分配。[126] 农民团体如互助合作社、民兵组织、儿童团、妇女团体开垦的土地，则经过"说服动员"后再另行分配。一般来说，如果人们开垦的土地过多，超过该村人均占有量 150% 的部分，也会通过"说服动员"的方式收回并重新分配。[127] 如果这些方法不能解决农民的土地问题，那么他们就可以从群众互助、贷款、粮食、种子、农具和牲畜饲养中受益，或者干脆搬迁到仍保留有未开垦土地的地区。[128]

1951 年 1 月，中华人民共和国中央政府和河南省政府在扶沟南部和西华北部征用了未分配给农民的土地 92.882 平方千米，建立了国营的黄泛区农场。被黄泛区农场接管的部分未开垦土地中也包括了需要进行额外修复的沙地和盐碱地。[129] 在国家层面的治理实践经验和人员配置方面，该国有农场与 1949 年前的救济和恢复举措之间存在着直接联系。中华人民共和国将 20 世纪 40 年代末联总进口到河南的所有机械设备都交给了黄泛区农场，而行总拖拉机队的工作人员也留下来为农场工作。[130] 到 1952 年底，黄泛区农场开垦种植了超过 3,730 公顷的土地，所生产的粮食产量达到 374 万公斤，比上年增长了 240%。[131] 新闻报道称，"这种机械化作业，不仅工作效率比农民用人力、畜力和旧式农具耕种提高了几十倍，而且它还可以做到深耕细耙，改变土壤的物理性质，减少虫害，保持水分。因此，虽然没有上粪，也可以获得丰收。"[132]

抗日战争结束五年后——尽管 20 世纪 40 年代末的国共内战造成了不稳定的局面——泛区的农业生态系统恢复到了战前的生产力水平。劳动和物资的投入修复了战争造成的最明显的生态恶化。人工环境基础设施改造了饱受战争蹂躏的景观，使其能够与早期的农业恢复计划无缝衔接，这在很大程度上解释了为何在中华人民共和国的领导之下，这种恢复的完成速度会如此之快。到 20 世纪 50 年代，大部分河南泛区的人口已经返回家乡，农业生产也恢复了。到 1952 年，遭受最严重战争和洪水灾害的扶沟、西华两县的耕地面积也已经超过了战前水平。[133]

在鄢陵等其他县，人口和耕地面积则更快地恢复到了 1937 年以前的水平。[134] 到 1949 年，扶沟（唯一有资料留存的县）的粮食亩产量已超过了战前水平。大豆、花生和芝麻的总产量也出现了同样的增长，不过单位产量有所波动。[135] 在中华人民共和国领导下实现的经济复兴并非一夜而成。20 世纪 40 年代末进行的工作为中华人民共和国领导的复兴奠定了基础。近 10 年的战争导致了人们对农业的怠慢，在联总和行总提供的能量补贴的帮助下，当地居民通过自己的劳动使泛区的环境恢复到了战前的状态，农业产量也恢复到了战前的水平。

但必须强调的是，即使经过战后恢复，河南的环境还是高度地退化了。人们对华北平原的环境改变程度可以称得上是人类在这方面的一个"世界之最"。在 20 世纪初，很少有区域能在如此脆弱的生态环境中存续如此之久。洪水、干旱和饥荒持续威胁了几十年。

很少有景观需要如此巨大的人力和资源投入来维持这种表面上的生态平衡，尽管这种平衡可能仍旧是脆弱的。对于人类居民来说，生态的不稳定使他们的日常生存成为一场痛苦的斗争。此外，抗日战争及其直接后果对环境产生了明显的影响。十多年的黄河洪水淤塞了豫东淮河的支流，冲走了数百千米长的堤防，使得这一地区的安全比战前更加不稳定，更容易受到洪水的袭击。[136]

与此同时，黄河战时洪水的环境遗产也直接影响了农业生产力。1950 年，土壤保护专家席承藩说："逃亡的农民渐渐地回到了这块土地上，只三年的时光，已经几乎把全部泛区都垦殖出来了。"当年夏天，"小麦黄熟，几乎已看不出这里是原来的灾区，但是小麦的生长有很显著的差别"。新开垦荒地的"生产力"往往低于那些已经开垦过的土地，因此第一年的耕种收成往往较低。小麦生长情况很大程度上受土壤性质，"特别是冲击层次排列的影响"。河南泛区肥料普遍短缺——这是战争年代遗留下来的另一个问题——大部分土地都没有施肥。因此，正如席承藩所说，导致生产力差异的主要因素与土壤有关。[137]

1938 年至 1947 年黄河流经豫东时的泥沙淤积模式，形成了20 世纪 50 年代这里的土壤结构。洪水季节，水流较大，流速较快，细的沙子没有沉降下来，通常能够下沉的都是粗粒沙子，土壤也就会变得相对沙质。相反，当枯水期时，河水流量减少，细颗粒就会沉积，土壤就又会变得又黏又重。因此，一年中不同时期的沉积物形成了黏土和沙土的交替层。1947 年花园口决口合龙后，黄河断流，水量骤减，水中泥沙几乎全部沉积。因此，有好些地区，如西华境内，表面土地上沉积了很厚的细沙壤土。沉积物沉积模式影响了土地利用，正如席承藩所说的那样，"这些粘（黏）土、沙土和粘（黏）

扶沟、西华县历年农业人口及耕地面积统计表

县名	年份	农业人口数	耕地面积（亩）	人均耕地面积（亩）
扶沟	1933	294,738	1,207,300	4.1
	1938	315,500	1,445,000	4.6
	1945	67,100	24,900	0.37
	1949	307,619	980,100	3.2
	1950	317,936	1,173,240.23	3.69
	1952	349,932	1,690,500	4.8
西华	1933	422,388	1,408,200	3.3
	1938	418,543	1,417,142	3.4
	1945	118,519	425,144	3.6
	1949	304,933	1,222,100	4.0
	1950	328,673	1,276,628.41	3.88
	1952	349,930	1,534,249	4.4

扶沟县历年主要农作物单位面积产量统计表（斤/亩）

年份	小麦	玉米	高粱	大豆	花生	芝麻
1937	61	78	100	84	150	50
1945	23	26	36	15	—	—
1949	81	100	130	92	102	55
1952	76	88	165	66	87	45

沙相间的土层沉积，就直接影响着今日农业生产"。[138]

同一类型沉积物在深度达到一米之后，会使土壤变得比较肥沃，在这些地区平均亩产小麦可达 100 公斤。由黏土和沙土混合而成的土壤分布得并不广泛，但也具有亩产约 100 公斤的高产量。而西华地区的沙壤土上，小麦的长势就不那么好了，亩产仅 50—75 公斤。在质地更松的沙地上，产量甚至会更低，由风蚀现象所

造成的细沙壤土在沿着略微倾斜的河岸上分布着，在这些地区，产量也是非常低的。更粗质的沙土分布不广，只存在于河道主流旁边的一条狭长地带里。这些沙土一般未经耕种，农业生产力极低。

大多数土壤具有复杂的沉积模式，不同的地层相互混合。层次差异影响了土地的利用和生产力。举例来说，如果重黏土沉积在壤土上，黏土就会产生裂缝。一旦下雨，水就会从裂缝中流出，从而降低生产力。农民们把这种类型的土地称为"雨淋棚"，因为这就像茅草屋的屋顶一样，水可以渗透进来。席承藩建议，通过深耕可以混合沙土和重黏土，从而改善这类土地。相比之下，如果是肥力优良的表层土壤沉积在重黏土之下，那么，小麦产量就会增加。当雨水渗入这片土地时，它的黏土层就会保留住大量的水，防止它渗透出来。小麦根系可以很容易地在沙质表层土壤中生长，从下面的黏土中吸收养分和水分。由于这种土壤十分肥沃，所以农民们称其为"蒙金地"。

在有的薄层中，新沉积物沉积在了早期冲积层的土台地或土坡上，这使得这类土地也具有较高的肥力。与旧沉积物相比，新的冲积层生产力较低，这主要是因为新的沉积物以前没有被施肥或耕作过。较老的沉积物具有较高的腐殖质含量和较好的土壤结构。席承藩总结说："新冲击土必须耕作相当时期后，才可增加生产力，所以在利用上要注意表土有机成分的增加。"[139]

在 1938—1947 年的黄河河床上，形成了一大片沙地。这片沙地从花园口向东南延伸，穿过中牟、尉氏、扶沟和西华的部分地区。这些地区的沉积物含沙量高，容易受到风蚀，所以在某些时候几乎不可能种植农作物。在冬季和春季干旱季节，风吹起沙尘暴，横扫该地区，这甚至威胁到了附近农田的农作物生长。河南受到抗日战争战后重建计划的启发，在 1950 年到 1954 年之间，种植了大型防护林带来固定沙子，并试图解决这个问题。[140]

结　论

黄河改道至 1938 年以前的河道后，大批流离失所的人返回了河南的洪泛区。1947 年之后，人口的重新分布使得重建破碎的环境基础设施成为可能。在进行农业生态恢复的同时，返回的难民面临着生物质能量短缺的问题。但是，大量的人类劳动，加上联总－行总的大量物质投入，提供了足够的能量来实现农业景观的迅速恢复。另一方面，尽管农业产量在 20 世纪 50 年代初恢复到了战前水平，但战争还是从根本上改变了豫东的环境。

威廉·筒井（William Tsutsui）根据他的二战日本环境史研究，断言"战争对环境的影响（无论是有利的还是有害的）往往没有我们想象的那么持久和重要"。战争对环境的影响"是复杂的、偶然的，而且往往是惊人短暂的"。[141] 在对整个 20 世纪的研究中，麦克尼尔同样发现："战争对环境的影响，有时是剧烈的，但通常是短暂的。事实上，不顾一切地为工业战争所做的准备和动员，才是战争给环境带来的更为重大的变化。"[142] 在麦克尼尔看来，在"耐心的劳动和自然的过程"中通常都隐藏着战争的伤疤，"这些伤疤都会被周围的乡村所吸收——除非人们有意识地努力将战场作为纪念碑保存下来"。河南和华北平原其他地区的旱地农业，"平均三年左右就能够从战争中迅速恢复过来"。[143]

这些对河南洪涝地区的观察，至少在一定程度上是正确的。农业生态系统的重建和农业生产力恢复到战前水平的确是在相当

短的时间内发生的。与麦克尼尔的论断一致，1949 年和平稳定
全面恢复，三年后河南泛区的农业产量又回到了 1937 年以前的水
平。在人类的劳动和投资下，那些遭受了史无前例的破坏的景观，
最终还是被重塑为了环境基础设施。但在其他方面，河南在军事
冲突之后的经验使我们有必要对战争的短暂性环境影响进行总结。
恢复并不仅仅来自大自然的再生能力。军事冲突后的生态重建，
与农村人口的劳动紧紧结合在一起，而且，这一地区还从跨国救
济机构获得了巨额的能量补贴。没有外部投入，人类社会不可能
如此迅速地将饱受战争蹂躏的土地重新改造成具有生产力的农业
生态系统，战争留下的环境伤疤或许也将会持续更久。中华人民
共和国继承了 1949 年以前在联总 – 行总主持下采取的恢复措施的
遗产。到 20 世纪 50 年代初，农业产量恢复到抗日战争前的水平。

　　战争所带来的变化在 1949 年后依然存在。在某些基本的方
面，中国的抗日战争给环境景观留下了印记。在 20 世纪 50 年代，
人口减少，于是，比人类数量更多的野生动物开始在这片土地上
生活——虽然这种情况没有持续太久。更持久的是战时洪水所造
成的泥沙淤积模式，这种模式改变了生产性和非生产性土地的分
布，并且一直持续到 20 世纪 50 年代，这极大地影响了农业产量
的水平。部分地区的环境根本没有得到恢复。由于战时对生物量
的需求，几乎没有 1937 年以前的成熟树木留存下来。黄河的河水
摧毁了堤防，泥沙淤塞了淮河的支流，阻碍了它们的排水，导致
了水利基础设施的恶化，使豫东地区更容易发生洪水。对堤坝的
修复而言，联总 – 行总并没有解决多大的问题。恢复处在最显眼
的地方，但不易察觉的（由战争所带来的）变化仍然存在。

结　语

向回看

本书通过对 1937—1945 年抗日战争时期和 1946—1949 年国共内战时期河南黄泛区的研究，力图为战争与环境的研究提供一个分析框架。正如我所提出的，对能量和能量流的概念性关注，有可能会使我们从生态维度加深对第二次世界大战以及许多其他冲突的理解。

这项对抗日战争及其后果的探索，利用了新陈代谢的概念来分析军事系统获取能量和物资的过程。军队就像生物一样，需要这些能量和物资投入来作为其存在的先决条件。只要军事力量扩大了军队的行动范围，其生态足迹的范围就会扩大。随着战争和军事准备规模的扩大，它们就会消耗更多的能量，释放出更多的废物，同时，在这个过程中重塑环境。由于集约开发的农业景观和水利系统——如华北平原上普遍存在的那些——十分依赖于持续不断的能量投入来维持，因此，它们极易受到战争破坏。战争破坏了河南人口与当地人造环境之间的良好关系，并对这种关系造成了迅速而剧烈的冲击。军队对能量的贪得无厌，消耗了维持环境基础设施所需的劳动力和资源，这就使得在军事冲突结束之前，不可能重建一个可行的以人类为中心的生态秩序。换句话说，战争使得灾后恢复比平时更加困难，因为它独占了使诸多要素重聚所需的能量流。

战争、社会和环境之间出现了多方面和多方向的关系。河南的军队在故意破坏水利系统之后，又耗费了大量的能量去谋求控制河流以达到其战略目的。为了满足新陈代谢需求，军队消耗了越来越多的粮食能量，于是，农业生态系统被撕碎了，农业生产被破坏了。军事系统以征召士兵和劳工的方式从当地社会汲取了大量的劳动力，尽管这种方式造成了死亡、流离失所和人口损失，但军队的方式仍旧如此。战争引起了人口的急剧下降，因此，当地社会（或残余的社会组织）就无法投入维持农业生态系统所需的劳动力和资源，而农业生态系统正是他们获得粮食和生物量的重要来源。所以，当水利系统受到破坏时，洪水便会导致额外的劳动力和物资损失。

随着军事行动者在操纵水道的努力中提取的能量越来越多，维护军事化的水利系统给受灾地区带来了更大的负担。与此同时，由于河南泛区灾民迁往陕西西部，受灾地区也就失去了另外的能量来源（事实上，这些灾民的生存策略也导致了陕西西部地区环境的进一步变化）。1945 年，抗日战争结束后，大量的能量涌入将人类的劳动力吸引回豫东的泛区，这使得修复受战争破坏的环境基础设施，恢复农业景观的生产力成为可能。在前面的叙述中，军队释放到环境中的废物确实是很少受到注意的一点。我对于这一遗漏的唯一解释是，来自战时河南和陕西的档案文件和其他主要文献都很少提及作为军事代谢副产品的废物。

考虑到军事系统总是依赖于环境及环境资源，所以，除非它们与所利用的生态系统达到某种平衡，否则它们就无法长久存在。

然而，军事生存的短期逻辑往往使其与生态系统不可能达到这种平衡。为了优先实现自身的战略目标，国民党政权迫切需要汲取能量来维持军队改造水利环境的工作。但是这种对能量的汲取不仅导致了社会生态的破坏，同时，也为其在华北的军事崩溃埋下了种子。事实证明，至少在20世纪40年代，面对河南不断变化的环境条件，中国共产党的军事力量有着更强的适应能力，同时，他们也不断改进着获取生存所需能量的方法。从某种程度上说，（在抗日战争中）中国共产党的军队和中国国民党的军队的军事战术是不同的，这也就使得他们所发挥的作用并不一样。国民党军队打阵地战，而共产党军队则主要依靠游击战，这使后者有了更大的机动性和灵活性。在抗击日军的过程中，所需要的军事战略是不同的，而对这些军事战略的选择其实也产生了不同的生态结果。

向外看

在全球范围内，在第一次世界大战到第二次世界大战期间，军事工业加速发展，这使得各国能够调动更多的资源，从而进行前所未有的破坏。在20世纪30年代和40年代，军事化的经济体都在急切地追求着能够发动军事冲突的能量和物资，而这些（军事）冲突有时候甚至是鲁莽的、狂热的。这种全球性的对生物量的追求给全世界的森林都造成了影响。正如理查德·塔克所指出的那样，在二战期间，那些还没有被征召入伍的有限劳动力尽可能快地砍伐树木。能量密集、燃烧化石燃料的收割机械和运输网络比以往任何时候都更加发达，这使得对木材资源的掠夺可能在各个大陆上发生。[1]

　　特别是在东亚，日本的军事扩张需要控制森林以及其他形式的能量。在 20 世纪 30 年代和 40 年代，由于发动全面战争的需要，日本加速了对国内外自然资源的开发。伊恩·J. 米勒（Ian J. Miller）认为："全面动员需要全部的能量都服从于战争活动。在对资源的利用上，无论是意识形态资源还是其他物质资源，短期军事需要都应被提升到优先考虑的地位。"从 1931 年入侵满洲到 1945 年无条件投降，日本在一场"不断升级的消费狂潮"中开发和牺牲了自然资源，这场"消费狂潮"涵盖了日本经济的方方面面。[2]日本企业在满洲开采煤矿的过程中，始终坚持着日本的帝国模式，对环境的影响漠不关心。日本统治下满洲的工业发展最终为中华人民共和国时期东北地区的严重污染埋下了种子。[3]中国方面，在 1937 年至 1945 年的国民党政权统治下，对西南地区的战时战略产业开发，也导致了类似的后果。但是，当然，战时环境史尚有待更加全面的研究。[4]

　　但并非所有用于二战的能源都以化石燃料的形式出现。米勒在叙述日本的战时经历时指出："通常，对第二次世界大战的标准描述是：这是一场完全现代性的、机械化的冲突，然而，令人惊讶的是，在这场战争中，驯养动物竟然也是一项重要的军事技术。"[5]这种趋势在 20 世纪 30 年代和 40 年代河南特有的"体能体制"（somatic energy regime）中表现得更为明显。当时，河南在战时对能源展开了无限制的追求，这种追求既包括对作为食物和燃料的植物生物量的提取，也包括对人类和动物的肌肉力量的控制。

　　本书对能量流的关注也突出了水在战争史上的重要性。在抗日战争期间，在河南的中日军队竞相操纵黄河，并试图利用其力量对抗自己的军事敌人。在国共内战期间，国民党军队再次试图将黄河作为武器来对抗共产党。虽然战争引发的洪水在中国造成的破坏规模极为巨大，但它绝非仅见。从 19 世纪 50 年代至 60 年代震惊世界的美国内战，到 20 世纪上半叶的两次世界大战，再到 1945 年后的非殖民化战争和冷战，操纵地表水已经成为现代战争的一个重要组成部分。

在美国内战期间，作为密西西比河沿岸行动的一部分（该行动以 1863 年对维克斯堡的围攻而告终），联邦的军队领导人竭尽全力控制这条河的河道，以消除其危险——危险来自它的不可预测性，以及南方军队沿河岸布置的防御工事。[6] 如莉萨·布雷迪（Lisa Brady）所说，为了控制战略地形并获得军事优势，联邦陆军的工程师们通过修建截水沟和运河来改造河流，从而使河流绕过了南方的防御工事。[7] 水是一支军队的敌人，却是另一支军队的盟友。1864 年至 1865 年内战即将结束时，威廉·特库姆塞·谢尔曼（William Tecumseh Sherman）的部队逼近萨凡纳，当时驻扎在佐治亚州（Georgia）的南方联盟军队切断了堤坝，把这里变成了沼泽，从而阻碍了联邦军队的进攻。在卡罗来纳州（Carolina），由于大雨而泛滥的沼泽和河流成了障碍物，这些障碍物使得联邦部队几乎无法行动。[8] 布雷迪的结论是："水——而不是叛军——对谢尔曼的军队构成了最大的挑战。"[9] 在与美国南部水域进行了长期战斗之后，联邦军队才最终战胜了它的南方对手。在太平天国运动（1851—1864 年）期间，中国的内河水道很可能具有类似的重要性。但是，这场冲突的环境史——近代史上最大的、最具破坏性的内战——尚未被人书写。[10] 在 20 世纪的世界大战中，蓄意策划的战略洪水同样引人注目。第一次世界大战开始后不久，德国军队入侵比利时，当德军从侧翼包抄他们的对手时，佛兰德斯（Flanders）平坦而多水的地形给他们造成了严重的障碍。与中国的大部分地区一样，佛兰德斯的环境也是由复杂的人工水利系统控制的。几个世纪以来，居民们通过挖运河和沟渠、修建堤防、围海造田等方式来开垦土地。威廉·斯托里（William Storey）认为，在战时，"这些建筑很容易受损，一旦受损，士兵们就会难以移动和挖掘这些建筑物"。佛兰德斯的水利系统对德国军队来说是一个环境挑战，但对他们的对手来说却是一个机会。1914 年 10 月，为了阻止德国的进攻，比利时国王阿尔贝一世（Albert Ⅰ）下令打开了众流汇聚的伊瑟河（Yser River）沿岸的水闸。河水立刻淹没了附近的乡村，从而阻止了德国军队向西南移动。就像蒋介石为抗击日本人而凿开黄河一样，阿尔伯特国王的"环境战争行为确保了他通过淹没大部分国土来保护他的国家"。[11]

几十年后，为了军事目的而对地表水进行反复地战略性操纵成了第二次世界大战的一个特点。大坝和水利工程首次成为空中轰炸的目标。1943 年 5 月，作为"惩戒行动"的一部分，英国皇家空军轰炸了德国的埃德尔（Eder）、默讷（Möhne）和索佩（Sorpe）大坝，这导致了鲁尔山谷（Ruhr Valley）的洪水泛滥。在第二次世界大战的欧洲战场上，就像在中国一样，军队常常通过制造战略洪水来阻止敌人。1940 年，荷兰人水淹盖尔德雷兹山谷（Gelderese Valley），以减缓德军在荷兰的前进速度。1944 年，当战争的势头转向对德军不利时，德军故意淹没了利里河（Liri）、加里格利亚诺河（Garigiliano）、拉皮多河（Rapido）、艾河（Ay）和伊尔河（Ill），以及彭蒂内沼地（Pontine Marshes），使盟军

陷入困境。到 1945 年初，德国引发的洪水使荷兰西部超过 20%
的耕地被淹没，数千人被迫撤离。[12]

　　在朝鲜战争期间，美国空军对朝鲜的大型水坝发动了攻
击。鸭绿江上的水丰大坝（Suiho Dam）是当时世界上仅次于胡
佛大坝（Hoover Dam）的第二大大坝，1952 年 5 月该大坝被轰
炸，但并未被完全炸毁。1953 年 5 月，美国轰炸机还轰炸了德
山（Toksan）、慈山（Chasan）和旧院里（Kuwonga）大坝，这
造成了洪水泛滥，并摧毁了新种植的水稻作物。此后不久，他们
又袭击了南市（Namsi）和泰川 (Taechon) 的水坝。1953 年 5 月，
59 架美国空军 F-84 战机轰炸了德山水坝，洪水摧毁了 6 英里铁
路、5 座桥梁、2 英里的公路和 5 平方英里的稻田。布鲁斯·卡明
斯（Bruce Cumings）写道："德山水坝第一次破裂，'冲清'了
27 英里河谷，大水甚至冲进了平壤。战后，朝鲜发动了 20 万人次
的劳动力重建该水坝。"[13]

　　也许，抗日战争时期河南泛区的军事化水道与二战期间和
1946—1954 年第一次印度支那战争期间的越南有着最惊人的相
处之处。大卫·比格斯（David Biggs）在其关于湄公河三角洲
历史的著作中描述，二战期间日本的军事占领导致了复杂运河网
的退化。[14] 在越南独立同盟会（以下简称"越盟"）对法国发动
的反殖民起义中，战争所造成的疏忽使得殖民时代的水道进一步
恶化。[15] 军事冲突严重破坏了殖民时期湄公河三角洲的水网，每
年洪水都会冲垮堤坝。[16] 随着第一次印度支那战争的升级，参战
人员不断操纵水利系统以获得战略优势。法国镇压起义的行动依
赖于可通航的道路和水路，以及有效的通信线路。越盟通过摧毁
桥梁、道路和小运河，将法国的军事优势限制在脆弱的公路和几

条大运河上，此举消除了法国的军事优势。[17] 可见，河流环境具
有极其重要的战略意义。法军常常会部署火力，摧毁越南民兵为
保持水位上涨而修建的水坝。而每一次，在法国人的袭击之后，
当地的劳工就会重建屏障以保护越盟基地。对越南人民来说，"想
要抵抗一个军事上占优势的敌人，游击队不仅要学会控制水路，
还要懂得与侵占了道路和种植园的沼泽结盟"。[18] 比格斯认为，通
过与"潮汐、泥沙和植物演替的力量"结盟，"越盟的反殖民起义
者必然会在这片景观上扎根"。[19] 越盟从洪水和运河的快速淤
积中获得了战略利益。[20] 通过修建屏障，以及与自然力量成为"朋
友"，越盟促进了湿地环境的恢复，而这些湿地环境在土地被开
垦为殖民地种植园之前就已经存在了。[21] 由于越盟军队为了军事
目而不断地操纵环境，湄公河三角洲的荒地"重新变成了沼泽，
在某些情况下，甚至变成了年轻的白千层森林"。法国及其越南
盟友将这些土地称为"死地（terres mortes）"，并批判越盟的
"焦土战术"。然而，正是基于这一对地缘战略地形的改变和利用，
才促进了越盟的军事生存。[22]

　　河南黄泛区也发生了类似的生态变化。几个世纪以来，人类
劳动已经改变了华北的面貌。河南复杂的环境基础设施——如农
场和水利系统——需要不断的劳动力和投资。而暴力冲突、河流
的战略改道，以及 1942 年至 1943 年的河南饥荒，消除了维持人
为景观所需的能量，导致了严重的生态破坏，从而使这里形成了
一个主要由未开垦的湿地和自然植被组成的环境。从比较的角度
来看，华北地区的人工环境极易受到与战争有关的破坏，这与密
西西比（Mississippi）、佛兰德斯或越南南部等地可能没有什么
不同。军事行为者利用这种脆弱性达到其战略目的的意愿也是相

同的。然而，把黄河作为武器进行部署之后所带来的变化，以及中国和日本军队在河道整治上投入的能量，就其规模而言，都显得非同寻常。水在其他地方和时代也有类似的军事作用，但20世纪30年代和40年代黄河军事化所带来的环境变化在规模和持续时间上都是无与伦比的。

缩　写

AH　Academia Historica "国史馆" (台北)

HIA　Hoover Institution Archives　胡佛研究所档案馆

HPA　Henan Provincial Archives　河南省档案馆

IMHA　Institute of Modern History Archives "中研院" 近代史研究所档案馆 (台北)

MHD　Huanghe shuili weiyuanhui, Minguo Huanghe da shiji (Chronology of the Yellow River in the Republican period) 黄河水利委员会:《民国黄河大事记》

MHS　Minguo Huanghe shi xiezuo xiaozu, Minguo Huanghe shi (History of the Yellow River in the Republican period) 民国黄河史写作小组:《民国黄河史》

SJZHFZ　Shanhou jiuji zongshu Henan fenshu zhoubao (Weekly report of CNR-RA's Henan branch office)《善后救济总署河南分署周报》

SPA　Shaanxi Provincial Archives　陕西省档案馆

UNARMS　United Nations Archives and Records Management Section　联合国档案和记录管理科

YRCC　Yellow River Conservancy Commission Archives　黄河水利委员会档案馆

ZMA　Zhengzhou Municipal Archives　郑州市档案馆

注 释

导 论

1. Perry O. Hanson, "A History of UNRRA's Program Along the Yellow River, Chapter I. Background"(1947),1–2:UNS-1021Box55File3.

2. Dutch (2009)。他有几部作品主要从军事史的角度考察了 1938 年的黄河水灾。参见 Lary（2001）：191—207；渠长根（2003）；Lary（2004）。对这场灾难具有启发性的文化解读，见 Edgerton-Tarpley（2014）。

3. 对河南饥荒最早、最具影响力的记载见于 White and Jacoby (1980)。最近的学术研究，见 Lary(2004)；吴应铣(2007)。关于饥荒的原因和后果的量化研究，见 Garnaut(2013)。关于孟加拉饥荒的研究，见 Sen(1981),Greenough(1982)。

4. Tucker and Russell (2004);McNeill (2004); Bennett (2009); Closmann (2009); Pearson (2009); McNeill and Unger (2010); Pearson et al. (2010); Biggs (2011); Brady (2012).

5. 也许是由于人们倾向于把战争和自然转化看作是不同的范畴，所以关于中国战争环境史的研究很少，在这方面值得注意的作品包括伊懋可（Mark Elvin）（2004）：Chapter 5,8；Perdue（2005）。

6. Lary and MacKinnon（2001）；Coble（2003）；方德万（Hans Van de Ven）（2003）；Waldron（2003）；Westad（2003）；MacKinnon（2008）；Lary（2010）；MacKinnon et al.（2007）；Peattie, Drea, 方德万（2010）；Flath and Smith（2011）；萧邦齐(Schoppa)（2011）；Mitter and Moore（2011）。最权威的概述见 Mitter（2013a）。

7. Rogaski（2002）：401。岳谦厚（2008）将日本入侵山西所造成的破坏进行了分类，而没有呈现一个清晰的环境历史。

8. MacKinnon（2001）：122；张根福（2006）：第 128—135 页。张根福（2004）有效地论述了另一个受到 1938 年黄河洪水影响的省份安徽省的难民迁移。

9. 夏明方（2000a：第 59—78 页）认为，对于中国农村人口来说，作为战争的次阶效应而出现的生态灾害是难民迁移的重要催化剂。对河南战后损失的估计也支持了这一观点（陈传海，1986）：第 69 页。

10. 这个框架的灵感来自 Fiege（2004）和 Laakonnen（2004）。

11. Weisz（2007）:291-292。我从 Martinez-Alier（1987），Martinez-Alier（2007），Fischer-Kowalski and Haberl（2007）的研究中获益匪浅。

12. Burke (2009):35. White (1995):4–5.

13. Marten (2001):109; Pimentel and Pimentel (2007):9; Smil (2008):4–5.

14. Smil (2008): 6–7; Marten (2001): 109-110; Pimentel and Pimentel (2007): 9–11; Christian(2005): Appendix II; Burke (2009):34.

15. Russell (2010):237.

16. Ibid.,236。关于食物网内的能量转化，见 Smil（2008），第 113—118 页。

17. Russell (2010):236.

18. Ibid.,236–237.

19. Evenden (2011):70.

20. Ibid.

21. Ibid.,71.

22. Ibid.,88.

23. Ibid.,83.

24.《说文解字》。

25.《说文解字注》。

26. Weller (2006): Chapters 2–3.

27. 陆尔奎（1997）：第 205 页。可以在舒新城的研究中找到可比较的定义，舒新城等（1940）：第 414 页。科学概念的传播途径很复杂。Liu（1995：274，347—348）指出，词语"力学"通过传教士译者丁韪良（W. A. P. Martin）的中文书籍《格物入门》（1868）到达日本，并传回到中国。她还列出了一些后缀 -li 通过日本来到中国的术语（刘禾：《跨语际实践》）。

28. McNeill (2001):11–12.

29. Burke (2009):36.

30. 这个概念来自 Wrigley 的研究，Wrigley（1990）。20 世纪晚期的中国被 Marks 描述为"先进的农业经济"，Marks（2002）和 Marks（2012）。

31. 我对水势的翻译是遵从伊懋可的用法，见伊懋可（2004）。

32.《说文解字》。

33. 陆尔奎等（1997）：第 213 页。亦可参见舒新城等（1940）：第 431 页。

34. 河南地方史志编纂委员会（1990）：第 1—3 页、第 9—10 页、第 172—174 页、第 180—203 页、第 210—222 页；Todd（1949）：44；张信（2000）：第 21 页。

35. 河南地方史志编纂委员会（1990）：第 7 页；张信（2000）：第 22 页。

36. 河南地方史志编纂委员会（1990）：第 3—4 页、第 124 页、第 153 页；Todd（1949）：44；张信（2000）：第 22—24 页。

37. 河南省地方史志编纂委员会（1990）：第 4—5 页、第 124—125 页、第 310—327 页、第 372—376 页、第 397—398 页；Todd（1949）：44；Marks（2012）：152—156。

38. 河南省地方史志编纂委员会（1990）：第 3 页，第 255—261 页、第 271—302 页；Todd（1949）：40；Pietz（2002）：Chapter 1；韩昭庆（2010）：第 203—247 页；Marks（2012）：233—240。在 18 世纪，河南的贾鲁河是中国南部和北部之间粮食运输的一条重要水路分支。到了 19 世纪，黄河的洪水使得贾鲁河淤废，无法通行，因此货物不再沿着水道运输。生态破坏，加上铁路建设，导致了贾鲁河的遗弃。见河南省地方史志编纂委员会（1990）：第 259—260 页；张信（2000）：第 25 页。

39. 吴应铣（1994）：第 15 页。

40. Des Forges（2004）；河南省地方史志编纂委员会（1990）：第 9—10 页；吴应铣（1994）：第 17 页；张信（2000）：第 25—28 页。

41. Vermeer（1988）：2—5，47—55、70—88，亦可参见陕西省地方志编纂委员会（2000）。

42. 伊懋可（1993）；Marks（2012）：第 336 页。

43. Kreike（2006）：18—19。这些想法在克雷克接下来的研究中得到了完善，见 Kreike（2013）。

44. Marks (2012):243.

45. 关于 19 世纪到 20 世纪 30 年代华北地区普遍存在的环境危机，有着丰富的研究。See Pomeranz（1993）；Dodgen（2001）；伊懋可（2004）；李明珠（Lillian M. Li）（2007）；Pomeranz（2009）；Marks（2012）：235—243。

46. 李明珠（2007）:307. 苏新留（2004）调查了民国时期河南的洪水和干旱灾害。文芳（2004）收集了口述历史和回忆录文献。

47. "warscapes" 一词来自 Nordstrom（1997）。

48. Cronon (1992).

49. Tucker (2011).

第一章

1. White(1995):4–5.

2. Christian(2005):507.

3. White(1995):5.

4. 青藏高原陡峭的岩石山坡、低蒸发、高保湿和相对较高的降水量意味着超过 56% 的黄河径流来自兰州上游。中游提供了大部分剩余的径流，而下游在全部径流中的占比很小。参见 Pietz and Giordano（2009）。

5. White(1995):14.

6. McNeill（1998）: 46. 对早先事例的总结参看 Sawyer（2004）。

7. 参见毕春福（1995）：第 2—5 页；Lamouroux（1998）:546；渠长根（2003）：第 61—62 页；伊懋可（2004）：第 139 页; Zhang（2011）: 22，24，31。

8. 伊懋可（2004）：第 115 页。

9. Ibid,.128.

10. Lary（2001）（194—196；方德万（2003）:217—224；Lary（2004）:146；MacKinnon（2008）: 31—36；Drea，方德万（2010）:32—34；MacKinnon（2010）:190—196；Tobe（2010）:208—211；MS：171—173。

11. 毕春福（1995）：第 26—41 页；章伯锋（1997）：第 472 页；方德万（2003）:226；Lary（2004）:146—147；程有为等（2007）：第 284 页；MacKinnon（2008）:35—36；Drea，方德万（2010）:34；MacKinnon（2010）:195；Tobe（2010）:209—210；MHS：174—175。Mitter（2013a）:157—158。有关这些活动的资料参看陈传海（1986）：第 9—21 页。

12.《何成璞建议趁桃汛决堤》（1938 年 5 月）：第 4 页。亦见毕春福（1995）：第 37 页；章伯锋（1997）：第 472 页。

13.《刘仲元等江电》（1938 年 6 月）：第 4 页。

14. Todd(1949):40; Lary(2001)198–199.

15. 蒋介石日记（1938 年 6 月 3 日）：胡佛研究所。

16. 章伯锋（1997）：第 472—473 页；Lary（2001）:198-199；Lary（2004）:148；MHD：130—131；MHS：176；程有为等（2007）：第 284 页；Mitter（2013a）:158—160。

17. 来自熊先煜日记（1938 年 6 月 9 日），收入《1938 年黄河决堤史料一组》（1997）：第 11 页。

18. 章伯锋（1997）：第 474—475 页；Lary（2001）:201—202；渠长根（2003）:140；方德万（2003）:226；Lary（2004）:144；MHS：176—177。

19. Lary(2010):78–79;Mitter(2013a)):171.

20. 韩启桐、南钟万（1948）：第 6 页。

21. 同上，第 1—2 页；河南水利厅水旱灾害专著编辑委员会（1998）：第 95

页；Lary（2001）：199—201；Lary（2004）：149；程有为等（2007）：第
284—285 页；MHS：178—179。

22. 1938 年 7 月初的一项调查报告说，洪水影响了 2,300 平方千米的土地、200
万人和 3,600 个村庄，摧毁了 5 万所房屋。《民国二十七年黄河决口灾情调
查表》（1938）：第 144 页。

23. 韩启桐、南钟万（1948）：第 13—14 页，第 18 页。参见徐有礼和朱兰兰（2005）：
第 151 页，第 154—155 页，第 162 页。一亩约等于 666.667 平方米，0.0667 公顷。

24. 李文海等（1994）：第 255—256 页；苏新留（2004）：第 81 页；徐有礼和
朱兰兰（2005）：第 153 页；程有为等（2007）：第 287 页。

25. 韩启桐、南钟万（1948）：第 7 页。

26. 同上，第 22—23 页；夏明方（2000b）：第 106 页；徐有礼、朱兰兰（2005）：
第 159—160 页；MHS：179—180。

27. Lary(2010):61.

28. 萧邦齐（2011）：第 239 页。

29. Ibid.,250.

30. Mitter(2013a):157.

31. Lary（2001）：199, 205；渠长根（2003）：第 107—114 页；Lary（2004）：第
155 页；Mitter（2013a）：第 161 页；Edgerton-Tarpley（2014）：第 460—463 页。

32. 邢汉三（1986）：第 187 页。亦见谢同兰（2002）：第 99 页。

33.《扶沟县驻工委员乔广厚敬代电》（1938 年 7 月 25 日），《黄泛区沿黄匪水各
县备灾报告》（1938 年 8 月）：YRCC MG4.3.3–6。

34.《(扶沟)廿一至廿四日调查日报表》（1938 年 8 月 21 日—24 日），《黄泛区
沿黄匪水各县备灾报告》。亦见扶沟县志总编辑室（1986）：第 97 页。

35.《(扶沟)八月廿五日至廿八日调查日报表》（1938 年 8 月 25 日—28 日），《黄
泛区沿黄匪水各县备灾报告》。

36. 引自毕春福（1995）：第 33 页。亦见 MHD：130。

37. 引自毕春福（1995）：第 35 页。

38. 毕春福（1995）：第 35—36 页。亦见 MHD：130；程有为等（2007）：第
287—288 页。

39. 谢同兰（2002）：第 100 页。

40. MHD：132；MHS：183—184.亦见扶沟县总编辑室（1986）：第 97—98 页；
毕春福（1995）：第 58 页；徐福龄（1991）：第 24—25 页；西华县史志编
纂委员会（1992）．118 页；李文海等（1994）：第 259 页；渠长根（2003）：
第 169—170 页；程有为等（2007）：第 287 页。

41. 扶沟县志总编辑室（1986）：第 97—98 页；徐福龄（1991）：第 24—25 页；西华县志编纂委员会（1992）：第 118 页；李文海等（1994）：第 259 页；毕春福（1995）：第 58 页；谢同兰（2002）：第 102 页；渠长根（2003）：第 169—170 页；程有为等（2007）：第 287 页；MHD：132；MHS：183—184。

42.《专案报告：黄泛堤工情形》（1941 年 7 月 27 日）：HIA，KMT Project 003 Reel 212 File 1717。

43. 徐福龄（1991）：第 25 页。

44. 徐福龄（1991）：第 25 页；渠长根（2003）：第 171—172 页；程有为等（2007）：第 287 页；MHS：184—185。

45. MHS:185.

46.《黄河水利委员会豫省河防特工临时工程处工作报告》（1940 年 5 月 21 日）：YRCC MG.1-134。

47. 徐福龄（1991）：第 27 页；程有为等（2007）：第 291 页；MHD：142；MHS：185—186.

48. 邢汉三（1986）：第 187 页；程有为等（2007）：第 288 页；MHD：134；MHS：190—191. 亦见《Shin Koga karyu ibban kaikyo chosa hokokusho》（1943 年 9 月 24 日）：YRCC MG 10-140。

49.《Taiko shin Koga chiho chosa hokoku》（1939 年 8 月）：YRCC MG10.29。

50. 邢汉三（1986）：第 187 页。

51. Brook(2005).

52. 邢汉三（1986）：第 187 页。

53.《Taiko shin Koga chiho chosa hokoku》.

54.《Shin Koga karyu ibban kaikyo chosa hokokusho》；邢汉三（1986）：第 187—188 页；程有为等（2007）：第 288 页；MHD：134；MHS：190—191。

55. 邢汉三（1986）：第 188 页。

56.《Taiko shin Koga chiho chosa hokoku》.

57. 邢汉三（1986）：第 188 页。

58. Ibid.,189.

59. Ibid.

60.《Shin Koga karyu ibban kaikyo chosa hokokusho》；MHD：139.

61.《黄河水利委员会豫省河防特工临时工程处工作报告》；亦见渠长根（2003）：第 175—176 页；程有为等（2007）：第 291 页；MHD：139，145。

62. 李文海等（1994）：第 251 页；MHD：139.

63.《李景堂（音）呈》（1939 年 12 月 17 日）：YRCC MG.4.1-8。

64. 程有为等（2007）：第 287 页；MHS：第 186 页。

65.《豫皖黄泛区查勘团报告》。

66.《淮阳县灾民代表拟请拨款筑堤》（1940 年 3 月）；《查勘淮阳灾民请求修筑新堤路线报告书》（1940 年 8 月）：YRCC MG4.1-51。

67.《淮阳县灾民代表拟请拨款筑堤》。

68.《查勘淮阳灾民请求修筑新堤路线报告书》。

69.《专案报告：黄泛堤工情形》，程有为等（2007）：第 291 页；MHD：148—149。

70.《太康县修新黄河堤概略说明》，谢同兰等（1942）；徐福龄（1991）：第 27 页；MHD：147—148；MHS：186。

71.《太康县修新黄河堤概略说明》。

72.《太康县修新黄河堤概略说明》，亦见徐福龄（1991）：第 27 页；MHD：147—148；MHS：186。

73. 邢汉三（1986）：第 189 页。

74. MHD:191.

75. 韩启桐、南钟万（1948）：第 1 页。

76. 邢汉三（1986）：第 189 页。

77. Ibid.,189.

78. Ibid.,190.

79. Ibid.,191.

80. 徐福龄（1991）：第 27 页；MHD：147—148；MHS：186.

81. 卫立煌等《培修黄堤增固国防以利抗战而维民生案》（1940 年 7 月）：HIA, KMT Project 003 Reel 64 File 658。

82.《防泛新堤尉氏段抢险堵口会议记录》（1940 年 8 月 10 日）：YRCC MG4.1-177。

83. 徐福龄（1991）：第 27 页；MHD：148；MHS：186。

84.《防泛新堤尉氏段抢堵临时工程委员会指令》（1940 年 9 月 21 日）：YRCC MG4.2-71。

85. Ibid.

86. Ibid.

87. Ibid.

88. 徐福龄（1991）：第 26 页。

89. 程有为等（2007）：第 292 页；MHS：187。

90.《豫皖黄泛区查勘团报告》（1941）：YRCC MG4.1 124。

91.《专案报告：黄泛堤工情形》；《查勘太康淮阳境内黄泛情形报告书》（1941

年 12 月 31 日）：YRCC MG4.1-135；徐福龄（1991）：第 27 页；李文海等
（1994）：第 252 页。

92. 程有为等（2007）：第 292 页；MHD：156；MHS：186—187。

93.《专案报告：黄泛堤工情形》。

94. Ibid.

95. 同上，亦见西华县史志编纂委员会（1992）：第 117 页。

96.《专案报告：黄泛堤工情形》。

97. 陈传海（1986）：第 36—39 页；毕春福（1995）：第 193—198 页；MHD：
157；亦见 Peck（1967）：第 13 章。

98. 毕春福（1995）：第 198—202 页；MHD：158。

99.《查勘太康淮阳境内黄泛情形报告书》。

100. Ibid.

101. 程有为等（2007）：第 291 页；MHD：156。

102. 谢同兰（2002）：第 100 页。

103. 李文海等（1994）：第 260 页。

104. 徐福龄（1991）：第 28 页。

105. 韩启桐、南钟万（1948）：第 6—7 页。亦见邢汉三（1986）：第 187 页；
李文海等（1994）：第 252 页。

106. Barnett(1953):11.

107. 李文海等（1994）：第 256—257 页；程有为等（2007）：第 286—287 页。

108.《善后救济总署河南分署周报 63》（1947 年 3 月 24 日）：第 4 页；韩启桐、
南钟万（1948）：第 6 页；MHS：181—182；程有为等（2007）：第 287 页。

109. Belden(1943):180.

110. 伊懋可（2004）：第 164 页。

111. Pomeranz(1993):165,167.

112. Todd(1949):40.

113. 李明珠（2007）：第 306—308 页。

第二章

1. 梅桑榆（2009）：第 207 页。

2. Ibid.

3.《第一战区司令长官程代电》（1938 年 7 月 9 日），收入《黄泛区沿黄匪水各
县备灾报告》。

4.《罗专员震养电》（1938 年 7 月 22 日）；《西华县驻工委员吴志道敬代电》（1938
年 7 月 24 日）；《扶沟县驻工委员乔广厚敬荣代电》（1938 年 7 月 25 日）；《中
牟县黄灾泛滥区域调查表》（1938 年 7 月 21 日）》；《罗震世代电》（1938 年 7
月 31 日）；《（扶沟县）第十号调查表》（1938 年 8 月 5 日—6 日）》；《扶沟调
查表》（1938 年 8 月 7 日—8 日）；《（扶沟）八月十五日至廿八日调查日报表》
（1938 年 8 月 25 日—28 日），收入《黄泛区沿黄匪水各县备灾报告》。亦见
薄海涛（1989）：第 119—120 页；渠长根（2003）：第 256 页。

5. 渠长根（2003）：第 254—255 页。亦见薄海涛（1989）：第 119—120 页。

6. 梅桑榆（1992）：第 259 页；梅桑榆（2009）：第 205—206 页。1938 年 7 月，
国民政府工作人员前往河南灾区执行救灾任务，他们对许多居民不愿离开的
态度表示不满，见 1938 年 7 月 20 日的报告，收入《河南省郑县、中牟、尉
氏县关于黄灾急赈工作报告》（1938 年）：HPA M8-08-0194。

7. 王小秋（1990）：第 67 页。有关尉氏县的情况还可以参看陆绍坤（1990）；《罗
震感代电》（1938 年 7 月 27 日），收入《黄泛区沿黄溃水各县备灾报告》。

8. 渠长根（2003）：第 259 页。

9.《扶沟县驻工委员乔广厚敬有代电》（1938 年 7 月 25 日）；《驻扶沟调查委员
乔广厚》（1938 年 8 月 13 日）；《驻扶沟调查委员乔广厚呈送八月十三日至
十八日调查日报表》（1938 年 8 月 13—18 日）；收入《黄泛区沿黄溃水各县
备灾报告》。亦见《Shin Koga karyu ibban kaiko chosa hokokusho》。

10.《扶沟调查表》（1938 年 8 月 7 日—8 日）；《（扶沟）调查日报表》（1938 年 8
月 17—20 日）；《（扶沟）八月廿五日至廿八日调查日报表》（1938 年 8 月
25 日—28 日）；收入《黄泛区沿黄溃水各县备灾报告》。亦见王和平（2003）：
第 118 页。

11.《国民党河南省党部特派屈映光等办理抚济事宜》（1938 年 8 月 15 日）：HPA
M2-25-686；《国民党河南省党部关于党政机关迁移黄灾救济告民众书、标
语》（1938 年 7 月）：HPA M2-27-753；《中国国民党为举行黄灾救济捐款一
日运动告党员民众书》（1938 年 7 月）：HPA M2-25-690；《河南省郑县、中
牟、尉氏等县关于黄灾急赈工作报告》（1938 年 6 月 29 日—8 月 8 日）：HPA
M8- 08-0194。亦见渠长根（2003）：第 272—275 页、第 291—298 页；渠长
根（2007）：第 57—63 页；MHS：180—181。

12.《前往孔委员长蒋（音）代电》（1938 年 7 月 3 日）；《东海（音）代电》（1938
年 8 月 2 日）；收入《黄泛区沿黄溃水各县备灾报告》。

13. 梅桑榆（2009）：第 206—207 页。

14. A.J. Parenti toNewton Bowles, "Part I, Survey of Flooded Area Refugees as

basis for estimating post-UNRRA food requirements", September 7, 1947: UN S-0528-0543 A.R. 8B. 亦见渠长根（2003）：第 299—304 页。

15. 渠长根（2003）：第 256 页。亦见梅桑榆（2009）：第 214 页。

16. 宋代人们已经发现了蚊子和传染病（很可能指疟疾）的关系，参见 Zhang（2011）：第 32—33 页。

17. 1938 年 7 月 20 日的报告，收入《河南省郑县、中牟、尉氏县关于黄灾急赈工作报告》。

18. 1938 年 8 月张大奇（音）的建议，收入《河南省郑县、中牟、尉氏县关于黄灾急赈工作报告》。

19. 王和平（2003）：第 118 页。

20.《西华吴志道皓代电》（1938 年 8 月 19 日），收入《黄泛区沿黄溃水各县备灾报告》。

21. 许守谦（1991）：第 25 页。更多资料参见扶沟县志总编辑室（1986）：第 92 页；冯玉璠（1991）：第 36—37 页；刘景文（1991）：第 6 页；韩发海、韩章玉（1991）：第 59 页；太康县志编纂委员会（1991）：第 94 页。

22.《（扶沟）廿一日至廿四日调查日报表》，《（扶沟）八月廿五日至廿八日调查日报表》，收入《黄泛区沿黄溃水各县备灾报告》。

23. 引自李文海等（1994）：第 248 页。

24.《调查员吴朝亮（音）八月四日呈报尉氏县泛滥区域调查表》（1938 年 8 月 4 日）；《扶沟县调查表第九号》（1938 年 8 月 4 日）；收入《黄泛区沿黄溃水各县备灾报告》。

25.《八月廿五日至廿八日调查日报表》，收入《黄泛区沿黄溃水各县备灾报告》。

26.《查勘太康淮阳境内黄泛情形报告书》（1941 年 12 月 31 日）：YRCC MG4.1-135.

27. 扶沟县志总编辑室（1986）：第 97—99 页；《河南省战时损失调查报告》（1990）：第 15 页；西华县史志编纂委员会（1992）：第 118 页；王和平（2003）：第 119 页；徐有礼和朱兰兰（2005）：第 148—53 页（原文如此）；MHD：136；MHS：182—188。

28. 李文海等（1993）：第 525—526 页，第 532—533 页；李文海等（1994）：第 251—252 页。

29. 邢军纪（1996）：第 216 页。

30. 渠长根（2003）：第 260 页。

31.《1939 年河南省各县水灾损失调查统计表》（1940）：HPA AB6-591。

32. Zhang(2011):32.

33. 1947 年黄河重回 1938 年以前的故道，大雁数量逐渐减少。但即使在 20 世纪 50 年代，也有 3,000—4,000 只大雁夜间栖息在贾鲁河两岸。有许多大雁被捕杀，最终大雁数量锐减，不再在扶沟越冬。20 世纪 40 年代末，洪水退去后，白鹭也离开了，再也没回来。扶沟县志总编辑室（1986）：第 249—250 页。

34. Lary(2004):155-156.

35. 刘克明、毛文学（1991）：第 49 页。

36. 刘景文（1991）：第 7 页。

37. 王炳军（音），《为报告时局报河南省郑县、中牟、广武三县灾情》（1942 年 7 月 28 日）：胡佛研究所，国民党档案 TE 20, Reel 13 File 534。关于浙江军事工程中的木材征收问题参见萧邦齐（2011）：第 253—254 页。关于中日军队在黄河两岸对峙给陕西造成的困难参看贺萧（Gail Hershatter）（2011）：第 40 页。

38. 宋代洪水导致的移民看看 Zhang（2011）：第 35 页。清代和民国时期华北其他地区的情况参看 Huang（1985）：第 10—11 页、第 30—32 页、第 271—273 页。

39. 朱汉国、王印焕（2001）：第 134—142 页；苏新留（2004）：第 132—140 页；贺萧（2011）：第 42—43 页。

40.《为黄灾惨重赈济未周拟请拨巨款彻底救济案》（1939 年 10 月 24 日）：HIA, KMT Project 003, Reel 45 File 389。

41. 从 1937 年到 1945 年，国民党军在河南一共征召了 1,898,000 人。参见方德万（2003）：第 256 页。本书下一章将详细讨论 1937—1945 年抗日战争期间河南的征兵活动及其影响。关于早期河南的征兵活动，参见 Lary（1985）：第一章。其他的例子参见朱汉国、王印焕（2001）：第 140 页。20 世纪 30—40 年代陕西的征兵活动参见贺萧（2011）：第 51—54 页。

42. 李文海等（1994）：第 262 页。

43.《为黄灾惨重赈济未周拟请拨巨款彻底救济案》。

44. 李海山（2003）：第 116 页。

45. Parenti 致 Bowles，《关于洪水区难民的调查》的第一部分。亦见吴书款（2004）：第 172—175 页。

46. 马永和等（1991）：第 45—46 页。

47. 苏新留（2004）：第 81 页；徐有礼和朱兰兰（2005）：第 151 页；MHS：179—180。

48. 邢军纪（1996）：第 213 页。

49. 靳天顺（1990）：第 74—75 页。

50. 李海山（2003）：第 114 页。

51. 扶沟县志总编辑室（1986）：第 92 页、第 98—99 页。

52.《中央调查统计局特种经济调查处》（1944）。亦见陈传海（1986）：第 268—269 页。

53. 韩启桐、南钟万（1948）：第 42 页；关建初（1991）：第 111—112 页。

54. 田乐廷（2000）：第 84 页。

55. 谢同兰（2002）：第 100 页。

56.《中央调查统计局特种经济调查处》（1944）。1939—1940 年，郑州和中牟是主要的走私中心。1941 年，由于国民政府的防御和日军封锁收紧，郑州周边的走私活动减少，贸易转移到南边的界首，那里成为"全国最大走私中心"，甚至可以匹敌浙江金华和香港。周家口曾经是贾鲁河和沙河交汇处的水运重镇，所以，也成了重要的转口贸易中心。同上。

57. 谢同兰（2002）：第 100 页。

58.《中央调查统计局特种经济调查处》（1944）；扶沟县志总编辑室（1986）：第 94—96 页。对走私的经典研究是 Eastman(1980)。萧邦齐（2011）：第 11 章。

59. 太康县志编纂委员会（1991）：第 91 页；西华县史志编纂委员会（1992）：第 118 页。

60.《中央调查统计局特种经济调查处》（1944）。

61. Peck(1967):367.

62. 哲夫（1942）：第 44 页。萧邦齐发现，浙江至少有三个村庄受战时环境影响变成了繁荣的商业市镇，它们被戏称为"上海"，参见萧邦齐（2011）：第 11 章。

63. 陈传海(1986)：第 100—102 页；扶沟县志总编辑室（1986）：第 397—398 页。

64. 苏新留（2004）：第 81 页；联合国档案和记录管理科，《河南、安徽、江苏黄泛区调查报告》（1947 年 7 月 14 日）：第 19 页，UN S-0528-0070。

65. Sugimoto（1939）：458—459；韩发海、韩章玉（1991）；刘克明、毛文学（1991）：第 47—48 页；李玉宝(1991)：第 71 页；田允生（1991）：第 73 页；苏新留（2004）：第 83 页；关于宋代洪水区的食盐生产，参看 Zhang(2011)：第 35 页。关于 20 世纪初豫北盐碱化村庄的食盐生产，参看 Thaxton(1997)。

66. 雷雨、娄云海（1991）：第 57 页。关于中牟县的盐碱化参看朱显谟、何金海（1947）：第 114 页。

67. 张仲礼（1994）：第 134 页。

68. 谢同兰（2002）：第 100 页。

69. 梅桑榆（2009）：第 206 页。

70. 雷雨、娄云海（1991）：第 57—58 页；刘克明、毛文学（1991）：第 48 页。

71.《善后救济总署河南分署周报》1946 年 4 月 1 日第 12 版，第 4 页；联合国档案和记录管理科，《财经顾问办公室河南周报》1946 年 5 月 28 日第 9 版，第 3—4 页。

72. Robert Hart to Walter West, "Report on Field Trip to Flooded Area, 16 to 26 March, 1947"（March 28, 1947）: UN S-0528-0543, A.R. 8。关于燃料短缺参看梅桑榆（2009）：第 214—215 页。

73. 韩启桐、南钟万（1948）：第 42 页；吴书款（2004）：第 173 页；任复礼（1996）：第 149 页。

74. 张仲礼（1994）：第 134 页。

75. 报告引自《南一段总段长阎楷呈》（日期不明）;《王秋杭（音）签呈》（1940 年 1 月 15 日）;《全先邈（音）签呈》（1940 年 1 月 15 日）;《全先邈（音）呈》（1940 年 1 月 19 日）;《南一段总段长阎楷呈》（1940 年 1 月 19 日）: YRCC MG2.2-277。

76.《淮阳县灾民代表拟请求拨款筑堤》。

77. "Notes on Information from Dick Hillis, H.I.R.C. Regarding Conditions in parts of the Flooded Area, Honan, March, ' 46"（March 1946）: UN S-0528-0543, A.R. 8，又刊于 "Monthly Report, March 1946, Section 7-Welfare Attachment（2）": UNS-0528-0540。

78.《郑县政府布告》（1940）: YRCC MG4.1-43。

79. 华北的森林砍伐情况参见伊懋可（2004）：第三至四章。Pomeranz（1993：112—127）讨论过 19 世纪至 20 世纪初的燃料短缺问题。

80.《南一段总段长阎楷呈》;《王秋杭（音）签呈》;《全先邈（音）签呈》;《南一段总段长阎楷呈》。关于军事上的燃料需求参看《河南省政府代电》（1944 年 11 月）: HPA M08-50-1469。

81. Zhang(2009):1–36;Marks(2012):154–156,233.

82. Sugimoto(1939):459.

83. Ibid.

84. John H. Shirkey to Walter West,"Recording Some Observations and Recommendations Made During a trip to Chengchow,Hsu-chang,Yen-ling,Fu-kou,Weishih,Hsi-hua,Chou-chia-k'ou,Lo-ho and Vicinities,24 February to 3 March,1947"(March 11,1947):UN S-0528-0544 A.R. 17a.

85. Walter West,"Report from Flooded Area Committee. Field Trip 16th March. Report No. 4"(March 19,1947):UN S-0528-0544 A.R. 17a.

86.《豫皖黄泛区勘察团报告》（1941）: YRCC MG4.1-124。

87. Ibid.

88. 同上，亦见刘景文（1991）：第 7 页；毛广德（1991）：第 74 页。

89.《豫皖黄泛区勘察团报告》。亦见谢同兰（2002）：第 102 页。

90. 渠长根（2003）：第 259 页。

91. Parenti to Bowles，"Part I, Survey of Flooded Area Refugees"，亦见渠长根
（2003）：第 299—304 页。

92. 李丽霞、王建军（2006）：第 5 页。

93. UNRRA, "Weekly Report for Economic Analysis Bureau, Honan Region" 6
（May 6, 1946）：2；韩启桐、南钟万（1948）：第 42 页。

94. 单双成（1991）：第 77—78 页。

95. 李丽霞、王建军（2006）：第 5—6 页。

96. 毛广德（1991）：第 74—75 页。

97. 梅桑榆（2009）：第 206 页。

98.《大公报》1938 年 6 月 28 日：第 28—29 页。

99.《张钫关于黄河决口被灾难民应广筹移提案》（1940）：第 43 页。

100. Farm Credit Division of the Farmers Bank of China, "Land Reclamation in
War-time China:A Memorandum for the U.S. Technical Experts to China"
(October 1942): HIA, Walter C. Lowdermilk Papers, Box 9.

101. Lowdermilk（1944）：205—206；陕西师范大学地理系延安地区志编写组
（1983）：第 37 页。关于此地开垦更详细的历史参看穆盛博（Muscolino）
（2010）。

102. 王元林（2005）：第 285 页；杨红娟、侯甬坚（2005）：第 127—129 页。

103. Lowdermilk（1944）：204；杨红娟、侯甬坚（2005）：第 130 页。

104. Lowdermilk（1944）：203；王元林（2005）：第 286 页。

105. Lowdermilk（1944）：204—205；陕西省地方志编纂委员会（1994）：第
24 页。

106. 周昌芸：《黄龙山之土壤》（1938）：SPA 9-5-285。

107. 陕西省地方志编纂委员会（1994）：第 420 页。

108. bld.,661–662,665.

109. 何忠（音）（1940）：16；陕西省地方志编纂委员会（1994）：第 420 页。

110.《农林部黄龙山垦区概况书》（1941 年 12 月 31 日）：SPA 9-2-823。

111. Farm Credit Division of the Farmers Bank of China, "Land Reclamation in
War-Time China" 2.

112. 郭建宣（音），第 3 页。亦见郭而溥（1940）：第 6 页。

113. 马凌甫（1989）：第 15 页。

114. 孙艳魁（1993）：第 172 页；陆和健（2005）：第 89 页。河南西部邓县的
另一个垦区接纳了 5,000 名洪水难民，开垦 22,000 亩土地。与黄龙山垦区
不同，邓县垦区的资料十分匮乏。参见河南省政府（1938）；苏新留（2004）：
第 164—165 页。

115. Lowdermilk(1944):203.

116. Vermeer(1988):75,86.

117.《陕西省黄龙山垦区办事处工作报告书》（1939 年 9 月 30 日）：SPA 7-1-2。

118.《农林部黄龙山垦区概况书》（1941 年 12 月 31 日）：SPA 9-2-823；朱德君
（1986）：第 224 页。

119.《陕西省黄龙山垦区办事处第一年工作报告书》（1938 年 1 月）：SPA 7-1-2；
黄龙县地方志编纂委员会（1995）：第 660—661 页。

120.《农林部黄龙山垦区概况书》（1941 年 12 月 31 日）：SPA 62-2-50；吴致勋
（1944）：第 32 页。

第三章

1. 这是一个较为保守的估计，来自 1943 年的一项官方调查。调查显示，河南国
民党控制区有 1,484,983 人死于饥荒。参见《各县灾区死亡数目之调查统计》，
附于《张光嗣关于河南旱灾情况及救灾情形的调查报告》（1943 年 9 月 27 日），
收入中国第二历史档案馆（1991）：第 565—566 页。

2. ó Gráda（2009）：12，230，亦见 Sen（2000）：第 10—26 页。

3. ó Gráda(2009):11.

4. Tucker and Russell(2004):1.

5. Mitchell(2002):27–30；Latour(2005).

6. Walker(2010):16.

7. White and Jacoby（1980）：第 172—177 页；White（1978）：第 150 页，
第 152 页，第 155—156 页。李明珠（2007：307）虽然没有直接关注 1942—
1943 年的河南饥荒，但是她延续白修德的看法写道，这场饥荒是"是人为因
素造成的"，并且指出国民政府压制关于饥荒的报导，表明"政府是造成这
场悲剧的共犯"。Bose（1990）同样将这场饥荒描述为一场"人造"饥荒。

8. Eastman（1984）：第 78 页。尽管如此，蒋介石政权仍然需要为河南饥荒负责。
Mitter（2013a：273—274）也关注"1941 年以后中国加入全球战争后，民族
主义国家解体"所造成的财政压力。

9. 吴应铣（2007）。

10. Lary(2004):160–162;Lary(2010):124–126.

11. 方德万（2010）：458。

12. 徐有礼、朱兰兰（2005）：第 151 页；张仲鲁（2005）：第 146 页。

13.《豫皖黄泛区查勘团报告》。

14. 通常，汉字"石"，一种容积单位，发音为 shi。到 20 世纪，这个词已经完全同汉字"担"混淆了，后者是一个重量单位。虽然这两个单位不能互换，但有时它们写作同一个汉字，经常读作"dan"。终于在 1929 年，国民政府指定"石"（dan）作为一个容积单位，而"担"（dan）作为一个重量单位，等于 100 市斤（50 公斤）。本文中，我使用市石（shidan）指代前一个单位，单独用担（dan）则指代后一个单位。另外，实践中，容积单位也常常用来对应固定的重量。例如，一石（体积单位）未脱粒的水稻约重 60 公斤（约 132 磅），而一担（重量单位）相当于 50 公斤（110 磅）。有益的解释见 Eastman（1984）：51—52；Rawski and Li（1992）：xiii; Wilkinson（2012）：559—561。

15. 这份调查假设，洪水破坏了 8,731,500 亩农田，每亩每年可生产两市石粮食，见《河南省战时损失调查报告》（1990）：第 15 页。据估计，从 1938 年到 1946 年河南洪水地区的粮食产量累计下降 103,447,078 石，降幅超过正常水平的 90%。韩启桐、南钟万(1948)：第 30 页、第 32 页。根据吴应铣（2007：177）编制的各类谷物总产量数据，粮食产量从 1936 年的 211,045,000 石下降到 1937 年的 147,363,000 石，而 1938 年则为 105,880,000 石，1939 年则为 101,205,000 石。Garnaut (2013: 21) 发现，战前河南的播种面积相对稳定在 94,000 公顷，但在 1938 年至 1945 年之间，则下降到了 42,000—44,000 公顷，和战前水平相比，下降了 55%。

16. 张仲鲁（2005）：第 146 页。

17. 李培基呈蒋介石（1942 年 9 月 7 日）：AH 00100004790A。

18.《中央调查统计局特种经济调查书》（1944）。

19. Brönnimann et al.(2004):971–974.

20. 黄河中下游地区 1940 年的降水为 -4.74%（降水异常），1941 年为 -22.29%，见郝志新等（2008）：第 17—25 页。

21. 根据 Marks（2012：255）的研究，厄尔尼诺效应造成的最为严重的干旱，发生在 1876—1878 年、1891 年、1899—1900 年、1920—1921 年和 1928—1930 年。On El Niño and its global effects see Davis (2001): 341—376。

22. 河南省水利厅水旱灾害专著编辑委员会（1998）：第 182 页，第 188—189 页；

Garnaut（2013）：6—14。

23. Garnaut(2013):11.

24.《河南省政府救灾总报告》（1943 年 12 月），第 1 页：HPA AB6-588,《河南省政务报告》（1944）：IMH 20-00-03 9-1. 亦见 Garnaut（2013）：第 15—16 页。

25. 该报告假设每人每月消费三斗粮食，则每月共消耗 5,527,390 市石。《河南省三十一年麦收季消费数量统计表》，胡佛研究所国民党档案，TE 29 6.2。亦见《河南农情》1：4/5（1942）：第 1 页、第 7 页。谢伟思（Service）（1974：11）估计，1942 年的小麦产量大约是正常产量的 20%。Wampler（1945：288—229，译者注：原文如此），一位积极参加赈灾的传教士说，河南"大部分地区的小麦产量为正常年份的 50%，极少数地区为 30%"。吴应铣(2007：177）的研究表明，1942 年河南的粮食总产为 46,856,000 担，仅为战前产量的 22%。小麦总产为 24,708,000 担，是战前产量的 23.4%。

26.《河南省政府救灾总报告》第 1 页；White and Jacoby（1980）：172；张仲鲁（2005）：第 144 页；杨却俗（2005b）：第 56 页。亦见杨却俗（2005a）；杨却俗（2005c）：第 52—56 页。Garnaut（2013：16）认为 1942 年夏季作物的产量只有战前平均产量的三分之一。

27.《河南农情》1：4/5（1942）：第 1 页，第 7 页；谢伟思（1974：11）；Garnaut（2013）：5，16—17，37。

28. Garnaut(2013):16.

29. 李文海等（1993）：第 545—546 页；李文海等（1994）：第 257—258 页；李艳红（2007）：第 25—28 页；章义和（2008）：第 46 页。

30. 蝗灾首次出现于 1942 年 6 月，到 8 月份，蝗灾已经波及到河南的西华、扶沟和其他 67 个县。蝗虫啃食高粱、玉米、大豆和黑豆，只留下绿豆和芝麻。《河南省政府救灾总报告》，第 80 页。亦见李文海等（1994）：第 258 页；苏新留（2004）：第 172—174 页；章义和（2008）：第 46—47 页。

31. 蝗灾也会在洪水过后的一两年内暴发，因为洪水退去后，产生的潮气栖息地可供蝗虫在那里产卵。Zhang and Li（1999）；章义和（2008）：第四章。

32. 杨却俗（2005b）：第 156 页；张仲鲁（2005）：第 144 页；李文海等（1993）：第 573—574 页；章义和（2008）：第 46—47 页、第 412—415 页。

33. Marks（2012）：233—235；章义和（2008）：第七章，第 9 页。

34. SJZHFZ 13（1946 年 4 月 8 日）：5。

35.《河南省政府救火总报告》，第 80 页。

36.《张光嗣关于河南旱灾情况及救灾情形的调查报告》，第 565 页。

37.《河南省三十一年各县旱灾调查表》，收入《河南省政府救灾工作总报告》。

38. Young(1965);Eastman(1984):Chapter 2;Eastman(1986):584.

39. 孟士衡（音）（1941）：第 11—15 页；彭若刚（1942）：第 384—390 页；East-man（1984）：49—54；Eastman（1986）：587—588；徐堪（1997）：第 672—673 页；金普森（2001）：第 162—164 页；方德万（2003）：第 276—278 页；方德万（2010）：第 458 页；Mitter（2013a）：267—268。

40. 卢郁文（1942）：第 33 页；徐堪（1997）：第 673—675 页；金普森（2001）：第 166 页。

41. 卢郁文（1942）：第 37—38 页。

42. Garnaut(2013):19.

43. 卢郁文（1942）：第 35—36 页。

44. 卢郁文（1942）：第 33 页、第 34 页；Eastman（1984）:54,58；张仲鲁（2005）：第 146 页。

45. 卢郁文（1942）：第 36 页。

46. Ibid.,37.

47. Ibid.,36–37.

48. Eastman（1984）：55—57；太康县志编纂委员会（1991）：第 93 页；徐堪（1997）：第 675—676 页；方德万（2003）：第 278—279 页。

49. 谢伟思（1974）：第 12 页。亦见 Peck（1967）：313。

50. 张仲鲁（2005）：第 146 页。亦见 Garnaut（2013）：第 20 页。

51. Peck(1967):311.

52. 赵伯燕（1985）：第 304—305 页。

53. 请愿书写道，1941 年中央政府的粮食部分配给河南的摊派额度为 3,733,000 市石。第五战区自行征购了 1,027,000 市石，第 31 集团军征购了 280,000 市石，第一战区的游击队征购了 650,000 市石。1941 年的军粮征购总计 7,200,000 市石。此外，地方部队和警察及其他政府部门的低价粮食征购则达到 3,400,000 市石。国民参政会 262 次大会参政员郭仲隗等 22 人提出：《河南军粮及征实负担过重民力不逮请政府速与减轻以维地方而利抗战案》（1941 年 11 月），见朱汇森等（1990）：第 246—248 页。谢伟思（1974：13）称，正税和各种苛捐杂税，包括军粮征购，总计达粮食产量的 30%—50%。

54. 吴应铣（2007）：第 192—194 页。亦见卢郁文（1942）：第 37 页；王广林（音）（1943）：第 70 页；陈传海（1986）：第 210—228 页。

55. 彭若刚（1942）：第 385 页、第 386—387 页；Wampler（1945）：230；Peck（1967）：336—340。

56. Peck(1967):344.

57. 方德万（2003）：第 256 页。

58. 配乾（1942）：第 45 页；Eastman（1984）：58；张仲鲁（2005）：第 148 页。

59. 《河南省第一区行政督察专员兼保安司令公署五年来工作纪要》(1947 年 7 月 1 日)：ZMA 6-1-37。亦见王广林（音）（1943）：第 70 页。

60. 除了粮食税外，河南省政府统计，1940 年军队征用大车 453,174 辆，家畜 35,666 头，民工 6,306,306 名，人力车 56,894 辆，木板 130,345 块，麻袋 14,424 条，木材 245,593 公斤，麻类植物 23,814 公斤，搬运工 25,574 名，砖 465,688 块，铁丝 307,417 米（也就是 587 公斤），船 381 艘，榫头 145,132 个，绳子 53,027 米，手推车 2,263 辆，扁担 776 根，布袋 22 口，炸药 258 公斤，钢 119 块，锤 39 个，麻绳 3,300 米，高粱秆 30,500 根，独轮手推车 1,518 辆，钢钉 203,493 根，柳条 571,283 公斤，干草 693 公斤，麦秸 1,332 公斤，苇席 822 席，牲口 22,382 头。这些数字只是向政府报告的部分，实际的数字必定更高。

61. 《河南省上蔡县平新乡乡公所呈》（1942 年 10 月）：HPA M02-25-692。

62. 方德万（2003）：第 278 页。

63. 《张光嗣关于河南省旱灾情况及救灾情形的调查报告》，第 560 页。

64. Christensen(2005):95.

65. 张仲鲁（2005）：第 146 页。

66. 《河南省第一区行政督察专员兼保安司令公署五年来工作纪要》。

67. 王广林（音）（1943）：第 70 页。

68. 《张光嗣关于河南省旱灾情况及救灾情形的调查报告》，第 560 页。

69. 谢伟思（1974）：第 12 页。

70. Wampler(1945):229.

71. Garnaut(2013):23–24.

72. Eastman（1986）：584—587；Lary（2010）：121—124；方德万（2010）：第 458 页。关于通货膨胀的经典著作是张嘉璈（1958）和 Young（1965）。

73. 《张光嗣关于河南省旱灾情况及救灾情形的调查报告》，第 560 页。更多关于物价的信息参看苏新留（2004）：第 48—51 页。

74. 亦见陈传海（1986）：第 236—237 页。

75. Garnaut(2013):26.

76. George Dickey to Will B. Rose(May 16 ,1946):UN S-0528-0091.

77. White(1978):151.

78. 引自 Christensen（2005）：第 112 页。

79. 怀特称，每亩能产 20—30 磅小麦的土地，售价仅相当于 16—18 磅小麦。
    White（1978）：152，亦见 White and Jacoby（1980）：第 174 页。

80. 王普霖（1945）：第 241 页。

81.《张光嗣关于河南省旱灾情况及救灾情形的调查报告》，第 562 页。有关卖
    妻鬻子，参看苏新留（2004）：第 63—66 页。

82.《张光嗣关于河南省旱灾情况及救灾情形的调查报告》，第 561—562 页；杨
    却俗（2005b）：第 157 页；杨却俗（2005a）：第 165—170 页；亦见李文
    海等（1993）：第 553 页；李文海等（1994）：第 270 页。White（1978：
    153—154）称，1943 年初，重庆几乎没有人知道河南发生了什么。一直以来，
    河南的实际情形都一直被一层层的当地官员和报告所遮掩，甚至连蒋介石本
    人都并不清楚情况，他除了下拨 2 亿元法币以应对那里的食物短缺之外，对
    那里的具体情况知之甚少。

83.《河南省政府救灾总报告》，第 7 页；陈布雷《关于河南军粮问题之经过情
    形与处理办法》（1942 年 10 月 26 日）；《行政院代电》（1942 年 10 月 5 日）：
    AH 001000004790A。亦见 White（1978）：152；White and Jacoby（1980）：
    173。中央政府下拨 2 亿元法币用于饥荒救济，但到 1943 年 3 月，灾区仅收
    到 8,000 万元。救济款为面额 100 元的法币，银行以最高 20% 的折扣将其兑
    换成购买粮食所需的较小面额纸币。

84. 张治中与张定璠请求书（1942 年 9 月 9 日）：AH 001000004790A。

85.《军粮改善意见》（1942 年 9 月）：AH 001000004790A。

86. 陈布雷《关于河南军粮问题之经过情形与处理办法》。亦见张仲鲁（2005）：
    第 149 页。

87.《河南省政府救灾总报告》，第 2 页；陈布雷《关于河南军粮问题之经过情
    形与处理办法》。

88.《张继、张厉生电》（1942 年 10 月 21 日）：AH 001000004790A。亦见张仲
    鲁（2005）：第 152 页。

89. 谢伟思（1974）：第 15 页。

90. 王奇生（2010）：第 416—417 页。

91. "Sir H Seymour,Chungking to Mr Eden,Foreign Office,1943 年 6 月 22 日 ,Po-
    litical Review for China for the year 1942 (prepared by Mr GV Kitson, Chinese
    Secretary to HM's Embassy), (FO371/35831)", in Jarman(2001):157.

92.《河南省政府救灾总报告》，第 3 页。

93. White（1978）：151；White and Jacoby（1980）：174；Eastman（1984）：
    76；苏新留（2004）：第 55—59 页。

94.《军政部长何应钦签呈》（1943 年 2 月 11 日）: AH 001000004791A，亦见《河南省政府救灾总报告》，第 85 页。

95.《蒋鼎文电》（1943 年 2 月 22 日）: AH 001000004791A。

96. White and Jacoby（1980）: 173；张仲鲁（2005）: 第 144 页；Mitter（2013a）: 269。

97. 由于"交通关系"，借自陕西用于救荒的 3,160,935 斤粮食根本没有运到河南。《河南省政府救灾总报告》，第 27 页。

98.《行政院代电》（1942 年 12 月 25 日）: AH 001000004791A；Wampler（1945）: 第 242—243 页、第 255—256 页；谢伟思（1974）: 第 15 页；张仲鲁（2005）: 第 146 页。

99.《河南省政府救灾总报告》，第 90 页；配乾（1942）: 第 49 页；Wampler（1945）: 第 247—248 页。Garnaut（2013）: 第 37—39 页也强调了交通中断的情况。

100. Katie Murray,"God Working in Chengchow,Honan:Interior China Baptist Mission,1936–1950"(August 14,1970):Wake Forest University Archives,Katie M. Murray Papers,Box 2,Folder 161.

101. Wampler（1945）:260。关于交通"缓慢低效"的情形，参见 Christensen（2005）: 第 104 页。

102. 李竞容（1942）: 第 35 页。

103.《河南省政府救灾总报告》，第 35 页。

104. 同上，第 90 页，亦见 Christensen（2005）: 第 138 页。

105. Service(1974):15.

106. "Sir H Seymour,Chungking,to Mr Eden,Monthly Summary for 1943,dated May 7,1943",in Jarman(2001):191.

107. Mitter(2013a):273.

108. Wampler(1945):229.

109. 同上，亦见苏新留（2004）: 第 156—158 页、第 167—168 页。

110. Wampler(1945):229.

111.《河南省政府救灾总报告》，第 21—24 页，第 35 页；《军政部代电》（1943 年 6 月 14 日）；《河南省政府快邮代电》（1943 年 7 月）: AH 001000004791A；杨却俗（2005a）: 第 169 页。亦见 Wampler（1945）: 243；White（1978）: 148，152，155；Christensen（2005）: 第 120 页。

112.《军政部代电》。

113. Ibid.

114. 引自 Christensen（2005）: 第 128 页。亦见配乾（1942）: 第 52 页。关于

1943 年夏鄢陵持续的灾害情况，参见《鄢民困苦现状种种》（1943）：第 2 页。

115.《中国国民党河南省施（实）行委员会训令型组团（音）字 68 号》（1943 年 8 月 9 日）：HPA M2-25-690。亦见《河南省政府救灾总报告》：第 83 页、第 85 页。亦见配乾（1942）：第 45 页、第 48 页。

116.《河南省政府编年救灾计划》（1943）：第 70 页。

117.《河南省政府救灾总报告》：第 85 页。

118. 引自 Christensen（2005）：第 128 页。

119.《河南省政府救灾总报告》：第 6—7 页。亦见配乾（1942）：第 52—53 页；王广林（音）（1943）：第 75 页；《鄢民困苦现状种种》，第 2 页。

120.《河南省第二区行政督察专员兼保安司令公署代电郑二件（音），字第 1769 号》（1945 年 12 月）：ZMA 6-1-13 18。

121.《河南省政府本年救灾计划》：第 59 页。

122. Mitter(2013a):323.

123. Ibid.,325.

124. 关于这次进攻参看陈传海（1986）：第 42—59 页；Hara（2010）；王奇生（2010）；Mitter（2013a):322—326。关于民众的敌意，参看 White（1978）：153；White and Jacoby（1980）：178；Eastman（1984）：69；141—142；Eastman（1986）：606；王奇生（2010）：第 417 页。

125. 引自王奇生（2010）：第 417 页。

126. Peck(1967):259.

127. 太康县志编纂委员会（1991）：第 117 页；吴应铣（1994）：第 224—226 页。

128.《1943 年水东独立团 1943 年工作报告》（1985）：第 203—204 页。吴应铣（1994：240—245）提到了这份文件，不过此处是由我本人翻译的。亦见太康县志编纂委员会（1991）：第 117 页。

129.《1943 年水东独立团 1943 年工作报告》，第 204 页。

130. Ibid.,217.

131. Ibid.

132. Ibid.

133. 同上，第 204 页。1943 年粮食丰收后，中共根据地政府在太康首次征收粮食税，共征收粮食 15 万公斤。这年夏天，共产党当局还发布了一项土地赎回令，允许农民以原价赎回饥荒期间出售的土地。到 1945 年，在这项政策地推动下，有 5 万多亩土地被赎回。见太康县志编纂委员会（1991）：第 117 页。

134.《1943 年水东独立团 1943 年工作报告》，第 208 页；吴应铣（1994）：第 246 页。

135. 吴应铣（1994）：第 252 页。

136. Ibid.,248–249.

137. 同上，第 249 页。亦见太康县志编纂委员会（1991）：第 117 页。

138.《1943 年水东独立团 1943 年工作报告》，第 205 页。

139. 吴应铣（1994）：第 235—236 页；《1943 年水东独立团 1943 年工作报告》，
第 208 页。先前，共产党部队在西华曾利用洪水抗击国民党的机械化部队，
参见中共河南省委党史研究室（2001）：第 77 页。

140. 濮德培（Peter Perdue）：第 114 页。1876—1879 年饥荒的权威著作是艾志
瑞（Edgerton-Tarpley）所撰（2008）。

141. McNeill(1977):72.

142. 同上，亦见 Christensen（2005）：第 250—251 页。

143. Christensen(2005):322.

144. 裴宜理（Perry）（1983）。

第四章

1. 徐福龄（1991）：第 29 页；MHD：166；MHS：189；程有为等（2007）：第 292 页。

2. 徐福龄（1991）：第 28—29 页；西华县史志编纂委员会（1992）：第 117 页、
第 118 页；MHD：168；MHS：189。

3.《河南省政府救灾总报告》，第 78—79 页；《张光嗣关于河南省旱灾情况及救
灾情形的调查报告》，第 564—565 页；《陇海铁路特别党部难民服务队参加
三民主义青年团陕西支部豫灾访问工作报告》(1943 年 6 月)：SPA9-2-823；
徐福龄（1991）：第 28 页；MHD：168；MHS：182，189—190。

4.《河南省政府救灾总报告》，第 78 页。

5.《河南省政府救灾总报告》，第 78—79 页；亦见《Shin k ō ga kary ū ibban
kaikyo ch ō sa h ō kokusho》；程有为等（2007）：第 291—292 页。

6. Harold Johnson to Lucile Chamberlin, "Survey and Report on Administrative
District 9, South Honan" (June 1946): UN S1021 Box 58 File 7.

7.《河南省政府救灾总报告》，第 78—79 页。

8.《河南省政府本年救灾计划》，第 55 页。

9.《河南省政府救灾总报告》，第 79 页。

10.《张光嗣关于河南省旱灾情况及救灾情形的调查报告》，第 564—565 页。

11.《河南省政府救灾总报告》，第 79 页；亦见《陇海铁路特别党部难民服务队
参加三民主义青年团陕西支部豫灾访问工作报告》。

12. 邢汉三（1986）：第 191 页。

13.《太康县修筑新黄河堤概略说明》。

14. Ibid.

15. 邢汉三（1986）：第 192 页。

16. Ibid.,194.

17. Ibid.

18. Ibid.,193.

19. Ibid.

20.《太康县修筑新黄河堤概略说明》。

21. 邢汉三（1986）：第 193—194 页。

22. MHD:168,170;MHS:189–190.

23.《黄河水利委员会暨西华县党政机关士绅座谈会》（1943 年 5 月 25 日）：YRCC MG4.1-218。

24. Ibid., 亦见《致黄河水利委员会修堵河防在事员工辞（音）》（1943 年 11 月）：YRCC MG4.1-298。

25.《黄河水利委员会暨西华县党政机关士绅座谈会》。

26. Ibid.

27. Ibid.

28. Ibid.

29. Ibid.

30. Ibid.

31. Ibid.

32. Ibid.

33. Ibid.

34. Ibid.

35. Ibid.

36. Ibid.

37. Ibid.

38. Ibid.

39. Ibid.

40. Ibid.

41. Ibid.

42. 转引自李文海等（1994）：第 262 页。

43. 吴书款（2005）：第 173 页。

44. 徐福龄（1991）：第 29—30 页；MHD：168—171；MHS：190；程有为等（2007）：
第 291—292 页。

45.《河南省西华县政府呈》（1943 年 11 月 11 日）：YRCG MG4.1-340。

46. Ibid.

47. Ibid.

48. 据请愿书所言，在鄢陵原有的 287,357 人中，100,277 人死亡，68,849 人逃亡。
只有 802 人返回，留下的人口则为 113,033 人。

49. Ibid.

50. Ibid.

51. Ibid.

52. Ibid.

53. Ibid.

54. Ibid.

55. Ibid.

56. Ibid.

57. Burlin B. Hamer,"A Study of the Yellow River Flooded Area in Honan Province by Regional Office C.N.R.R.A. and Regional Office,U.N.R.R.A". (December,1946): UN S-1021 Box 58 File 6.

58. "Recording Some Observations and Recommendations Made During a Trip to Chengchow,Hsu-chang,Yen-ling,Fu-kou,Weishih,Hsi-hua,Chou-chia-k'ou, Lo-ho and Vicinities,24 February to 3 March" (March 11,1947): 3,UNS-0528–0544 A.R.-17a.

第五章

1. 贺萧（2011）对 20 世纪 30 年代和 40 年代生活在陕西省的农村妇女（其中许多是从河南移民来的）进行的口述历史访谈中，有关这些创伤的描述也频繁出现。

2. 扶沟县志总编辑室（1986）：第 91—95 页、第 99 页；关建初（1991）：第 112—114 页。亦见于薄海涛（1989）：第 120 页。

3.《陇海铁路特别党部难民服务队参加三民主义青年团陕西支部豫灾访问工作报告》。

4. 同上，饥荒死亡数有可能更高。1943 年 9 月国民党的另一项调查报告，鄢陵和扶沟分别有 108,498 人和 44,210 人死亡，《各县灾区死亡数目之调查统计》：

第 565—566 页。

5. SJZHFZ 12（1946 年 4 月 1 日）：第 4 页。

6. 西华县史志编纂委员会（1992）：第 118 页。

7. 马金襄（1993）：第 100 页；张仲礼（1994）：第 133—134 页。

8.《陇海铁路特别党部难民服务队参加三民主义青年团陕西支部豫灾访问工作
报告》。

9.《救灾与防疫》（1943）：第 2 页。

10. Watson et al. (2007).

11.《泰晤士报》（1943 年 4 月 1 日）：第 4 页。

12. 梅桑榆（1992）：第 330 页；梅桑榆（2009）：第 260 页。

13. 梅桑榆（1992）：第 331 页；梅桑榆（2009）：第 260—261 页。

14. 梅桑榆（1992）：第 332 页；梅桑榆（2009）：第 261 页。

15. 梅桑榆（1992）：第 332—333 页；梅桑榆（2009）：第 261—262 页。

16. 梅桑榆（1992）：第 333 页；梅桑榆（2009）：第 262 页。

17. 梅桑榆（1992）：第 334 页；梅桑榆（2009）：第 263 页。

18. 梅桑榆（1992）：第 335 页；梅桑榆（2009）：第 264 页。

19. Wampler (1945): 257.

20. White (1978): 148.

21. Wampler (1945): 257–258.

22. Ibid.,257.

23.《张光嗣关于河南省旱灾情况及救灾情形的调查报告》，第 564 页。

24. 转引自章伯峰、庄建平（1997）：第 803 页。

25. Wampler (1945): 257.

26. White (1978): 147.

27. 梅桑榆（1992）：第 333 页；梅桑榆（2009）：第 262 页。

28. 刘璨若（1947）：第 7—8 页；对类似苦难的叙述也见于吴书款（2004）：第
173—174 页。

29. 梅桑榆（1992）：第 336 页；梅桑榆（2009）：第 265 页。

30. 梅桑榆（1992）：第 336 页；梅桑榆（2009）：第 265 页。

31. 梅桑榆（1992）：第 337 页；梅桑榆（2009）：第 265—266 页。

32. 梅桑榆（1992）：第 337—338 页；梅桑榆（2009）：第 266 页。

33. 梅桑榆（1992）：第 338 页；梅桑榆（2009）：第 266 页。

34. 梅桑榆（1992）：第 340 页；梅桑榆（2009）：第 267 页。

35. 林瑞五（1996）：第 143—144 页。

36. 汪克检（1947a）：第 3 页。

37. Ibid.,4.

38. Ibid.,6.

39. Ibid.,4.

40. Ibid.

41. Lee and Wang (1999): 57–59.

42. ó Gráda (2009): 83–84.

43. 吴应铣（1994）：第 220 页。

44. 贺萧（2007）：贺萧（2011）：第 42—45 页。

45. 贺萧（2011）：第 43 页。

46. 姚光虞（1941）：第 6 页，亦见河南省民政厅（1941）：第 23 页。

47. 姚光虞（1942）：第 2 页，亦见西华县史志编纂委员会（1992）：第 118 页。

48. Peck (1967): 348.

49. Lary (2010): 97.

50.《张光嗣关于河南省旱灾情况及救灾情形的调查报告》，第 563—564 页。

51. 转引自 Christensen（2005）：第 133 页。

52. 崔夫德（1992）：第 63 页。

53. Wojniak（1957）：162—163，饥荒期间逃离河南并嫁入陕西的妇女的例子见于贺萧（2011）：第 49—50 页。

54. Wampler（1945）：233；毛广德（1991）：第 76 页。

55. White and Jacoby (1980): 167–168.

56. Ibid.,169–170.

57. The Times (March 29, 1943): 4.

58. The Times (April 1, 1943): 4.

59.《陇海铁路运输豫省难民人数总表，民国三十一年八月至民国三十二年六月》（1943 年 7 月）：SPA 9-2-823。

60. The Times (April 1, 1943): 4.

61. Mitter and Schneider (2012): 179.

62. 萧邦齐（2011）：第 2 章。

63. Mitter (2013a): 273.

64. 凌道扬、徐维廉（1943）：第 4 页。

65. Wampler (1945): 256.

66. A.J. Parenti to Newton Bowles,"Honan Flooded Area Survey,Part II: Shensi and Northwest"(October 1947): UN S-1021 Box 55 File 4.

67.《豫灾救济会西安市分会函》（1942 年 11 月 14 日）: SPA 9-2-805。

68.《陕西省民政厅代电 / 遣函》（1942 年 11 月 24 日）: SPA 9-2-805。

69. Parenti to Bowles,"Honan Flooded Area Survey, Part II".

70. SJZHFZ 15 (April 22, 1946): 6; SJZHFZ 18–19 (May 20, 1946): 10; UNRRA, "Honanweekly report of Office of the Economic and Financial Advisor"5 (April 29,1946): 2.

71. Parenti to Bowles,"Honan Flooded Area Survey, Part II".

72. Ibid.

73. Ibid.

74. 张金星（1987）: 第 173—174 页，亦见于 Parenti to Bowles, "Honan Flooded Area Survey,Part II"。

75.《据战区军风纪第五巡察团建议改善救济来陕难民办法等情电仰遵照》（1943 年 4 月 2 日），SPA 64-1-280。

76. SJZHFZ 18–19 (May 20, 1946): 4.

77. UNRRA，"Weekly Report for Economic Analysis Bureau，Honan Area" 5（1946 年 4 月 29 日）: 2。其他人估计，西安有 16 万难民，陕西有二三百万难民，UNRRA，"Honan weekly report of Office of the Economic and Financial Advisor" 6（1946 年 5 月 6 日）: 2—3。

78.《据战区军风纪第五巡察团建议改善救济来陕难民办法等情电仰遵照》。

79. 张金星（1987）: 第 174 页。

80.《陕西省第三区行政督察专员兼保安司令公署代电》（1942 年 11 月 30 日）: SPA 9-2-800；《军事委员会西安办事厅快邮代电》（1943 年 2 月 26 日）: SPA 9-2-800；《第三区行政督察专员公署布告》（1943 年 6 月 15 日）: SPA 9-2-815；《行政院长蒋中正训令告》（1943 年 6 月 28 日）: AH 062 673。

81.《为救济河南难民报全区保、教人员及全体民众书》（1942 年 12 月 21 日）: SPA 9-2-800；《李善济（音）呈》（1942 年 12 月 28 日）: SPA 9-2-800；《陕西省第三区行政督察专员兼保安司令公署代电》（1943 年 3 月 22 日）: SPA 9-2-808；《陕西省政府快邮代电》（1943 年 7 月）: AH 062 673。关于地方实施情况，见《陕西省第三区行政督察专员兼保安司令公署代电》（1943 年 2 月 3 日）: SPA 9-2-722。

82. 陕甘宁边区财政经济史编写组（1981）: 第 646 页。

83.《救济入陕豫籍难民审查会摘要》（1943 年 12 月 17 日）;《行政院秘书处公函》（1943 年 12 月 25 日）: AH 271 2984。

84. 陕西省第三区行政专员兼保安司令公署代电》（1943 年 2 月 10 日）: SPA

9-2-800。

85. MacKinnon（2008）：54。Larry（2010）也提出了类似的观点。至于对立的观点，见萧邦齐（2011）。

86.《宜川县救济难民会议记录》（1943 年 1 月 28 日）：SPA 9-2-722。

87. 陆和健（2005）：第 89 页，亦见于张根福（2006）：第 199 页。

88. Lowdermilk(1944):205,207; Walter C. Lowdermilk,"Preliminary Report to the Executive Yuan, Government of China on Findings of a Survey of a Portion of the Northwest for a Program of Soil Water and Forest Conservation"(November 26,1943),9: HIA, Walter C. Lowdermilk Papers,Box 4.

89. Lowdermilk (1944): 206.

90. 该指南建议难民们运煤或当矿工，开食品摊、运水、种植蔬菜、挖洞穴、当农场工人、制绳、贩卖货物、制鞋、纺织、养鸡、做女佣。它还警告难民不要试图通过在生病时避免接受治疗来省钱。《难民谋生指导》（1942 年 2 月）：SPA 9-2-819。

91.《黄龙山垦区管理局视察报告》（1943 年 6 月）：IMH 20-26 60-12。

92.《陕西省黄龙山垦区森林视察报告》（1943）：IMH 20-26 60-12。

93.《黄龙山垦区管理局视察报告》。

94.《陕西省黄龙山垦区森林视察报告》。

95. Vermeer（1988）：138，480；陆和健（2005）。

96. 黄正林（2005）：第 325—333 页；张根福（2006）：第 200 页。

97. Stein (1945): 166.

98. 温艳（2006）：第 82—83 页。亦见常云平、陈英（2009）。关于陕甘宁边区森林砍伐及其生态后果的探讨，参看黄正林（2005）：第 358—359 页；黄正林（2006）：第 186—197 页。

99. Lowdermilk (1944): 206.

100.《秦柳方关于抗战中的后方垦殖事业调查报告》（1942 年 11 月 30 日），见中国第二历史档案馆（1991）：第 220 页。

101.《黄龙山垦区管理局视察报告》。

102.《农林部陕西黄龙山垦区管理局代电》（1942 年 2 月 15 日）：IMH20-26 31-8。《农林部陕西黄龙山垦区管理局三二年度工作计划书草案》（1943）IMH20-26 60-12。

103.《黄龙山垦区管理局视察报告》。

104.《农林部陕西黄龙山垦区管理局三二年度工作计划书草案》。

105.《黄龙山垦区管理局视察报告》；刘在时、齐鸿浩（1988）：第 180 页。新来的移民通常在老移民中有朋友或亲戚，所以他们依靠早先来的移民的帮助来避免饥饿，《黄龙山垦区难民收容救济情形及目前垦民概况视察报告》（1943）：IMH 20-26 60-12。

106.《黄龙山垦区难民收容救济情形及目前垦民概况视察报告》。

107.《黄龙山垦区管理局视察报告》。

108. Beck and Levander (2000)；Xia Yiming (2000)。

109. World Health Organization (2004): 197–198。

110. 黄龙县地方志编纂委员会（1995）：第 581 页。

111. Ibid.（查原书未见）

112. 谭见安（1996）：第 64 页。（查原书未见）科学调查发现，中国东北至西南部有一条低硒地带，与克山病的地理分布相一致，见 Xia Yiming（2000）：943。

113. 刘在时、齐鸿浩（1988）：第 180 页。（查原书未见）

114. 20 世纪 60 年代和 70 年代，造林和保护措施恢复了黄龙山的森林覆盖，见柳明来、党太合（2001）：第 32—34 页。据报道，从 1965 年到 1977 年，黄龙山的森林覆盖率从 47% 增加到了 65%。然而，这一时期，陕西的其他地区（一些原始森林覆盖率更高的区域）却因为开垦而消失，见 Vermeer（1988）：第 138—140 页、第 480 页。

115. Wadley (2007)。

116. Jacobsen (1997); Kibreab (1997); Kreike (2004a); Kreike (2004b)。

117. 伊懋可（2004）：第三至四章。

118. 马尔萨斯观点以 Myers（2002）和 Myers（1997）为例；博塞拉普观点以 Black（1998）为例。马尔萨斯和博塞拉普观点的概念来自 McNeill and Winiwarter（2006）。

119. Kreike (2004a); Kreike (2004b)。

第六章

1. Todd（1949）：38，关于 UNRRA 在中国的情况，见 Mitter（2013b）：第 51—69 页。

2. 将河流恢复到 1938 年前的河道的计划见 MHS：第 216—222 页，其执行情况见 Barnett（1953）：第 15 页；鲍梦隐（2011）；MHD：196。关于塔德（O.J.Todd）早年职业生涯的讨论见李明珠（2007）：第 303 页。

3. Todd (1949): 40。

4. 韩启桐、南钟万（1948）：第 22—23 页。

5. 在西安的中国救济组织声称，有 300 万河南的难民居住在陕西，联总对这个数字的估计则是 200 万，见 UNRRA, "Honan weekly report of Office of the Economic and Financial Advisor", 6（1946 年 5 月 6 日）: 2—3；China Office, UNRRA, Office of the Economic and Financial Advisor, "Honan CN-RRA-UNRRA Food Report"（1946）: 3。

6. "Survey Through Honan Province-Mildred Bonnell,12 Dec.1945",attached to "UNRRA History-Honan Region",UN S1021 Box 58 File 7.

7. 田林（音）（1946）: 第 10 页。

8. "UNRRA, Honan weekly report of Office of the Economic and Financial Advisor 6"（1946 年 5 月 6 日）: 2, 亦见于 Parenti to Bowles, "Honan Flooded Area Refugee Survey, Part II", 田林（音）（1946）: 第 10 页；汪克检（1947a）: 第 5 页。

9. 熊笃文（1947a）: 第 16 页；韩启桐、南钟万（1948）: 第 81 页；MHD : 195—197。

10. Parenti to Bowles, "Honan Flooded Area Refugee Survey, Part II"。相似的观察，见于粮食部参事厅：《救济建议》（1947 年 5 月）: AH 212 1368。

11. 西华（649,000 亩）、淮阳（1,028,000 亩）、扶沟（550,500 亩）、尉氏（54,100 亩）是被淹没面积最大的地区。Burlin B. Hamer, "A Study of the Yellow River Flooded Area", 4。亦见 W. S. Chepil, "Report of Survey of the Yellow River Flooded Area of Honan", （1946 年 11 月 11 日）, 3 : UNS-528-0357 AR17a；Barnett（1953）: 11；史镜涵（1947）: 22。同样的土地类型分类也见于马杰（1947）: 第 1—2 页。关于堤防修复，见 MHD : 195—197, 214。

12. Thomas (2009).

13. Chepil, "Report of Survey of the Yellow River Flooded Area"; Hamer, "Study of the Yellow River Flooded Area", 3, 亦见于韩启桐、南钟万（1948）: 第 6 页；Barnett（1953）: 1；马杰（1947）: 第 1—2 页；SJZHFZ 71（1947 年 5 月 19 日）: 3；汪克检（1947b）: 第 2 页。

14. UNRRA, "Survey Report on Yellow River Flooded Area in Honan, Anhwei and Kiangsu" (July 4, 1947), 19: UN S-0528-0070.

15. 宋洪飞（1996）: 第 153 页。亦见于薄海涛（1989）: 第 127—128 页。

16. Hamer, "Study of the Yellow River Flooded Area", 5; 马杰（1947）: 第 2 页；西华县史志编纂委员会（1992）: 第 118 页。

17. Chepil, "Report of Survey of the Yellow River Flooded Area", 3—4；陈鸿佑（1947）: 第 4—5 页；史镜涵（1947）: 第 23 页。1947 年初，西华县和扶沟县大部分地区仍被洪水淹没，见马杰（1947）: 第 2 页。

18. 韩启桐、南钟万（1948）: 第 36 页。

19. "Outline of Plan for Rehabilitation of Yellow River Flooded Area", (1946), 5: UNS-1021 Box 55 File 4; Barnett (1953): 11.

20. Barnett (1953): 9.

21. Ibid.,11.

22. MHD: 196.

23. 宋洪飞（1996）: 第 153 页。

24. 刘景润（1990）: 第 66 页。

25. 熊笃文（原文为 xiongbenwen）（1947b）: 第 17 页；韩启桐、南钟万（1948): 第 20 页。

26. 李海山（2003）: 第 116 页。

27. "Memorandum from Mildred Bonnell to R. Van Hyning dated 3 April, 1946, Hsi Hua"，附录于 "UNRRA History - Honan Region"，UN S1021 Box 58 File 7。亦引自 UNRRA，"Honan weekly report of Office of the Economic and Financial Advisor" 3（April 15, 1946）: 1。

28. 熊相耀（音）（1947）: 第 2—3 页。

29. "Memorandum from Mildred Bonnell to R. Van Hyning"。亦见 UNRRA，"Honan weekly report of Office of the Economic and Financial Advisor" 3（April 15, 1946）: 2。

30. "Memorandum from Mildred Bonnell to R. Van Hyning"；UNRRA, "Honan weekly report of Office of the Economic and Financial Advisor" 4 (April 22, 1946): 2–3; "Preliminary Report on Flooded Area - Oct. 17–26" (November 11, 1946): UN S-0528-0541 A.R. 8.

31. Robert Hart to Walter West, "Report for Flooded Area Committee, Field Trip. 16/3/47 –Report No. 3" (March 18, 1947): UN S-0528-0544 AR-17a.

32. 扶沟县政协文史资料委员会（2004）: 第 121 页。亦见杨馨山（1991）。

33. Harold T. Johnson to Lucile Chamberlin, "Survey and Report on Administrative District 9, South Honan"（June 1946），附录于 "UNRRA History – Honan Region": UN S1021 Box 58 File 7。

34. 扶沟县政协文史资料委员会（2004）: 第 121 页。

35. "Notes on Information from Dick Hillis, H.I.R.C. Regarding Conditions in parts of the Flooded Area, Honan, March, ' 46": UN S-0528-0543 A.R. 8. 报道亦刊于" Monthly Report, March 1946, Section 7 -Welfare Attachment (2)": UN S-0528-0540.

36. "Preliminary Report on Flooded Area Survey - Oct. 17–26"，亦见史镜涵

（1947）：第 23 页。

37. 陈鸿佑（1947）：第 5 页、第 7 页；扶沟县政协文史资料委员会（2004）：第 131 页；MHD：第 195—196 页。

38. McNeill (1977): 24.

39. "UNRRA History - Honan Region. Health Section"，17：UN S1021 Box 58 File 7。

40. 同上，第 2—3 页，亦见于张汇泉（1947）：第 19 页。据报道，截至 1947 年 7 月，由行总河南分署在扶沟和周家口运行的"卫生工作队"治疗了 340,000 人，见史镜涵（1947）：第 23 页。

41. "Health. Honan Regional Office Month of October, 1946"：UN S-0528-0540，亦见于田林（音）（1946）：第 10 页。

42. SJZHFZ 66(April 14, 1947): 4.

43. "Health. Honan Regional Office Month of October, 1946"，亦见于 SJZHFZ 18/19（1946 年 5 月 20 日）：第 11 页；熊笃文（1947b）：第 17 页。

44. 史镜涵（1947）：第 23 页。

45. "UNRRA History-Honan Region. Health Section"，18。亦见于 SJZHFZ 18/19（May 20,1946）：11；"Report and Recommendations on Joint Flooded Area Survey of Fukow Hsien by Representatives of CNRRA, Provincial Government, Hsien Governments & UNRRA 10 August to 10 September 1946"：UN S-0528-324；田林（音）（1946）：第 10 页。

46. "UNRRA History-Honan Region. Health Section"，2—3，亦见于 SJZFHZ 18/19（1946 年 5 月 20 日）：11；熊笃文（1947b）：第 18 页；史镜涵（1947）：第 23 页。西华地区黑热病感染尤为普遍，见 SJZHFZ 66（1947 年 4 月 14 日）：第 2 页。

47. 王伯欧（1947）：第 27 页。

48. 田林（音）（1946）：第 10 页。

49. "Report and Recommendations on Joint Flooded Area Survey of Fukow Hsien"。

50. 田林（音）（1946）：第 10 页。

51. "UNRRA History – Honan Region. Health Section"，17—18；《河南省第一区行政督察专员兼保安司令公署五年来工作纪要》。关于天花，见 SJZHFZ 18/19（1946 年 5 月 20 日）：第 11 页。关于霍乱，参见 SJZHFZ 32（1946 年 8 月 19 日）：第 2 页；SJFHFZ（1946 年 9 月 16 日）：第 5 页；SJZHFZ 66（1947 年 4 月 14 日）：3；《河南省三十七年编夏季防疫计划》（1948 年）：ZMA 6-1-7

10。

52. "Health. Honan Regional Office Month of October,1946","UNRRA History-Honan Region. Health Section",18;SJZHFZ 18/19 (May 20,1946):11; SJFHFZ 48(December 9,1946): 2.

53. "Report and Recommendations on Joint Flooded Area Survey of Fukow Hsien"，亦见"UNRRA History-Honan Region. Health Section"，2—3。

54. "Health. Honan Regional Office Month of October, 1946"亦见"UNRRA History-Honan Region. Health Section"，18。关于云南的疟疾，见 Marks（2012）：245—246。

55. "UNRRA History – Honan Region. Health Section"，18。数千名工人聚集在花园口，这导致了更多的健康问题。联总的顾问指出，在执行该项目的过程中，需要给被迫住在附近地区的工人以一定的卫生条件、严格地流行病控制手段和适当的医疗护理。见"UNRRA History-Honan Region. Health Section"，2—3。

56. 史镜涵（1947）：第 22 页。

57. UNRRA，"Survey Report on Yellow River Flooded Areas"，19，亦见于陈鸿佑（1947）：第 4 页；王和平（2003）：第 120 页。

58. 引自陈鸿佑（1947）：第 4 页。另见韩启桐、南钟万（1948）：第 45 页；熊笃文（1947b）：第 17 页。

59. 席承藩、程伯容、曾昭顺（1947）：第 33 页。亦见于朱显谟、何金海（1947）：第 110 页；韩启桐、南钟万（1948）：第 18 页；汪克检（1947c）：第 2 页。

60. John H. Shirkey to William J. Green, "Evaluation of the Report prepared by Professor A.A.Stone and Professor H.F. McCaulley" (June 2, 1946): UN S-528-0356.

61. UNRRA，"Survey Report on Yellow River Flooded Areas"，19；Shirkey to Greene，"Evaluation of the Report"。中牟很多以前是沙丘的地区被此时却形成了约两米深的沉积物覆盖，这消除了沙尘暴对附近农田的威胁，见朱显谟、何金海（1947）：第 107 页。

62. Chepil，"Report of Survey of the Yellow River Flooded Area"，7，亦见 Todd（1949）：54；黄孝夔、汪安球（1954）：第 316 页。

63. 史镜涵（1947）：第 22—23 页。

64. Chepil，"Report of Survey of the Yellow River Flooded Area"，8；John H. Shirkey to Walter West，"Recording Some Observations and Recommendations Made During a Trip to Chengchow，Hsu-chang，Yen-ling，Fu-kou，

Weishih，Hsi-hua，Chou-chia-k'ou，Lo-ho and Vicinities，24 February to 3
March，1947"（1947 年 3 月 11 日），4：UN S-0528-0544 A.R.-17a；UNR-
RA，"Survey Report on Yellow River Flooded Areas"，19；席承藩、程伯容、
曾昭顺（1947）；第 31 页、第 33—34 页；亦见于朱显谟、何金海（1947）：第
110 页、第 111 页；韩启桐、南钟万（1948）：第 18—20 页；Todd（1949）：54；
席承藩（1950）：第 103 页；罗来兴（1953）：第 242—243 页、第 246 页、第
247 页、第 252—253 页；夏开儒（1953）：第 245 页；黄孝爱、汪安球（1954）；
第 314—316 页；王和平（2003）：第 120 页；西华县史志编纂委员会（1992）：
第 106—107 页。

65. Jean Liu，"Condition of the Flooded District of Chung-mou"（1946 年 5 月
8 日）：UNS-0528-0536 Folder 34。亦见于傅焕光（1947）：第 24—26 页；
马杰（1947）：第 3 页；朱显谟、何金海（1947）：第 107—108 页、第 110 页。

66. Todd (1949): 44.

67. Jean Liu，"Condition of the Flooded District of Chung-mou"，亦见于马杰
（1947）：第 3 页；朱显谟、何金海（1947）：第 107—108 页、第 110 页。

68. Chepil，"Report of Survey of the Yellow River Flooded Area"，9，亦见于席
承藩、程伯容、曾昭顺（1947）：第 35 页。

69. An Han，H. K. Fu，and W. S. Chepil to Dr. P. C. Ma，"Recommended plan
for soil conservation work in the Yellow River Flooded Area"（n.d.）：UN
S-1021 Box 55 File 4，亦见于黄孝爱、汪安球（1954）：第 327 页。

70. Chepil (1949): 127.

71. 同上，第 129 页，亦见傅焕光（1947）：第 25—26 页。

72. 朱显谟、何金海（1947）：第 115 页。

73. Shirkey to West，"Recording Some Observations and Recommendations"，
亦见于傅焕光（1947）：第 24—26 页；Han, Fu, and Chepil to Ma，"Recommended
plan for soil conservation work"；席承藩、程伯容、曾昭顺（1947）：第 35 页。

74. Chepil，"Report of Survey of the Yellow River Flooded Area," 9.

75. Chepil (1949): 128.

76. Chepil，"Report of Survey of the Yellow River Flooded Area," 8.

77. Ibid.

78. W. S. Chepil，"What Have I Done in China?" (September 25, 1947):UNS-1021
Box 55 File 4.

79. 席承藩、程伯容、曾昭顺（1947）：第 34—35 页。

80. UNRRA，"Survey Report on Yellow River Flooded Areas"，19；席 承 藩、

程伯容、曾昭顺（1947）：第 30 页。

81. 黄孝夔、汪安球（1954）：第 316 页、第 328 页。

82. UNRRA, "Survey Report on Yellow River Flooded Areas",19.

83. Chepil,"Report of Survey of the Yellow River Flooded Area",7.

84. Ibid.,7–8.

85. 万晋(1947b)：第 40 页。亦见于汪克检(1947c)：第 8 页。此外，除了合成肥料，
    行总河南分署还向农民提供了购买化肥的财政补贴。韩启桐、南钟万（1948）：
    第 103—105 页。

86. Shirkey to West，"Recording Some Observations and Recommendations"，4。
    雪利（Shirkey）后来预测，要使新土地达到之前的生产能力，需要八到十年
    的"良好耕作和堆肥"。这片土地第一年的豆科作物产量很好，"轮作的谷类
    作物产量也随之提高"。Shirkey to Green，"Evaluation of the Report"。

87. 《泛区调查的初步报告》，韩启桐、南钟万（1948）：第 44 页。

88. Chepil, "Report of Survey of the Yellow River Flooded Area"，7，亦见于田
    林（音）（1946）：第 11 页；陈鸿佑（1947）：第 5 页。

89. Hamer,"A Study of the Yellow River Flooded Area",9.

90. 《泛区调查的初步报告》，万晋（1947a）：第 8 页。亦见于田林（音）（1946）：
    第 11 页。

91. 1947 年春，该机构为中牟、尉氏、鄢陵、扶沟、西华、淮阳、商丘、商水
    等县 102,073 户家庭提供夏粮种子 1,384,840 多公斤。1947 年秋季，又向上
    述诸县的 193,645 户家庭分发了 3,073,080 公斤小麦种子。韩启桐、南钟万
    （1948)：第 98 页、第 99 页。种子借贷的可比数字见于万晋(1947 b)：第 39 页。

92. 《河南省战时损失调查报告》，第 15 页。

93. 汪克检（1947b)：第 3 页。

94. 陈鸿佑（1947）：第 5 页。

95. UNRRA, "Survey Report on Yellow River Flooded Areas"，5；韩启桐、南
    钟万（1948）：第 44 页。

96. 由贩商经营的社区市场存在小规模的动物交易。"小而无用的驴"的价格为 5
    万元，"身体健壮的大牛"为 15 万元，奶牛的价格则为 7 万元到 10 万元不等，
    见 UNRRA，"Honan weekly report of Office of the Economic and Financial
    Advisor" 2（1946 年 4 月 8 日）：3。联总的调查显示，河南泛区需要大约 20
    万头牲畜，但战后牲畜的普遍缺乏，使得人们很难找到补充牲畜的来源。

97. D.K. Farris,"Report on General Conditions in Honan-Province,Dec. 24 1945",
    6: UNS-0528-0071.

98. 王德春（2004）：第 129 页。亦见于汪万春（1948）：第 6 页。

99. 万晋（1947a）：第 10 页。亦见于许道夫（1983）：第 294 页。

100. Farris，"Report on General Conditions in Honan-Province", 6.

101. Chepil，"Report of Survey of the Yellow River Flooded Area", 3；UNR-RA, "Survey Report on Yellow River Flooded Areas", 5；韩启桐、南钟万（1948）：第 44 页；扶沟县志总编室（1986）：第 99 页。

102. Chepil, "Report of Survey of the Yellow River Flooded Area", 3–4.

103. 田林（音）（1946）：第 11 页；陈鸿佑（1947）：第 5 页；韩启桐、南钟万（1948）：第 45 页。

104. UNRRA, "Survey Report on Yellow River Flooded Areas", 5；作舟（1947）：第 11 页；韩启桐、南钟万（1948）：第 44 页。

105.《泛区调查的初步报告》。

106. 汪克检（1947b）：第 3 页；汪克检（1947c）：第 8 页。

107. UNRRA，"Survey Report on Yellow River Flooded Areas", 5；作舟（1947）：11；韩启桐、南钟万（1948）：第 44 页。

108. Chepil, "Report of Survey of the Yellow River Flooded Area", 7.

109. Hamer，"A Study of the Yellow River Flooded Area", 4；宋洪飞（1996）：第 153 页。

110. Hamer，"A Study of the Yellow River Flooded Area", 4；万晋（1947a）：第 2 页；宋洪飞（1996）：第 153 页。1946 年，联总向受灾地区的居民提供了 50 万件工具。见田林（音）（1946）：第 11 页。

111. Johnson to Chamberlin, "Survey and Report on Administrative District 9".

112. UNRRA，"Honan weekly report of the Economic and Financial Advisor" 9（1946 年 5 月 28 日）3—4。关于燃料搜集，见陈鸿佑（1947）：第 5 页。

113. 田林（音）（1946）：第 10 页。

114. Robert Hart to Walter West, "Report on Field Trip to Flooded Area, 16 to 26 March, 1947"(March 28, 1947): UN S-0528-0543, A.R. 8.

115. 扶沟县志总编辑室（1986）：第 99 页；薄海涛（1989）：第 127—128 页。

116. UNRRA, "Survey Report on Yellow River Flooded Areas", 5.

117. Chepil, "Report of Survey of the Yellow River Flooded Area", 4.

118. 韩庆祥（1947）：第 18 页。

119. "Monthly Report, March 1946, Section 11-Intelligence"，UN S-0528-0540。关于铁路烧木材，见 D. K. Ferris to E. Gale（1945 年 11 月 10 日）：UN S-0528-0071。

120. 扶沟县政协文史资料委员会（2004）：第 123 页。

121. Liu, "Condition of the Flooded District".

122. Robert Hart to Lucille L. Chamberlin, "Transport and Fuel Cooperative" (September 6,1946): UN S-0528-0543 A.R. 8. See also "Monthly Report, September 1946, LandReclamation in the Flooded Area".

123. UNRRA, "Survey Report on Yellow River Flooded Areas", 6.

124. 陈鸿佑（1947）：第 5 页。

125. 马杰（1947）：第 2—3 页。

126. Robert Hart to Flooded Area Committee，"Progress Report"（1946 年 11 月 11 日）：UN S-0528-0078，亦见于史镜涵（1947）：第 23 页。

127. 万晋（1947a）：第 9 页。

128. 马杰（1947）：第 1—2 页；韩启桐、南钟万（1948）：第 106—107 页；Barnett（1953）：20—21，24，26，32—34，44—45，亦见于田林（音）(1946)：第 11 页；万晋（1947a）：第 9—10 页；汪克检（1947c）：第 3 页、第 7 页；史镜涵（1947）：第 23 页；任富力（音)(1991)：第 173—178 页；MHD：227。

129. Tucker (2005): 46–47.

130. 马杰（1947）：第 1—2 页；韩启桐、南钟万（1948）：第 106 页；Barnett（1953）：20—21，24，26，32—34，44—45，亦见于田林（音）：第 11 页；万晋（1947a）：第 9—10 页；汪克检（1947c）：第 3 页、第 7 页；史镜涵（1947）：第 23 页；MHD：227。

131. Liu, "Condition of the Flooded District".

132. John H. Shirkey to G.A. Fitch, "Crop and Agricultural Conditions noted enroute to Chengchow, Sinyang, Loshan, Loho, and Hsuchang, Yenling, Fukou, Wei-shih and Kaifeng, May 16 to May 30, '46" (June 4, 1946): UN S-0528-0544 AR-17a.

133. 吴应铣（1994）：第 248 页。

134. Ibid.,249.

135. UNRRA, "Survey Report on Yellow River Flooded Areas",5; MHD: 187–188.

136. UNRRA, "Survey Report on Yellow River Flooded Areas",5.

137. Ibid.

138. Ibid.

139. Ibid.

140. Ibid.

141. 扶沟县政协文史资料委员会（2004）：第 120 页。

142. 马杰（1947）：第 3 页。

143. Kreike (2006): 238–239.

第七章

1. 这个关于"幽灵面积"的定义来自 Jones（2002：83）。此概念已被 Pomeranz（2001）熟练使用。

2. Todd（1949）：49; 鲍梦隐（2011）：第 132 页；MHD：198。

3. 韩启桐、南钟万（1948）：第 79 页。参与封堵工作的难民会议见于吴书款（2004）：第 174 页。

4. 王德春（2004）：第 133 页。据鲍梦隐（2011）估计，共发放了 3,312,500 公斤工赈面粉。

5. UNRRA（1948a）：25；UNRRA（1948b）：259；Woodbridge（1950）：433；王德春（2004）：第 133 页。亦见于韩启桐、南钟万（1948）：第 75—77 页。Todd（1949）：45，48，51；MHD：221。

6. Woodbridge（1950）：256—258；Westad（2003）：169；Lary（2010）：187—188。详细的历史记录，见 MHS：222—228，232—242。年表见 MHD：第 195—221 页。

7. Barnett (1953): 27–28.

8. 同上，亦见于 Westad（2003）：169；王德春（2004）：第 128—133 页，225—254；Lary（2010）：187—188；MHS：222—228，232—242；MHD：191–192，195—221；Edgerton-Tarpley（2014）：463—464。

9. 王德春（2004）：133；MHD：221；MHS：241。

10. 根据韩启桐、南钟万（1948：69）所言，当地采购包括柳枝 7,000 万公斤，高粱秆 2,500 万公斤，木桩 24 万根，芦苇 2.3 万公斤，麻绳 75 万公斤，铁锚 705 个，铅丝 5 万公斤，草绳 83.5 万公斤，石材 20 万立方米，电石（黄料）51.5 万公斤。

11. 吴宝田（1947）：第 47 页。

12. UNRRA（1948a）：30；UNRRA（1948b）：144；王德春（2004）：第 136 页；MHD：195。联总为河南省进口了 9.45 万英吨粮食，见 UNRRA（1948b）：139—140。

13. 王德春（2004）：第 136 页。亦见于 UNRRA（1948a）：30；韩启桐、南钟万（1948）：第 103—104 页。MHS：244—245。

14. Barnett (1953): 28.

15. Parenti to Newton Bowles, "Part I, Survey of Flooded Area Refugees"，3，亦见于 Todd（1949）：51。

16. Parenti to Bowles, "Part I, Survey of Flooded Area Refugees",3.

17. 史镜涵（1947）：第 23 页。

18.《行总河南分署署长马杰谈黄泛区复兴工作现状》（1947 年 7 月 30 日）：AH 272-1370。 到 1947 年底，接待中心帮助 318,610 名难民返回河南灾区，见 韩启桐、南钟万（1948）：第 81 页。

19. Parenti to Bowles, "Part I, Survey of Flooded Area Refugees", 3.

20. 同上，第 4 页，亦见 Todd（1949）：49，51。

21. 韩启桐、南钟万（1948）：第 112—113 页；MHD：196；汪克检（1947c）： 第 6 页、第 10 页、第 12 页；熊笃文（1947c）：第 16 页；史镜涵（1947）： 第 22 页：陈鸿佑（1947）：第 6 页。

22. 汪克检（1947c）：第 5—6 页；史镜涵（1947）：第 23 页；韩启桐、南钟万 （1948）：第 81—82 页，第 85—86 页。

23. 扶沟政协文史资料委员会（2004）：第 127 页。

24. Barnett (1953): 30.

25. Hart to West, "Report on Field Trip to Flooded Area"，关于建筑材料的缺乏， 见作舟（1947）：第 11 页；史镜涵（1947）：第 23 页。

26. Shirkey to Green, "Evaluation of the Report".

27. 史镜涵（1947）：第 23 页。

28. Hart to West, "Report for Flooded Area Committee".

29. 扶沟县政协文史资料委员会（2004）：第 122 页。

30. Hart to West, "Report on Field Trip to Flooded Area"，亦见于 Hart to West, "Report for Flooded Area Committee"；西华县史志编纂委员会（1992）：第 118 页。

31. Parenti to Bowles, "Part I, Survey of Flooded Area Refugees", 4.

32. Ibid.,5.

33. UNRRA, "Survey Report on Yellow River Flooded Areas"，6，亦见于韩庆祥 （1947）：第 18 页。

34. Hamer, "A Study of the Yellow River Flooded Area", 12; Shirkey to Green, "Evaluation of the Report" .

35. UNRRA, "Survey Report on Yellow River Flooded Areas", 6.

36. Ibid.,7.

37. Ibid.

38. 韩启桐、南钟万（1948）：第 18 页。亦见于史镜涵（1947）：第 23 页；西华县史志编纂委员会（1992）：第 118 页。

39. UNRRA, "Survey Report on Yellow River Flooded Areas in Honan,Anhwei and Kiangsu", 7.

40. Shirkey to Green, "Evaluation of the Report".

41. 陈鸿佑（1947）：第 2 页。

42. UNRRA, "Survey Report on Yellow River Flooded Areas", 7.

43. 王金声、金英鸿（1949）：第 133 页。

44. Ibid.,134.

45. Tucker (2005): 49.

46. UNRRA，"Survey Report on Yellow River Flooded Areas"，31—32；UN-RRA（1948a）：32，亦见于汪克检（1947c）：7；韩启桐、南钟万（1948）：106；扶沟政协文史资料委员会（2004）：第 128—131 页；王金声、金英鸿（1949）：第 133 页；崔玉华（1988）：第 188 页。

47. UNRRA, "Survey Report on Yellow River Flooded Areas", 33.

48. 汪克检（1947c）：第 2 页，亦见于史镜涵（1947）：第 23 页。

49. UNRRA（1948a）：30。韩启桐、南钟万（1948：107）估计，河南拖拉机耕地、耙地、播种、破土的土地总面积超过 1,014 万公顷。

50. 万晋（1947b）：第 38—39 页；汪克检（1947c）：第 6 页；熊笃文（1947c）：第 18 页；王金声、金英鸿（1949）：第 133 页、第 135 页。

51. Todd (1949): 51,54.

52. 崔玉华（1988）：第 189 页。

53. UNRRA (1948a): 30.

54. 史镜涵（1947）：第 23 页。

55. SJZHFZ 93（1947 年 10 月 20 日）：第 1 页。亦见于 SJZHFZ 73/74（1947 年 6 月 9 日）：第 2 页。

56. 郭尔溥（1947）：第 2 页、第 3 页。由郭尔溥撰写的相同的文字也见于 SJZH-FZ 78/79（1947 年 7 月 14 日）：第 9—12 页，亦见于汪克检（1947c）：第 8 页。

57. SJZHFZ 93（1947 年 10 月 20 日）：第 1 页。亦见于郭尔溥（1947）：第 3 页；汪克检（1947c）：第 8 页。

58. 何子平（1947）：第 5 页，亦见于 SJZHFZ 81/82（1947 年 8 月 4 日）：第 7 页；SJZHFZ 93（1947 年 10 月 20 日）：第 2 页；汪克检（1947c）：第 8—9 页；西华县史志编纂委员会（1992）：第 118 页。

59. 何子平（1947）：第 7 页。

60. 同上，第 6 页；汪克检（1947c）：第 8 页；韩启桐、南钟万（1948）：第 111 页，亦见于 UNRRA（1948a）：第 15 页。

61. 何子平（1947）：第 8 页。

62. SJZHFZ 93（1947 年 10 月 20 日）：第 2—3 页；何子平（1947）：第 6—9 页；汪克检（1947c）：第 8 页，亦见于扶沟县政协文史资料委员会（2004）：第 132 页。

63. Chepil, "What Have I Done in China?"

64. John C. Kassebaum to Harland Cleveland, "Confidential Personnel" (November 12, 1947): UN S-0528-0535. See also Barnett (1953): 32.

65. 汪克检（1947c）：第 8 页，相似的数字亦见于韩启桐、南钟万（1948）：第 98—99 页。

66. Barnett（1953）：39—40；韩启桐、南钟万（1948）：第 103—105 页，亦见于万晋（1947b）：第 41 页。另一个消息来源称，联总–行总在泛区共分发了 11,400 吨食品和 2,000 吨的其他物资。据报道，到 1947 年 7 月，这项援助帮助了 27 万名返回的难民，见史镜涵（1947）：第 23 页。18,727 件工具的说法则见于汪克检（1947c）：第 8 页。

67. 熊笃文（1947c）：第 18 页。

68. 熊笃文（1947b）：第 18 页。

69. 韩启桐、南钟万（1948）：第 108—109 页。亦见于陈鸿佑（1947）：第 5 页；万晋（1947b）：第 38—39 页；熊笃文（1947c）：第 18 页。

70. Todd（1949）：54。西华县颍河疏浚工程共动员 50 万民工，动用了 2,252 吨粮食作为工赈物资，见韩启桐、南钟万（1948）：第 73 页、第 77 页。

71. Shirkey to Green, "Evaluation of the Report".

72. Chepil, "What Have I Done in China"; An, Fu, and Chepil to Ma, "Recommended plan for soil conservation work"; 傅焕光（1947）：第 25—26 页；SJZHFZ 89（1947 年 9 月 1 日）：2；Chepil（1949）：129。

73. Chepil（1949）：129。亦见于傅焕光（1947）：第 25—26 页。

74. Chepil (1949): 127.

75. 韩启桐、南钟万（1948）：第 109—110 页，亦见于万晋（1947b）：第 40 页；汪克检（1947c）：第 9 页；《河南省第一区行政督察专员兼保安司令公署五年来工作纪要》。

76. Hamer, "A Study of the Yellow River Flooded Area", 16A, 亦见于陈鸿佑（1947）：第 5 页。

77. Agriculture and Irrigation Sub-committee, "A Report of General Information

and a Recommended Plan for Agricultural Rehabilitation in the Yellow River Flooded Area of Honan, Anhwei and Kiangsu Provinces"（1946）, 8 : UN S-1021 Box 55 File 4, 亦见于田林（音）(1946): 第 10 页；韩启桐、南钟万（1948）: 第 46 页。

78. Hamer, "A Study of the Yellow River Flooded Area", 16A。亦见于 SJZHFZ 56（1947 年 2 月 3 日）: 2；陈鸿佑（1947）: 第 5 页。1947 年 7 月, 行总规定, 无人认领的土地将由各县管理, 并出租获利。在三年之内, 提供产权证明的原所有者可以收回土地。而三年之后, 所有未归还的土地则将成为由县政府管理的"国有土地", 见 SJZHFZ 84（1947 年 8 月 18 日）: 第 6 页。

79. "Survey Report of Yellow River Flooded Areas", 25, 亦见于 SJZHFZ 84（1947 年 8 月 18 日）: 第 6 页；汪克检（1947c）: 第 3 页。

80. Agriculture and Irrigation Sub-committee, "A Report of General Information and a Recommended Plan for Agricultural Rehabilitation in the Yellow River Flooded Area of Honan, Anhwei and Kiangsu Provinces"（1946）, 8 : UN S-1021 Box 55 File 4. 亦见于韩启桐、南钟万（1948）: 第 46 页；SJZHFZ 56（1947 年 2 月 3 日）: 第 2 页。

81. UNRRA, "Survey Report on Yellow River Flooded Areas", 25。亦见于陈鸿佑（1947）: 第 5 页；马杰（1947）: 第 3 页；韩启桐、南钟万（1948）: 第 46 页；苏新留（2009）: 第 39—40 页。

82. UNRRA, "Survey Report on Yellow River Flooded Areas", 25。亦见于韩启桐、南钟万（1948）: 第 46 页；田林（音）(1946): 第 12 页。

83. 吴应铣（1994）: 第 235 页、第 347 页。

84. Irving Barnett to Herbert Hummel, "Land Problems in the Flooded Area"（1947 年 4 月 9 日）: UNS-528-0358。亦见于王金声、金英鸿（1949）: 第 135 页。

85. UNRRA, "Survey Report on Yellow River Flooded Areas", 32.

86. 同上, 第 34 页, 亦见于 Barnett (1953): 50。

87. Barnett (1953): 60.

88. UNRRA, "Survey Report on Yellow River Flooded Areas", 32, 亦见于史镜涵（1947）: 第 23 页；王金声、金英鸿（1949）: 第 135 页。

89. 史镜涵（1947）: 第 23 页。

90. Ibid.

91. John H Shirkey, "Honan Flooded Areas Tractor Program (The Work with the Villages, January 1947-September 1947)", UN S-1021 Box 55 File 4, 亦见于扶沟政协文史资料委员会（2004）: 第 131 页。

92. UNRRA,"Survey Report on Yellow River Flooded Areas", 34.

93. Ibid.,16A.

94. Agriculture and Irrigation Sub-committee，"A Report of General Information and a Recommended Plan for Agricultural Rehabilitation in the Yellow River Flooded Area of Honan, Anhwei and Kiangsu Provinces", 8，亦见于韩启桐、南钟万（1948）：第 46 页。

95.《行总河南分署署长马杰谈黄泛区复兴工作现状》（1947 年 7 月 30 日）：AH 272-1370.

96. Irving Barnett to Herbert Hummel，"Communist Portions of the Flooded Area in Honan"（1947 年 4 月 9 日）UN S-0528-035，亦见于田林（音）（1946）：12。

97. Barnett to Hummel，"Communist Portions of the Flooded Area"。亦见于汪克检（1947c）：第 12 页,《行总河南分署署长马杰谈黄泛区复兴工作现状》。

98. Barnett to Hummel，"Communist Portions of the Flooded Area"，亦见于 UNRRA（1948a）：29。

99. Robert Hart to Walter West (March 28, 1947): UN S-0528-0543 A.R.8.

100. UNRRA，"Survey Report on Yellow River Flooded Areas", 26，亦见于韩启桐、南钟万（1948）：第 37 页、第 75—76 页；Barnett（1953）：38 ;《行总河南分署署长马杰谈黄泛区复兴工作现状》。

101. 联总的工作人员特别担心居民将出售进口的救济面粉来购买交税所需的小麦，这就会使得征税要求阻碍重建计划，见 Philip Chu to Robert Van Hyning，"Report of Observations made on a recent survey of 17 hsiens"（1946 年 3 月 11 日）：UNS-0528-0535。联总的另一消息来源估计，1946 年 5 月，假设每个士兵每天得到两斤的口粮，驻河南部队 870,000 人的粮食需求就为每月 30,000 吨或每年 360,000 吨。没有关于军队挪用或购买当地粮食的数据。见 George Dickey，"China Office UNRRA Office of the Financial Advisor, Food Resources-Honan"（1946 年 4 月 21 日）：UN S-0528-0091，亦见于田林（音）（1946）：12。

102. UNRRA，"Survey Report on Yellow River Flooded Areas"，25，亦见于韩启桐、南钟万（1948）：第 46 页。

103. 熊笃文（1947c）：第 20 页；Barnett（1953）：31 ;《河南省第一区行政督察专员兼保安司令公署五年来工作纪要》。

104. Barnett（1953）：65 ;《河南省第一区行政督察专员兼保安司令公署五年来工作纪要》，第 62 页。

105. Barnett（1953）：65 ;《河南省第一区行政督察专员兼保安司令公署五年来

工作纪要》，第 38 页。

106. Barnett (1953): 31.

107. Shirkey to Green,"Evaluation of the Report".

108. Westad（2003）：170。关于河南东部的军事行动的详细记录，见中共河南省委党史研究室（2001）：第 321—359 页。

109. UNRRA, "Survey Report on Yellow River Flooded Areas", 25，亦见于韩启桐、南钟万（1948）：第 46 页。吴应铣（1994：353）指出，1947 年至 1948 年，土地改革运动重新分配了睢杞太边区 48,569 亩土地，以及扶沟县、通许县 80,000 亩的土地。

110. 太康县志编纂委员会（1991）：第 96 页；西华县史志编纂委员会（1992）：第 118—119 页。

111. UNRRA, "Survey Report on Yellow River Flooded Areas", 25，亦见于韩启桐、南钟万（1948）：第 46 页。其他资料显示，中共当局在三年内没有对新开垦的土地征税，见太康县志编纂委员会（1991）：第 96 页。

112. Barnett（1953）：65，亦见于田林（音）（1946）：第 12 页；Todd（1949）：49、50；UNRRA（1948a）：29。

113. UNRRA, "Survey Report on Yellow River Flooded Areas", 26，亦见于韩启桐、南钟万（1948）：第 37 页、第 75—76 页；Barnett（1953）：38；《行总河南分署署长马杰谈黄泛区复兴工作现状》。

114. UNRRA, "Survey Report on Yellow River Flooded Areas", 27，亦见于汪克检（1947c）：第 11—12 页；Barnett（1953）：40；崔玉华（1988）：第 189 页；西华县史志编纂委员会（1992）：第 118—119 页。行总河南分署总计向泛区运送了 412,318 吨食品、256,338 吨旧衣服和 140,945 吨医疗用品，见韩启桐、南钟万（1948）：第 116—117 页。

115. Barnett（1953）：28、41、63。1947 年 7 月，联总宣布，它将不再向北纬 30 度以上的地区运送物资，而这些地区大部分由中国共产党控制。向国民党控制的扶沟县城运送的物资比向中共控制的农村运送的要多。扶沟县政协文史资料委员会（2004）：第 122 页、第 130 页。

116. Barnett（1953）：41—42，亦见于扶沟县政协文史资料委员会（2004）：第 132 页；Westad（2003）：169—172。

117. UNRRA (1948a): 29.

118. Barnett（1953）：40，亦见于崔玉华（1988）：第 189 页；叶向雨（1991）：第 173—174 页；西华县史志编纂委员会（1992）：第 118 页。

119. 方万鹏（2011）。

120. 扶沟县政协文史资料委员会（2004）：第 132 页；许桂云、李郁（2004）：第 298 页；李春桂、柳培良（1952）：第 7 页。

121. 王金声、金英鸿（1949）：第 135 页。叶向雨（1991:173）也提到，由于战争原因，开封和拖拉机基地之间的运输中断，这造成了燃料的短缺。

122. 王金声、金英鸿（1949）：第 135 页。

123. 许桂云、李郁（2004）：第 299 页。亦见于李春桂、柳培良（1952）：第 7 页；黄泛区农场志编纂委员会（1987）：第 7 页；西华县史志编纂委员会（1992）：第 119 页、第 164 页。

124. 吴应铣（1994）：第 353 页。

125.《河南省黄泛区土地改革方案》（1951）：第 49 页。亦见于《关于黄泛区土改方案的若干说明和补充规定》（1951）：第 51—52 页；西华县史志编纂委员会（1992）：第 141 页。

126.《河南省黄泛区土地改革方案》（1951）：第 50 页。

127. Ibid.

128. Ibid.,51.

129. 许桂云、李郁（2004）：第 299—301 页。

130. 扶沟县政协文史资料委员会（2004）：第 132 页；许桂云、李郁（2004）：第 299 页；黄泛区农场志编纂委员会（1987）：第 7 页。

131. 黄泛区农场志编纂委员会（1987）：第 39 页，亦见于李春桂、柳培良（1952）：第 7—8 页。

132. 李春桂、柳培良（1952）：第 7 页。

133. 表引自张喜顺（2010）：第 37—38 页。亦见于李春桂、柳培良（1952）：第 7—8 页；扶沟县土地管理局（1999）：第 52—58 页。

134. 鄢陵的耕地和人口在 1951 年全部回到了 1936 年的水平，见鄢陵县土地房产管理局（1999）：第 68—71 页。

135. 小麦（1949:513,000 亩 /41,510,000 斤；1952:706,000 亩 /53,630,000 斤）；玉米（1949：100 亩 /10,000 斤；1952：500 亩 /44,000 斤）；高粱（1949：83,000 亩 /10,780,000 斤；1952：95,000 亩 /15,700,000 斤）；大豆（1949：117,000 亩 /10,760,000 斤；1952:464,000 亩 /30,890,000 斤）；花生（1949：不详 /3,590,000 斤）；1952：不详 /6540,000 斤）；芝麻（1949：39,000 亩 /2,160,000 斤；62,000 亩 /2,810,000 斤），数字引自张喜顺 2010 年）：第 38 页。

136. UNRRA（1948a）: 29；罗来兴（1953）：第 243 页；夏开儒（1953）：第 245页。

137. 席承藩（1950）：第 103 页。

138. Ibid.

139. Ibid.,104.

140. 除了 1938 年至 1947 年的黄河河道，河南还有四段沙质土地位于黄河的泛道上。仅在郑州，花园口决口附近的沙地就占地 5 万亩，见冯钟粒（1992）：第 2—5 页。亦见于西华县史志编纂委员会（1992）：第 286 页。

141. Tsutsui (2003): 295.

142. McNeill (2000): 347.

143. Ibid.,345.

结　语

1. Tucker（2011），Tucker（2004），亦见于 McNeill（2004）：399。

2. Miller（2013）：95，亦见于 Tsutsui（2003）。

3. Seow (2013).

4. Kinzley (2012).

5. Miller (2013): 96.

6. Brady (2012): 27.

7. Ibid.,31.

8. Brady (2009): 54, 57, 59; Brady (2012): Chapter 4.

9. Brady（2009）：58，亦见于 Brady（2012）：112。

10. 1857 年至 1858 年的印度士兵叛乱（即 1857 年开始的印度民族大起义）也是如此。

11. Storey (2010): 41.

12. Kreamer（2012）：89。Lary（2004：157—158）也讨论过二战的例子。

13. Cumings (2010): 155.

14. Biggs (2011): 129.

15. Ibid.,130.

16. Ibid.,134,150.

17. Ibid.,132, 139.

18. Ibid.,132.

19. Ibid.

20. Ibid.,135.

21. Ibid.,139.

22. Ibid.,134.

档 案

"国史馆"（台北）

陈布雷：《关于河南军粮问题之经过情形与处理办法》，1942 年 10 月 26 日：001000004790A。

《河南省政府快邮代电》，1943 年 7 月：001000004791A。

《蒋鼎文电》，1943 年 2 月 22 日：001000004791A。

《救济入陕豫籍难民审查会摘要》，1943 年 12 月 17 日：2712984。

《军粮改善意见》，1942 年 9 月：001000004790A。

《军政部代电》，1943 年 6 月 14 日：001000004791A。

《军政部长何应钦签呈》，1943 年 2 月 11 日：001000004791A。

粮食部参事厅：《救济建议》，1947 5 月：2121368。

《李培基呈蒋介石书》，1942 年 9 月 7 日：00100004790A。

《张治中、张定璠呈》，1942 年 9 月 9 日：001000004790A。

《陕西省政府快邮代电》，1943 年 7 月：062673。

《行政院代电》，1942 年 10 月 5 日：001000004790A。

《行政院代电》，1942 年 12 月 25 日：001000004791A。

《行政院秘书处公函》，1943 年 12 月 25 日：2712984。

《行政院长蒋中正训令稿》，1943 年 6 月 28 日：062673。

《行总河南分署署长马杰谈黄泛区复兴工作现状》，1947 年 6 月 30 日：2721370。

《豫境各军拨节军粮救灾及节食助赈数量》，1943 年 7 月 9 日：AH001000004791A。

《张继、张厉生电》，1942 年 10 月 21 日：AH 001000004790。

河南省档案馆

《1939 年河南省各县水灾损失调查统计表》，1940 年：AB6–591。

《国民党河南省党部关于党政机关迁移、黄灾救济告民众书、标语》，1938 年 7

月：M2–27–753。

《国民党河南省党部特派屈映光等办理抚济事宜》，1938 年 8 月 15 日：M2–25–686。

《河南省上蔡县平新乡乡公所呈》，1942 年 10 月：M02–25–692。

《河南省政府代电》，1944 年 11 月：M08–50–1469。

《河南省政府救灾总报告》，1943 年 12 月：AB6–588。

《河南省郑县、中牟、尉氏等县关于黄灾济赈工作报告》，1938 年：M8–08–0194。

《中国国民党河南省执行委员会中国国民党河南省执行委员会训令字 68 号》，1943 年 8 月 9 日：M2–25–690。

《中国国民党为举行黄灾救济捐款一日运动告党员民众书》，1938 年 7 月：M2–25–690。

胡佛研究所档案馆
（Hoover Institution Archives）

蒋介石日记，1938 年 6 月 3 日。

Farm Credit Division of the Farmers Bank of China. "Land Reclamation in War-time China: A Memorandum for the U.S. Technical Experts to China". October 1942:Walter C. Lowdermilk Papers, Box 9.

《河南省三十一年麦收及消费数量统计表》，1942 年 7 月：KMT Project, TE 296.2。

Walter C. Lowdermilk. "Preliminary Report to the Executive Yuan, Government of China on Findings of a Survey of a Portion of the Northwest for a Program of Soil Water and Forest Conservation". November 26, 1943: Walter C. Lowdermilk Papers, Box 4.

王炳军（音）：《为报告时局报河南省郑县、中牟、广武三县灾情》，1942 年 7 月 28：KMT Project TE 20, Reel 13, File 534。

《为黄灾惨重赈济未周拟请拨巨款彻底救济案》，1939 年 10 月 24 日：KMT Project 003, Reel 45, File 389。

卫立煌等：《培修黄堤增固国防以利抗战而维民生案》，1940 年 7 月：KMT Project, 003 Reel 64, File 658。

《专案报告：黄泛堤工情形》，1941 年 7 月 21 日 :KMT Project, 003 Reel 212, File 1717。

"中研院"近代史研究所档案馆（台北）

《河南省赈务报告》，1944 年：20–00–03 9–1。

《黄龙山垦区管理局视察报告》，1943 年 6 月：20–26 60–12。

《黄龙山垦区难民收容救济情形及募迁垦民概况视察报告》，1943 年：20–26 60–12。

《农林部陕西黄龙山垦区管理局代电》，1942 年 2 月 15 日：20–26 31–8。

《农林部陕西黄龙山垦区管理局三二年度工作计划书草案》，1943 年：20–26 60–12。

《陕西省黄龙山垦区森林视察报告》，1943 年：20–26 60–12。

陕西省档案馆

《第三区行政督察专员公署布告》，1943 年 6 月 15 日：9–2–815。

《据战区军风纪第五巡察团建议改善救济来陕难民办法等情电仰遵照》，1943 年 4 月 2 日：64–1–280。

《军事委员会西安办事厅快邮代电》，1943 年 2 月 26 日：9–2–800。

《李善济（音）呈》，1942 年 12 月 28 日：9–2–800。

《陇海铁路特别党部难民服务队参加三民主义青年团陕西支部豫灾访问工作报告》，1943 年 6 月：9–2–823。

《陇海铁路运输豫省难民人数总表，三十一年八月至三十二年六月》，1943 年 7 月：9–2–823。

《难民谋生之道》，1942 年 2 月：9–2–819。

《农林部黄龙山垦区概况书》，1941 年 12 月 31 日：9–2–823。

《陕西省黄龙山垦区办事处工作报告书》，1939 年 9 月 30 日：7–1–2。

《陕西省第三区行政督察专员兼保安司令公署代电》，1942 年 11 月 30 日：9–2–800。

《陕西省第三区行政督察专员兼保安司令公署代电》，1943 年 2 月 3 日：9–2–722。

《陕西省第三区行政督察专员兼保安司令公署代电》，1943 年 2 月 10 日：9–2–800。

《陕西省第三区行政督察专员兼保安司令公署代电》，1943 年 3 月 22 日：9–2–808。

《陕西省民政厅代电／遣函》，1942 年 11 月 24 日：9–2–805。

《为救济河南难民报全区保教人员及全体民众书》，1942 年 12 月 21 日：9–2–800。

《伊川县救济难民会议记录》，1943 年 1 月 28 日：9–2–722。

《豫灾救济会西安市分会函》，1942 年 11 月 14 日：9–2–805。

周昌芸：《黄龙山之土壤》，1938 年：9–5–285。

联合国档案和记录管理科
（ United Nations Archives and Records Management Section ）

Agriculture and Irrigation Sub-committee. "A Report of General Information and a Recommended Plan for Agricultural Rehabilitation in the Yellow River Flooded Area of Honan, Anhwei and Kiangsu Provinces". 1946: S-1021 Box 55 File 4.

An Han, H.K. Fu, and W.S. Chepil to Dr. P.C. Ma. "Recommended plan for soil conservation work in the Yellow River Flooded Area". n.d.: S-1021 Box 55 File 4.

Barnett, Irving to Herbert Hummel. "Land Problems in the Flooded Area". April 9, 1947: S-528–0358.

Barnett, Iriving to Herbert Hummel. "Communist Portions of the Flooded Area in Honan". April 9, 1947: S-0528–035.

Chepil, W.S. "Report of Survey of the Yellow River Flooded Area of Honan". November 11, 1946: S-528–0357 AR17a.

Chepil,W.S. "What Have I Done in China?" September 25, 1947: S-1021 Box 55 File 4.

Chu, Philip to Robert Van Hyning. "Report of Observations made on a recent survey of 17 hsiens". March 11, 1946: S-0528–0535.

Dickey, George to Will B. Rose. May 16, 1946: S-0528–0091.

Dickey, George. "China Office United Nations Relief and Rehabilitation Administration Office of the Financial Advisor, Food Resources – Honan". April 21, 1946: UN S-0528–0091.

Farris, D.K. "Report on General Conditions in Honan-Province, Dec. 24 1945": UN S-0528–0071.

Farris, D.K. to E. Gale. December 10, 1945: S-0528–0071.

Hamer, Burlin B. "A Study of the Yellow River Flooded Area in Honan Province by Regional Office, C.N.R.R.A. and Regional Office, U.N.R.R.A." December 1946: S1021 Box 58 File 6.

Hanson, Perry O. "A History of UNRRA's Program Along the Yellow River, Chapter I. – Background": S-1021 Box 55 File 3.

Hart, Robert to Flooded Area Committee. "Progress Report". December 11, 1946: S-0528–0078.

Hart, Robert to Walter West. "Report for Flooded Area Committee, Field Trip. 16/3/47 – Report No. 3" (March 18, 1947): S-0528–0544 AR-17a.

Hart, Robert to Walter West. "Report on Field Trip to Flooded Area, 16 to 26 March,

1947". March 28, 1947: S-0528–0543, A.R. 8 Flooded Area, General.

"Health. Honan Regional Office Month of October, 1946": S-0528–0540.

Johnson, Harold to Lucile Chamberlin. "Survey and Report on Administrative District 9, South Honan". June 1946: S1021 Box 58 File 7.

Kassebaum, John C. to Harland Cleveland. "Confidential Personnel". November 12, 1947: S-0528–0535.

Liu, Jean. "Condition of the Flooded District of Chung-mou". May 8, 1946: S-0528–0536 Folder 34.

"Memorandum from Mildred Bonnell to R. Van Hyning dated 3 April, 1946, His Hua", attached to "UNRRA History – Honan Region": S1021 Box 58 File 7.

"Monthly Report, March 1946, Section 7 – Welfare Attachment (2)": S-0528–0540.

"Monthly Report, March 1946, Section 11 – Intelligence": S-0528–0540.

"Notes on Information from Dick Hillis, H.I.R.C. Regarding Conditions in parts of the Flooded Area, Honan, March, '46". March 1946: S-0528–0543 A.R. 8.

"Outline of Plan for Rehabilitation of Yellow River Flooded Area". 1946: S-1021 Box 55 File 4.

Parenti, A.J. to Newton Bowles. "Part I, Survey of Flooded Area Refugees as basis for estimating post-UNRRA food requirements". September 7, 1947: S-0528–0543 A.R. 8B.

Parenti, A.J. to Newton Bowles. "Honan Flooded Area Survey, Part II: Shensi and Northwest". October 1947: S-1021 Box 55 File 4.

"Preliminary Report on Flooded Area – Oct. 17–26". November 11, 1946: S-0528–0541 A.R. 8.

"Recording Some Observations and Recommendations Made During a Trip to Cheng-chow, Hsu-chang, Yen-ling, Fu-kou, Weishih, Hsi-hua, Chou-chia-k'ou, Lo-ho and Vicinities, 24 February to 3 March". March 11, 1947: S-0528–0544 A.R. 17a.

"Report and Recommendations on Joint Flooded Area Survey of Fukow Hsien by Representatives of CNRRA, Provincial Government, Hsien Governments & UN-RRA 10 August to 10 September 1946": S-0528–324.

"Survey Through Honan Province – Mildred Bonnell, 12 Dec. 1945", attached to"UN-RRA History – Honan Region": S1021 Box 58 File 7.

Shirkey, John H. to G.A. Fitch. "Crop and Agricultural Conditions noted enroute to Chengchow, Sinyang, Loshan, Loho, and Hsuchang, Yenling, Fukou, Wei-shih and Kaifeng, May 16 to May 30, '46". June 4, 1946: S-0528–0544 AR-17a.

Shirkey, John H. to William J. Green. "Evaluation of the Report prepared by Professor A.A. Stone and Professor H.F. McCaulley". June 2, 1946: S-528–0356.

Shirkey, John H. "Honan Flooded Areas Tractor Program (The Work with the Villages, January 1947—September 1947)": S-1021 Box 55 File 4.

Shirkey, John H. to Walter West. "Recording Some Observations and Recommenda-tionsMade During a trip to Chengchow, Hsu-chang, Yen-ling, Fu-kou, Weishi-h,Hsi-hua, Chou-chia-k'ou, Lo-ho and Vicinities, 24 February to 3 March, 1947". March 11,1947: S-0528–0544 AR 17a.

UNRRA. "Survey Report on Yellow River Flooded Areas in Honan, Anhwei and Ki-angsu". July 4, 1947: S-0528–0070.

"UNRRA History – Honan Region. Health Section": S1021 Box 58 File 7.

West, Walter. "Report from Flooded Area Committee. Field Trip 16th March. Report No. 4". March 19, 1947: S-0528–0544 A.R. 17a.

维克森林大学档案馆
（Wake Forest University Archives）

Murray, Katie. "God Working in Chengchow, Honan: Interior China BaptistMission, 1936–1950". August 14, 1970: KatieM. Murray Papers. Box 2, Folder 161.

黄河水利委员会档案馆（郑州）

《查勘淮阳灾民请求修筑新堤路线报告书》，1940 年 8 月：MG4.1–51。

《查勘太康淮阳境内黄泛区情形报告书》，1941 年 12 月 31 日：MG4.1–135。

《防泛新堤尉氏段抢险堵口会议记录》，1940 年 8 月 10 日：MG4.1–177。

《防泛新堤尉氏段抢堵临时工程委员会之令》，1940 年 9 月 21 日：MG4.2–71。

《河南省西华县政府呈》，1943 年 11 月 11 日：MG4.1–340。

《淮阳县灾民代表拟请拨款筑堤》，1940 年 3 月：MG4.1–51。

《黄河水利委员会暨西华县党政机关士绅座谈会》，1943 年 5 月 25 日：MG4.1–218。

《黄河水利委员会豫省河防特工临时工程处工作报告》，1940 年 5 月 21 日：MG.1–134。

《黄泛区沿黄溃水各县被灾报告》，1938 年 8 月：MG4.3.3–6。

《李景堂（音）呈》，1939 年 12 月 17 日：MG.4.1–8。

《南一段总段长阎楷呈》，日期不明：YRCC MG2.2–277。
《南一段总段长阎楷呈》，1940 年 1 月 19 日：YRCC MG2.2–277。
《全先邈（音）呈》，1940 年 1 月 19 日：MG2.2–277。
《Shin Koga karyu ibban kaikyo chosa hokokusho》，1943 年 9 月 24 日：MG 10–140。
《Taiko shin Ko ga chiho cho sa ho koku》，1939 年 8 月：MG10.29。
《王秋杭（音）签呈》，1940 年 1 月 15 日：MG2.2–277。
《豫皖黄泛区查勘团报告》，1941 年：MG4.1–124。
《郑县政府报告》，1940 年：MG4.1–43。
《致黄河水利委员会修堵河防在事员工辞》，1943 年 11 月：MG4.1–298。

郑州市档案馆

《河南省三十七年边辖及防疫计划》，1948 年：6–1–7 10。
《河南省第二区行政督察专员兼保安司令公署代电字第 1769 号》，1945 年 12 月：6–1–13 18。
《河南省第一区行政督察专员兼保安司令公署五年来工作纪要》，1947 年 7 月 1 日：6–1–37。

参考文献

"1938 nian Huanghe juedi shiliao yi zu" [A selection of historical materials on the 1938 Yellow River breach] 1997. Minguo dang'an [Republican archives] 3 (August), 11–17.

Bao Mengyin 2011. "Kangzhan shengli hou guomin zhengfu Huanghe dukou zhong de gongzhen" [Work relief during the Nationalist government's breach closure after victory in the War of Resistance]. Minguo dang'an [Republican archives] 3 (August), 128–136.

Barnett, Irving 1953. *UNRRA Aid to Redevelopment of Yellow River Flooded Area inHonan, China*. Haverford, PA: Haverford College.

Beck, Melinda A. and Levander, Orville A. 2000. "Host Nutritional Status and Its Effect on a Viral Pathogen." *The Journal of Infectious Diseases 182*, Supplement 1: S93–96.

Belden, Jack 1943. *Still Time to Die*. New York: Harper.

Bennett, Judith 2009. *Natives and Exotics: World War II and the Environment in the Southern Pacific*. Honolulu: University of Hawaii Press.

Bi Chunfu 1995. *Kangzhan jianghe juekou mishi* [Secret history of river breaches in the War of Resistance]. Taibei: Wenhai jinhui.

Biggs, David 2011. *Quagmire: Nation-Building and Nature in the Mekong Delta*. Seattle: University of Washington Press.

Black, Richard 1998. *Refugees, Environment and Development*. Harlow: Longman.

Blackbourn, David 2006. *The Conquest of Nature: Water, Landscape, and the Making of Modern Germany*. New York: Norton.

Bo Haitao 1989. "Huanghe lei" [The Yellow River's tears]. *Fugou wenshi ziliao*

[Fugou literary and historical materials] 1, 119–128.

Bose, Sugata 1990. "Starvation amidst Plenty: The Making of Famine in Bengal,Honan, and Tonkin, 1942–45." *Modern Asian Studies 24:4* (October), 699–727.

Brady, Lisa M. 2009. "Devouring the Land: Sherman's 1864–65 Campaigns." In Charles E. Closmann, ed. War *and the Environment: Military Destruction in the Modern Age*. College Station: Texas A&M University Press.

Brady, Lisa M. 2012. *War upon the Land: Military Strategy and the Transformation of Southern Landscapes during the American Civil War*. Athens: University of Georgia Press.263

Brönnimann, Stefan et al. 2004. "Extreme Climate of the Global Troposphere and Stratosphere in 1940–1942Related toElNiño." *Nature* 431 (October 21), 971–974.

Brook, Timothy 2005. *Collaboration: Japanese Agents and Local Elites in Wartime China*. Cambridge: Harvard University Press.

Burke III, Edmund 2009. "The Big Story: Human History, Energy Regimes, and the Environment." In Edmund Burke III and Kenneth Pomeranz, eds. *The Environment and World History*. Berkeley: University of California Press.

Chang, Kia-Ngau 1958. *Inflationary Spiral: The Experience in China, 1939–1950*.Cambridge: MIT Press.

Chen Chuanhai 1986. *Rijun huo Yu ziliao xuanbian* [Selected materials on calamities caused by the Japanese army in Henan]. Zhengzhou: Henan renmin chubanshe.

Chen Hongyou 1947. "Yu Wan Su san sheng Huangfanqu fuxing fangzhen chuyi"[Tentative suggestions on plans for revival of the Yellow River flooded area in Henan, Anhui, and Jiangsu provinces] *Zhong nong yuekan* [China farmers monthly] 8:9, 1–8.

Chen Yunping and Chen Ying 2009. "Kangzhan da houfang nanmin yiken dui shengtai huanjing de yingxiang" [The effects of refugee land reclamation on the ecological environment of the great rear areas in the War of Resistance] *Xinan daxue xuebao: shehui kexue ban* [Journal of Southwestern University: social science edition] 35:5 (September), 182–187.

Cheng Youwei et al. 2007. *Huanghe zhong xia you diqu shuili shi* [History of water control in the middle and lower Yellow River basin region]. Zhengzhou:

Henan renmin chubanshe.

Chepil, W. S. 1949. "Wind Erosion Control with Shelterbelts in North China." *Agronomy Journal* 41:3 (March), 127–129.

China Office, UNRRA, Office of the Economic and Financial Advisor 1946. "Honan CNRRA – UNRRA Food Report."

Christensen, Erleen J. 2005. In War and Famine: Missionaries in China's Honan *Province in the 1940s*. Montreal: McGill Queen's University Press.

Christian, David 2005. *Maps of Time: An Introduction to Big History*. Berkeley: University of California Press.

Closmann, Charles E., ed. 2009. *War and the Environment: Military Destruction* in the Modern Age. College Station: Texas A & M University Press.

Coble, Parks M. 2003. *Chinese Capitalists in Japan's New Order: The Occupied Lower Yangzi, 1937–1945*. Berkeley: University of California Press.

Cronon, William 1992. "A Place for Stories: Nature, History, and Narrative." *Journal of American History 78:4* (March), 1347–1376.

Cui Fude 1992. "Han, huang, bing zai mudu ji" [Eyewitness record of drought, locust,and military disasters]. *Yanling wenshi ziliao* [Yanling literary and historical materials] 4, 62–68.

Cui Yuhua 1988. "Yi Huangfanqu nongkendui he nongken xuexiao" [Recollections of the Yellow River flooded area agricultural reclamation team and the agricultural reclamation school]. *Henan wenshi ziliao* [Henan literary and historical materials] 27, 186–192.

Cumings, Bruce 2010. *The Korean War: A History*. New York: Modern Library.

"*Dagongbao de baodao*" [Report from Dagongbao] (June 28, 1938). *Zhengzhou wenshi ziliao* [Zhengzhou literary and historical materials] 2 (1986), 26–29.

Davis, Mike 2001. *Late Victorian Holocausts: El Niño Famines and the Making of the Third World*. New York: Verso.

Des Forges, Roger V. 2004. *Cultural Centrality and Political Change in Chinese History: Northeast Henan in the Fall of the Ming*. Stanford: Stanford University Press.

Dikötter, Frank 2010. Mao's Great Famine: *The History of China's Most Devastating Catastrophe*. New York: Walker and Company.

Dodgen, Randall A. 2001. *Controlling the Dragon: Confucian Engineers and the Yellow River in Late Imperial China*. Honolulu: University of Hawaii Press.

Drea, Edward J. and van de Ven, Hans 2010. "An Overview of Major Campaigns during the Sino-Japanese War." In Mark Peattie, Edward J. Drea, and Hans van de Ven, eds. *The Battle for China: Essays on the Military History of the Sino-Japanese War of 1937–1945, 27–47*. Stanford: Stanford University Press.

Duan Yucai 1815. "Shuo wen jie zi zhu" [Commentary on Explaining Single Component Graphs and Analyzing Compound Characters]. http://www.esgweb.net/html/swjz/imgbook/index2.htm.

Dutch, Steven I. 2009. "The Largest Act of Environmental Warfare in History." *Environmental & Engineering Geoscience 15:4* (November), 287–297.

Eastman, Lloyd E. 1980. "Facets of an Ambivalent Relationship: Smuggling, Puppets,and Atrocities during the War, 1937–1945." In Akira Iriye, ed. *The Chinese and the Japanese: Essays in Political and Cultural Interactions*, 275–303. Princeton:Princeton University Press.

Eastman, Lloyd E. 1984. *Seeds of Destruction: Nationalist China in War and Revolution, 1937–1949*. Stanford: Stanford University Press.

Eastman, Lloyd E. 1986. "Nationalist China during the Sino-Japanese War, 1937–1945." In Mary B. Rankin, John K. Fairbank, and Albert Feuerwerker, eds. *The Cambridge History of China, Vol. 13: Republican China, 192–1949, Part 2*. Cambridge: Cambridge University Press.

Edgerton-Tarpley, Kathryn 2008. *Tears from Iron: Cultural Responses to Famine in Nineteenth-Century China*. Berkeley: University of California Press.

Edgerton-Tarpley, Kathryn 2014. "From 'Nourish the People' to 'Sacrifice for the Nation': Changing Responses to Disaster in Late Imperial and Modern China."*The Journal of Asian Studies* 73:2, 447–469.

Elvin, Mark 1993. "Three Thousand Years of Unsustainable Growth: China's Environment from Archaic Times to the Present." *East Asian History 6*, 7–46.

Elvin, Mark 2004. *Retreat of the Elephants: An Environmental History of China*. New Haven: Yale University Press.

Evenden, Matthew 2011. "Aluminum, Commodity Chains, and the Environmental History of the Second World War." *Environmental History* 16:1 (April), 69–93.

Fang Ce 1942. "Ben sheng feichang shiqi banli jiuji shiye zhi genggai" [The broad outlines of relief administration in this province during the period of emergency].*Henan zhengzhi* [Henan politics] 1:4 (March), 10–12.

Fang Wanpeng 2011. "Lun Huang Huai pingyuan shui huanjing dui Huaihai zhanyi de yingxiang – cong 1938 nian Huayuankou juedi tanqi" [On the influence of the Yellow River and Huai River plain's water on the battle of Huaihai – a discussion starting from the 1938 Huayuankou breach] *Junshi lishi yanjiu* [Military history research] 2 http://sino-eh.com/ThesesHTML/Thesis_698.shtml.

Feng Yufan 1991. "Tianyuan yanmo yibing liuxing" [The countryside flooded and diseases rampant]. *Zhongmu wenshi ziliao* [Zhongmu literary and historical materials] 4, 36–37.

Feng Zhongli 1992. "Cong fengsha cheng dao lüman Zhengzhou de huigu" [Looking back on the change from a sandstorm city to verdant Zhengzhou]. *Zhengzhou wenshi ziliao* [Zhengzhou literary and historical materials] 11, 1–26.

Fiege, Mark 2004. "Gettysburg and the Organic Nature of the American Civil War." In Richard P. Tucker and Edmund Russell, eds. *Natural Enemy,Natural Ally: Toward an Environmental History of War*. Corvallis: Oregon State University Press.

Fischer-Kowalski, Marina and Haberl, Helmut 2007. *Socioecological Transitions and Global Change: Trajectories of Social Metabolism and Land Use*. Northampton: Edward Elgar Publishing.

Flath, James and Smith, Norman 2011. *Beyond Suffering: Recounting War in Modern China*. Vancouver: University of British Columbia Press.

Fu Huanguang 1947. "Henan Huangfanqu fuxing zhi shuguang (Zhongmu tongxun)"[The dawn of restoration in Henan's Yellow River flooded area (bulletinfrom Zhongmu)]. *Jing-Han zhoukan* [Jing-Han weekly] 1:46, 24–26.

Fugou xianzhi zong bianji shi 1986. *Fugou xianzhi* [Fugou county gazetteer]. Zhengzhou: Henan remin chubanshe.

Fugou xian tudi guanliju 1999. *Zhoukou diqu tudi zhi: Fugou juan* [Zhoukou area land gazetteer: Fugou section]. Zhengzhou: Zhongzhou guji chubanshe, 1999.

Fugou xian zhengxie wenshi ziliao weiyuanhui 2004. "Erzhan hou Zhongguo 'xingzong'zai Fugou de jiuji huodong" [The relief work of China's 'CNRRA' in Fugou after World War II]. *Zhoukou wenshi ziliao xuanji* [Zhoukou literary and historical materials collection] 1:3, 120–132.

Garnaut, Anthony 2013. "A Quantitative Description of the Henan Famine of 1942."*Modern Asian Studies* 47: 6 (May), 1–39.

Greenough, Paul R. 1982. *Prosperity and Misery in Modern Bengal: The Famine of 1943–1944*. Oxford: Oxford University Press.

Greer, Charles 1979. *Water Management in the Yellow River Basin of China*. Austin: University of Texas Press.

Guan Jianchu 1991. "Huiyi woxian yijiusisan nian de da jihuang" [Recalling our county's great 1943 famine] *Fugou xian wenshi ziliao* [Fugou county literary and historical materials] 2, 111–116.

"Guanyu Huangfanqu tugai fang'an de ruogan shuoming yu buchong guiding" [Several explanations and supplementary regulations on land reform plans in the Yellow River flooded area] (March 23, 1951). *Henan sheng renmin zhengfu gongbao* [Henan province people's government gazette] 4 (May 1, 1951), 51–52.

Guo Erpu 1947. "Henan fanqu xia huang fangzhi gongzuo" [Summer locust defense work in Henan's flooded area] *Shanhou jiuji zongshu Henan fenshu zhoubao* [Weekly report of CNRRA's Henan branch office] 93 (October 20), 2–4.

Guo Jianxuan 1940. "Kaizhan Shaan sheng kenhuang yundong" [Launching Shaanxi province's land reclamation movement] *Xibei yanjiu* [Northwest research] 2: 13,6–8.

Han Fahai and Han Zhangyu 1991. "Hanzhai cun de bianqian" [The vicissitudes of Hanzhai village] *Zhongmu wenshi ziliao* [Zhongmu literary and historical materials] 4, 59–61.

Han Qingxiang 1947. "Di si gongzuodui de guoqu xianzai he jianglai" [The past,present, and future of the fourth work team]. *Shanhou jiuji zongshu Henan fenshu zhoubao* [Weekly report of CNRRA's Henan branch office] 81/82(August 4), 18–22.

Han Qitong and Nan Zhongwan 1948. *Huangfanqu de sunhai yu shanhou jiuji* [The Yellow River flooded area's damage and rehabilitation and relief]. Shanghai: Xingzhengyuan shanhou jiuji zongshu.

Han Zhaoqing 2010. *Huangmo shuixi sanjiaozhou – Zhongguo huanjingshi de quyu yanjiu* [Desert, rivers, lakes, deltas: Studies in China's regional environmentalHistory]. Shanghai: Shanghai keji wenxian chubanshe.

Hao Zhixin et al. 2008. "Precipitation Cycles in the Middle and Lower Reaches of the Yellow River (1736–2000)." *Journal of Geographical Science 18* (2008): 17–25.

Hara Takeshi 2010. "The Ichigo⁻ Offensive." In Mark Peattie, Edward J. Drea, and Hans van de Ven, eds. *The Battle for China: Essays on the Military History of the Sino-Japanese War of 1937–1945.* Stanford: Stanford University Press.

"He Chengpu jianyi chen taoxun juedi" [He Chengpu's recommendation to take advantage of the summer highwaters to breach the dikes] (May 5, 1938).

Zhengzhou wenshi ziliao [Zhengzhou literary and historicalmaterials] 2 (1986), 4.

He Zhong 1940. "Huanglongshan kenqu gaikuang" [General situation of the Huanglongshan reclamation area]. *Xibei yanjiu* [Northwest research] 2:11–12,15–16.

He Ziping 1947. "Henan fanqu qiu huang fangzhi gongzuo" [Autumn locust protection work in Henan's flooded area]. *Shanhou jiuji zongshu Henan fenshu zhoubao* [Weekly report of CNRRA's Henan branch office] 93 (October 20), 4–9.

Henan nongqing 1942 [Henan agricultural conditions] 1:4/5 (December).

Henan sheng difangshizhi bianzuan weiyuanhui 1990. *Henan dili zhi* [Henan geographical gazetteer]. Zhengzhou: Henan renmin chubanshe.

"Henan sheng Huangfanqu tudi gaige fang'an" [Henan province Yellow River flooded area land reform plan] (March 23, 1951). *Henan sheng renmin zhengfu gongbao* [Henan province people's government gazette] 4 (May 1, 1951), 49–51.

Henan sheng minzhengting 1941. *Henan sheng minzheng gongzuo baogao* [Henan province civil affairs report]. n.p.: Henan sheng zhengfu.

"Henan sheng zhanshi sunshi diaocha baogao" [Henan province war damage investigation report] (December 15, 1945) 1990. *Minguo dang'an* [Republican archives] 4 (December), 13–18.

Henan sheng zhengfu 1938. *Deng xian kenhuang jihua* [Deng county land reclamationplan] n.p.

Henan sheng zhengfu 1941. *Henan sheng zhengfu ershijiu niandu xingzheng zong baogao* [Henan provincial government 1940 administrative report] n.p.:

Henan sheng zhengfu mishuchu.

"Henan sheng zhengfu bennian jiuzai jihua" [Henan provincial government relief plan for this year] 1943. Henan dangwu [Henan party affairs] 3: 5, 69–70.

Henan shuiliting shui han zaihai zhuanzhuo bianji weiyuanhui 1998. Henan shui han zaihai. [Henan flood and drought disasters] Zhengzhou: Henan shuili chubanshe.

Hershatter, Gail 2007. *Women inChina's Long Twentieth Century*. Berkeley: University of California Press.

Hershatter, Gail 2011. *Gender of Memory: Rural Women and China's Collective Past.* Berkeley: University of California Press.

Huang, Philip C. 1985. *The Peasant Economy and Social Change in North China*. Stanford: Stanford University Press.

Huang Xiaokui and Wang Anqiu 1954. "Huangfanqu turang dili" [The Yellow River flooded area's soil geography].*Dili xuebao [Geography Journal]* 20:3 (September),313–331.

Huang Zhenglin 2005. *Shaan-Gan-Ning bianqu de shehui jingji shi* [Social and economic history of the Shaan-Gan-Ning border area]. Beijing: Renmin chubanshe.

Huang Zhenglin 2006. *Shaan-Gan-Ning bianqu xiangcun de jingji yu shehui* [Economy and society of villages in the Shaan-Gan-Ning border area]. Beijing:Renmin chubanshe.

Huangfanqu nongchangzhi bianzuan weiyuanhui 1987. *Huangfanqu nongchangzhi* [Yellow River flooded area farm gazetteer]. Zhengzhou: Henan renmin chubanshe.

Huanghe shuili weiyuanhui 2004. *Minguo Huanghe dashiji* [Chronology of the Yellow River during the Republican period]. Zhengzhou: Huanghe shuili chubanshe.

Huanglong xian difangzhi bianzuan weiyuanhui 1995.*Huanglong xianzhi* [Huanglong county gazetteer]. Xi'an: Shaanxi renmin chubanshe.

Jacobsen, Karen 1997. "Refugees' Environmental Impact: The Effect of Patterns of Settlement." *Journal of Refugee Studies* 10:1 (March), 19–36.

Jarman, Robert L. ed. 2001. *China: Political Reports, 1911–1960. Volume 7: 1942–1945.* London: Archive Editions.

Jin Pusen 2001. "To Feed a Country at War: China's Supply and Consumption of Grain during the War of Resistance." Translated by Larry N. Shyu. In DavidP. Barrett and Larry N. Shyu, eds. *China in the Anti-Japanese War, 1937–1945*:

Politics, Culture, and Society. New York: Peter Lang.Jin Tianshun 1990. "Duan-zhuang cun shuihuan shi" [History of flood disasters in Duanzhuang village]. *Weishi wenshi ziliao* [Weishi literary and historical materials]5, 74–76.

"Jiuzai yu fangyi" [Disaster relief and disease prevention] 1943. *Yanling zhoubao* [Yanling weekly] (May 10), 2.

Jones, Eric 2002. *The European Miracle: Environments, Economies and Geopolitics in the History of Europe and Asia*. Third Edition. Cambridge: Cambridge University Press.

Kibreab, Gaim 1997. "Environmental Causes and Impact of Refugee Movements: A Critique of the Current Debate." Disasters 21:1, 20–38.

Kinzley, Judd 2012. "Crisis and the Development of China's Southwestern Periphery:The Transformation of Panzhihua, 1936–1969." *Modern China* 38:5(September), 559–584.

Kreamer, D. K. 2012. "The Past, Present, and Future of Water Conflict and International Security." *Journal of Contemporary Water Research&Education* 149 (December),87–95.

Kreike, Emmanuel 2004a. *Recreating Eden: Land Use, Environment*, and Society in *Southern Angola and Northern Namibia*. Portsmouth: Heinemann.

Kreike, Emmanuel 2004b. "War and the Environmental Effects of Displacement in Southern Africa (1970s–1990s)" In William G. Moseley and B. IkubolajehLogan,eds. *African Environment and Development: Rhetoric, Programs, Realities*.Burlington, VT: Ashgate, 2004.

Kreike, Emmanuel 2006. "Architects of Nature: Environmental Infrastructure and the Nature-Culture Dichotomy." PhD dissertation, Wageningen University.

Kreike, Emmanuel 2013. *Environmental Infrastructure in African History: Examining the Myth of Natural Resource Management in Namibia*.Cambridge: Cambridge University Press.

Laakkonen, Simo 2004. "War, an Ecological Alternative to Peace?: Indirect Impacts of

World War II on the Finnish Environment." In Richard P. Tucker and Edmund Russell, eds. Natural Enemy, *Natural Ally: Toward an Environmental History of Warfare*. Corvallis: Oregon State University Press.

Lamouroux, Christian 1998. "From the Yellow River to the Huai: New Represen-
tations of a River Network and theHydraulic Crisis of 1128." In Mark Elvin
and Ts'ui-jung Liu, eds. *Sediments of Time: Environment and Society in Chi-
nese History*. Cambridge: Cambridge University Press.

Lary, Diana 1985. *Warlord Soldiers: Chinese Common Soldiers, 1911–1937*.
Cambridge: Cambridge University Press.

Lary, Diana 2001. "Drowned Earth: The Strategic Breaching of the Yellow River
Dyke, 1938." *War in History* 8:2 (April), 191–207.

Lary, Diana 2004. "The Waters Covered the Earth: China's War-Induced Natural
Disasters." In Mark Selden and Alvin So, eds. *War and State Terrorism: The
United States, Japan, and the Asia-Pacific in the Long Twentieth Century*.
Lanham, MD: Rowan and Littlefield.

Lary, Diana 2010. *The Chinese People at War: Human Suffering and Social
Transformation, 1937–1945*. Cambridge: Cambridge University Press.

Lary, Diana and Stephen R. MacKinnon, eds. 2001. *Scars of War: The Impact of
War on Modern China*. Vancouver: University of British Columbia Press.

Latour, Bruno 2005. *Reassembling the Social: An Introduction to Actor-Network
Theory*. Oxford: Oxford University Press.

Lee, Jame Z. and Wang Feng 1999. *One Quarter of Humanity: MalthusianMy-
thology and Chinese Realities, 1700–2000*. Cambridge: Harvard University
Press.

Lei Yu and Lou Yunhai 1991. "Huanghe juekou hou de Xingjie cun" [Xingjie
village after the Yellow River breach]. *Zhongmu wenshi ziliao* [Zhongmu lit-
erary and historical materials] 4, 56–57.

Li Chungui and Liu Peiliang 1952. "Guoying Huangfanqu nongchang chuangzao
le xiaomai de da mianji gaoe chanliang" [The Yellow River flooded area
state farm creates high levels of wheat production over a large area] *Renmin
zhoubao* [People's weekly] 10, 7.

Li Haishan 2003. "Xihua xian de 'shi nian Huangshui'" [Xihua county's "ten-year
Yellow River flood"] *Zhoukou wenshi ziliao xuanji* [Zhoukou literary and
historical materials collection] 1: 2, 113–116.

Li Jingrong 1942. "Jiuzai wenti de shangque" [A discussion of disaster relief
problems].*Henan zhengzhi* [Henan politics] 1:10 (October), 35–37.

Li, Lillian M. 2007. *Fighting Famine in North China: State, Market, and Environmental Decline*, 1690s–1990s. Stanford: Stanford University Press.

Li Lixia and Wang Jianjun 2006. "Kangzhan shiqi ru Shaan yimin qunti de renkouxue fenxi" [Demographic analysis of migrant groups entering Shaanxi during the period of the War of Resistance]. *Xibei renkou* [Northwest population] 3:3 (May), 5–8.

Li Wenhai et al. 1993. *Jindai Zhongguo zaihuang jinian xubian* [Continued chronological record of disasters in modern China]. Changsha: Hunan jiaoyu chubanshe.

Li Wenhai et al. 1994. *Zhongguo jindai shi da zaihuang* [Modern China's ten great disasters]. Shanghai: Shanghai renmin chubanshe.

Li Yanhong 2007. "1941–1947 nian Yudong Huangfanqu de huangzai" [Locust disasters in eastern Henan's Yellow River flooded area, 1941–1947]. *Fangzai keji xueyuan xuebao* [Journal of the Institute of Disaster-Prevention Science and Technology] 9:1 (March), 25–28.

Li Yubao 1991. "Guoxin zhuang canzao Huangshui hai" [Guoxin village meets with the Yellow River flood disaster] *Zhongmu wenshi ziliao* [Zhongmu literary and historical materials] 4, 68–71.

Lin Ruiwu 1996. "Huangfanqu nanmin Liu Dongmin de beican zaoyu" [Yellow River flooded area refugee Liu Dongming's miserable experience] *Lushan wenshi ziliao* [Lushan literary and historical materials] 12: 143–144.

Ling Daoyang and Xu Weijian 1943. *Shicha Xibei jiuji gongzuo baogao ji jianyi* [Work report and recommendations on relief work in the Northwest]. n.p.:- Meiguo yuan Hua jiuji lianhehui.

Liu Canruo 1947. "Xiansheng, gei wo xiang ge banfa ba" [Sir, think of a way for me] *Shanhou jiuji zongshu Henan fenshu zhoubao* [Weekly report of CNRRA's Henan branch office] 38 (August 11), 7–8.

Liu Jingrun 1990. "Fanqu canshi shilu"[Veritable record of the flooded area disaster] *Weishi wenshi ziliao* [Weishi literary and historical materials] 5: 57–66.

Liu Jingwen 1991. "Huangshui weikun xiancheng de qianqian houhou" [The whole story of the Yellow River's floodwaters surrounding the county seat] *Zhongmu wenshi ziliao* [Zhongmu literary and historical materials] 4, 3–10.

Liu Keming and Mao Wenxue 1991. "Duo zai duo nan de Zhanyang cun" [Disaster stricken Zhanyang village]. *Zhongmu wenshi ziliao* [Zhongmu literary and historical materials] 4, 47–52.

Liu, Lydia H. 1995. *Translingual Practice: Literature, National Culture, and Translated Modernity-China, 1900–1937.* Stanford: Stanford University Press.

Liu Minglai and Dang Taihe 2001. "Huanglongshan cishenglin zai Shaanxi shengtai huanjing jianshe zhong de zuoyong" [The function of Huanglong-shan's secondary growth forests in Shaanxi's environmental reconstruction]. *Shaanxi linye keji* [Shaanxi forestry technology] 3 (March), 32–34.

Liu Zaishi and Qi Honghao 1988. "Huanglong xian difangbing shi" [History of local disease in Huanglong County]. *Huanglong xian wenshi ziliao* [Huan-glong literary and historical materials] 2, 177–181.

"Liu Zhongyuan deng jiang dian" [Telegram from Liu Zhongyuan, et al.] (June 3,1938). *Zhengzhou wenshi ziliao* [Zhengzhou literary and historical materi-als] 2(1986), 4.

Lowdermilk, Walter C. 1944. "Hwang Lung Shan, Where China's History Is Written in the Land." *Soil Conservation* (March), 3–7.

Lu Erkui et al. 1997. *Ciyuan zhengxiubian hedingben* [Source of words, revised and expanded combined edition]. Shanghai: Shangwu yinshuguan, 1939. Second reprint edition. Zhengzhou: Zhongzhou guji chubanshe.

Lu Hejian 2005. "Kangzhan shiqi xibu nongken shiye de fazhan" [The develop-ment of agricultural reclamation in the west during the period of the War of Resistance]. *Minguo dang'an* [Republican archives] 2 (May), 87–92.

Lu Shaokun 1990. "Huayuankou juedi yu Weishi renmin de zainan" [The Huayu-ankou dike breach and Weishi people's disaster] *Weishi wenshi ziliao* [Weishi literary and historical materials] 5, 53–56.

Lu Yuwen 1942. "Tianfu gai zheng shiwu hou Henan sheng liangshi chuyun ji zhenggou"[Grain transport and compulsory purchase in Henan province after the change to collecting the land tax in kind]. *Henan zhengzhi* [Henan poli-tics] 1:7, 33–39.

Luo Laixing 1953. "1938–1947 nianjian de Huanghe nan fan" [The Yellow River's southern flood from 1938–1947]. *Dili xuebao* [Geography journal] 19:2(December), 234–244.

Ma Jie 1947. "Huanghe fanqu xianzhuang yu shanhou jihua" [The Yellow River flooded area's current conditions and rehabilitation plans]. *Shanhou jiuji zongshu Henan fenshu zhoubao* [Weekly report of CNRRA's Henan branch office] 55 (January 27), 1–4.

Ma Jinxiang 1993. "Nanmin yu zaitong" [Refugees and child disaster victims]. *Lushan wenshi ziliao* [Lushan literary and historical materials] 9, 100–101.、

Ma Lingfu 1989. "Kangzhan ba nian Xi'an shenghuo de linzhao" [Fragments of life in Xi'an during the eight years of the War of Resistance]. *Xi'an wenshi ziliao* [Xi'an literary and historical materials] 23, 1–30.

Ma Yonghe, Xu Guangdao, and Zhou Xueshi 1991. "Huanghe hen" [The Yellow River's hatred] *Zhongmu wenshi ziliao* [Zhongmu literary and historical materials]4, 45–46.

MacKinnon, Stephen R. 2001. "Refugee Flight at the Outset of the Anti-Japanese War." In Diana Lary and Stephen R. MacKinnon, eds. *Scars of War: The Impact of Warfare on Modern China*. Vancouver: UBC Press.

MacKinnon, Stephen R. 2008. *Wuhan, 1938: War, Refugees, and the Making of Modern China*. Berkeley: University of California Press.

MacKinnon, Stephen R. 2010. "The Defense of the Central Yangtze." In Mark Peattie, Edward J. Drea, and Han van de Ven, eds. *The Battle for China: Essays on the Military History of the Sino-Japanese War of 1937–1945*. Stanford:Stanford University Press.

MacKinnon, Stephen R. Diana Lary, and Ezra F. Vogel, eds. 2007. *China at War: Regions of China, 1937–1945*. Stanford: Stanford University Press.

Mao Guangde 1991. "Xianyang taonan" [Fleeing disaster in Xianyang] *Zhongmu wenshi ziliao* [Zhongmu literary and historical materials] 4, 74–76.

Marks, Robert B. 2002. The *Origins of the Modern World: A Global and Ecological Narrative*. Lanham, MD: Rowman and Littlefield.

Marks, Robert B. 2012. *China: Its Environment and History*. Lanham, MD: Rowman and Littlefied.

Marten, Gerald G. 2001. *Human Ecology: Basic Concepts for Sustainable Development*. London and Sterling, VA: Earthscan Publications.

Martinez-Alier, Joan 1987. *Ecological Economics: Energy, Environment and Society*. New York: Blackwell.

Martinez-Alier, Joan. 2007. "Marxism, Social Metabolism, and International Trade."In Alf Hornborg, J. R. McNeill, and Juan Martinez-Alier, eds. *Re-*

thinking Environmental History: World-System History and Global Environmental Change. Lanham, MD: AltaMira Press.

McNeill, J. R. 1998. "China's Environmental History in World Perspective." In Mark Elvin and Ts'ui-jung Liu, eds. Sediments of Time: Environment and Society in Chinese History. Cambridge: Cambridge University Press.

McNeill, J. R. 2001. Something New Under the Sun: An Environmental History of the Twentieth-Century World. New York: Norton.

McNeill, J. R. 2004. "Woods and Warfare in World History." Environmental History 9:3 (July), 388–410.

McNeill, J. R. and Corinna R. Unger, eds. 2010. Environmental Histories of the Cold War. Cambridge: Cambridge University Press.

McNeill, J. R. and Verena Winiwarter, eds. 2006. Soils and Societies: Perspectives from Environmental History. London: Whitehorse Press.

McNeill, William H. 1977. Plagues and Peoples. Paperback edition. New York: Anchor.

Mei Sangyu 1992. Huayuankou juedi qianhou [Before and after the Huayuankou breach]. Beijing: Zhongguo guangbo dianshi chubanshe.

Mei Sangyu 2009. Xuezhan yu honghuo: 1938 Huanghe Huayuankou juedi jishi [Bloody battle and flood disaster: Record of the 1938 Yellow River breach at Huayuankou]. Beijing: Zhongguo chengshi chubanshe.

Meng Shiheng 1941. "Henan junmai wenti ji qi gaishan jianyi" [Henan's military grain problem and suggestions for resolving it]. Changcheng [Great wall] 1:2 (October), 11–17.

Miller, Ian J. 2013. The Nature of the Beasts: Empire and Exhibition at the Tokyo Imperial Zoo. Berkeley: University of California Press.

"Minguo ershiqi nian Huanghe juekou zaiqing diaocha biao" [1938 Yellow River breach investigation table] (1938). Henan sheng jianshe yuekan [Henan province reconstruction monthly] (September), 144.

Minguo Huanghe shi xiezuo zu 2010. Minguo Huanghe shi [History of the Yellow River in the Republican period]. Zhengzhou: Huanghe shuili chubanshe.

Mitchell, Timothy 2002. The Rule of Experts: Egypt, Techno-Politics, Modernity.Berkeley: University of California Press.

Mitter, Rana 2005. "Modernity, Internationalization, and War in the History of Modern China." The Historical Journal 48:2 (June), 523–543.

Mitter, Rana 2013a. *China's War with Japan, 1937–1945: The Struggle for Survival*. London: Allen Lane.

Mitter, Rana 2013b. "Imperialism, Transnationalism, and the Reconstruction of Postwar China: UNRRA in China, 1944–7." *Past and Present*, Supplement 8, 51–69.

Mitter, Rana and Aaron W. Moore, eds. 2011. "China in World War II, 1937–1945:Experience, Memory, and Legacy." *Modern Asian Studies* 45: Special Issue 2 (March), 225–290.

Mitter, Rana and Schneider, Helen M. 2012. "Introduction: Relief and Rehabilitation in Wartime China." *European Journal of East Asian Studies* 11:2, 179–186.

Muscolino, Micah S. 2010 "Refugees, Land Reclamation, and Militarized Landscapes in Wartime China: Huanglongshan, Shaanxi, 1937–45." *The Journal of Asian Studies* 69:2 (May):453–478.

Myers, Norman 1997. "Environmental Refugees." *Population and Environment* 19:2, 167–182.

Myers, Norman 2002. "Environmental Refugees: A Growing Phenomenon of the 21st Century." *Philosophical Transactions of the Royal Society of London B* 357 (May), 609–613.

Nordstrom, Carolyn 1997. *A Different Kind of War Story*. Philadelphia: University of Pennsylvania Press.

Ó Gráda, Cormac 2008. "The Ripple that Drowns?: Twentieth-Century Famines in China and India as Economic History." *The Economic History Review* 61: Supplement 1 (August), 5–37.

Ó Gráda, Cormac 2009. Famine:*A Short History*. Princeton: Princeton University Press.

Pearson, Chris 2009. *Scarred Landscapes: War and Nature in Vichy France*. New York: Palgrave Macmillan.

Pearson, Chris, Peter A. Coates, and Tim Cole, eds. 2010. *Militarized Landscapes: From Gettysburg to Salisbury Plain*. London: Continuum.

Peattie, Mark, Edward Drea, and Hans van de Ven, eds. 2010. The Battle for China: Essays on the Military History of the Sino-Japanese War of 1937–1945. Stanford: Stanford University Press.

Peck, Graham 1967. *Two Kinds of Time: Life in Provincial China during the Cru-

cial Years 1940–1941. Second revised edition. Boston: Houghton Mifflin.

Pei Qian 1942. "Jiuzai fang'an" [Disaster relief plan]. *Henan zhengzhi* [Henan politics] 1:10 (October), 44–55.

Peng Ruogang 1942. "Henan sheng tianfu gai zheng shiwu zhi jingguo" [The process of Henan province changing to collection of the land tax in kind]. In Qin Xiaoyi,ed. 1988–1989. *Kangzhan jianguo shiliao, Tianfu zhengshi* [Historical materials on national reconstruction during the War of Resistance, land tax collection in kind], *Geming wenxian* [Documents on the Revolution], vol. 116. Taibei: Zhongyang wenwu hongyin she.

Perdue, Peter C. 2005. *China Marches West: The Qing Conquest of Central Eurasia.*Cambridge: Harvard University Press.

Perdue, Peter C. 2010. "Is There a Chinese View of Technology and Nature?" In Martin Reuss and Stephen H. Cutcliffe, eds. *The Illusory Boundary: Environment and Technology in History*. Charlottesville: University of Virginia Press.

Perry, Elizabeth J. 1983. *Rebels and Revolutionaries in North China, 1845–1945*. Stanford: Stanford University Press.

Pietz, David 2002. *Engineering the State: The Huai River and Reconstruction in Nationalist China, 1927–1937*. New York: Routledge.

Pietz, David, and Giordano, Mark 2009. "Managing the Yellow River: Continuity and Change." In François Molle and Philippus Wester, eds. *River Basin Trajectories: Societies, Environments, and Development.*Wallingford: CAB International.

Pimentel, David and Pimentel, Marcia H. 2007. *Food, Energy, and Society*. Third Edition. Boca Raton: CRC Press.

Pomeranz, Kenneth 1993. *The Making of a Hinterland: State, Society, and Economy in Inland North China, 1853–1937*. Berkeley: University of California Press.

Pomeranz, Kenneth 2001. *The Great Divergence: China, Europe, and the Making of the Modern World Economy*. Princeton: Princeton University Press.

Pomeranz, Kenneth 2009. "The Transformation of China's Environment, 1500–2000." In Edmund Burke III and Kenneth Pomeranz, eds. *The Environment and World History*. Berkeley: University of California Press.

Qin Xiaoyi, ed. 1988–1989. *Kangzhan jianguo shiliao*, Tianfu zhengshi [Historical materials on national reconstruction during the War of Resistance, land tax collection in kind], *Geming wenxian* [Documents on the Revolution], vol. 116.Taibei: Zhongyang wenwu hongyin she.

Qinfeng zhaopianguan, ed. 2008. *Kangzhan Zhongguo guoji tongxun zhaopian* [Photographs of China during the War of Resistance from international news bulletins]. Guilin: Guangxi shifan daxue chubanshe.

Qu Changgen 2003. *Gongzui qianqiu: Huayuankou shijian yanjiu* [Merits and wrongdoings for a thousand years: Research on the Huayuankou incident]. Lanzhou: Lanzhou daxue chubanshe.

Qu Changgen 2007. "Kangzhan qijian guomin zhengfu zai Huangfanqu de ziyuan zonghe yu guojia diaodu – yi Yudong diqu wei li" [The Nationalist government's resource synthesis and national management in the Yellow River flooded area during the War of Resistance – eastern Henan as an example]. *Junshi lishi yanjiu* [Military history research] 1 (March), 57–63.

Rawski, Thomas C. and Lillian M. Li, eds. 1992. *Chinese History in Economic Perspective*. Berkeley: University of California Press.

Ren Fuli 1991. "Nongye jiqi kenhuangdui zai Huangfanqu" [The agricultural machinery land reclamation team in the Yellow River flooded area]. *Fugou wenshi ziliao 2*, 173–178.

Ren Fuli 1996. "Gaishu Huangshui zai wo xian fanlan gundong gaidao qingkuang" [General discussion of situation of the Yellow River flooding, rolling, and changing course in our county]. *Fugou xian wenshi ziliao* [Fugou county literary and historical materials] 3, 116–153.

Rogaski, Ruth 2002. "Nature, Annihilation, and Modernity: China's Korean War Germ-Warfare Experience Reconsidered." *The Journal of Asian Studies* 61:2 (May), 381–415.

Russell, Edmund 2010. "Afterword: Militarized Landscapes." In Chris Pearson,-Peter Coates, and Tim Cole, eds. *Militarized Landscapes: From Gettysburg to Salisbury Plain*. London: Continuum.

Sawyer, Ralph 2004. Fire and Water: The Art of Incendiary and Aquatic Warfare in China. Boulder, CO: Westview.

Schoppa, R. Keith 2011. *In a Sea of Bitterness: Refugees during the Sino-Japanese War*. Cambridge: Harvard University Press.

Sen, Amartya 1981. *Poverty and Famines: An Essay on Entitlement and Depriva-*

tion.Oxford: Oxford University Press.

Sen, Amartya 2000. "Wars and Famines: On Divisions and Incentives." *Peace Economics, Peace Science and Public Policy* 6:2 (Spring), 10–26.

Seow, Victor 2013. "Carbon Technocracy: Energy, Expertise, and Economy in Japan and Manchuria." Paper presented at Asia and the New Energy History workshop,Harvard University, February 22.

Service, John S. 1974. "The Famine in Honan Province." In Joseph W. Esherick, ed.*Lost Chance in China: The World War II Dispatches of John S. Service*. New York: Random House.

Shaan-Gan-Ning bianqu caizheng jingji shi bianxiezu 1981. *Kang Ri zhanzheng shiqi Shaan-Gan-Ning bianqu caizheng jingji shiliao zhaibian, di er bian, nongye* [Excerpts from materials on the fiscal and economic history of the Shaan-Gan-Ning base area during the Anti-Japanese War of Resistance period, volume 2,agriculture]. Xi'an : Shaanxi renmin chubanshe.

Shaanxi sheng difangzhi bianzuan weiyuanhui 1994. *Shaanxi shengzhi: Nongmu zhi* [Shaanxi provincial gazetteer: agriculture and animal husbandry gazetteer].Xi'an: Shaanxi renmin chubanshe.

Shaanxi sheng difangzhi bianzuan weiyuanhui 2000. *Shaanxi shengzhi: Dili zhi* [Shaanxi provincial gazetteer: geography gazetteer]. Xi'an: Shaanxi renmin chubanshe.

Shaanxi shifan daxue dili xi Yan'an diqu dili zhi bianxie zu 1983. Shaanxi sheng Yan'an diqu dili zhi [Shaanxi province Yan'an area geography gazetteer]. Xi'an: Shaanxi renmin chubanshe.

Shapiro, Judith 2001. *Mao's War against Nature: Politics and the Environment in Revolutionary China*. Cambridge: Cambridge University Press.

Shi Jinghan 1947. "Huangfanqu de zaiqing he xinsheng" [The Yellow River flooded area's disaster conditions and new life]. *Guancha* [Observation] 3:3 (April 13),22–23.

Shu Xincheng et al. 1940. *Cihai [bingzhong]* [Sea of words (third edition)]. Shanghai: Zhonghua shuju.Smil, Vaclav 1994. *Energy in World History*. Boulder, CO: Westview.Smil, Vaclav 2008. *Energy in Nature and Society: General Energetics of Complex* Systems. Cambridge: MIT Press.

Song Hongfei 1996. "Ba nian Huangshui shui suo ji" [Record of eight years trapped by the Yellow River floodwaters]. *Fugou xian wenshi ziliao* [Fugou county literary and historical materials] 3, 150–153.

Song Zhixin, ed. 2005. 1942: *Henan da jihuang* [1942: the great Henan famine]. Wuhan: Hubei renmin chubanshe.

Stein, Guenther 1945. *The Challenge of Red China*. New York: McGraw Hill.

Storey, William K. 2010. *The First World War: A Concise Global History*. Lanham:Rowan and Littlefield.

Su Xinliu 2004. Minguo shiqi Henan shui han zaihai yu xiangcun shehui [Flood and drought disasters and village society in Henan during the Republican period].Zhengzhou: Huanghe shuili chubanshe.

Su Xinliu 2009. "1942 nian Henan da hanzai dui diquan yidong de yingxiang" [The influence of the 1942 Henan drought on changes in landholding rights] *Nandu xuetan* [Nandu academic forum] 29:4 (July), 39–40.

Sugimoto Hisashi 1939. "Kanan chihoˉ ringyoˉ gaikan to sono no kensetsuteki ringyoˉseisaku koˉ " [An investigation of the forestry system and foreign policy in Henan].*Nihon ringakkai zashi* [Japan forestry association magazine] 11:8, 46–53.

Sun Yankui 1993. *Ku'nan de renliu: Kangzhan shiqi de nanmin* [Stream of hardship: refugees during the War of Resistance]. Guilin: Guangxi shifan daxue chubanshe. Szonyi, Michael 2008. *Cold War Island: Quemoy on the Front Line*. New York:Cambridge University Press.

Taikang xianzhi bianzuan weiyuanhui 1991. Taikang xianzhi [Taikang county gazetteer].Zhengzhou: Zhongzhou guji chubanshe.

Tan Jian'an, ed. 1996. *Huanjing shengming yuansu yu Keshan bing shengtai huaxue dili yanjiu* [Research on environmental and life elements and Keshan disease's ecological and chemical geography] Beijing: Zhongguo yiyao keji chubanshe.

Tan Shuangcheng 1991. "Taohuang ji" [Record of fleeing famine]. *Zhongmu wenshi ziliao* [Zhongmu literary and historical materials] 4, 77–79.

Thaxton Jr., Ralph A. 1997. *Salt of the Earth: The Political Origins of Peasant Revolution in China*. Berkeley: University of California Press.

Thaxton Jr., Ralph A. 2008. *Catastrophe and Contention in Rural China: Mao's Great Leap Forward and the Origins of Righteous Resistance in Da Fo Village*.Cambridge: Cambridge University Press.

The Times (London).

Thomas, Julia Adeney 2009. "The Exquisite Corpses of Nature and History: The Case of the Korean DMZ." *The Asia-Pacific Journal* 43:3 (October 26). http://japanfocus.org/-Julia_Adeney-Thomas/3242#sthash.2shsZp11.dpuf.

Tian Leting 2000. "Jiu Zhongguo de Fugou shangye" [Commerce in Fugou in old China]. *Fugou xian wenshi ziliao* [Fugou county literary and historical materials]4, 75–88.

Tian Lin 1946. "Huayuankou helong hou Huangfanqu de xingjian wenti" [The problem of the reconstruction of the Yellow River flooded area after the Huayuankou closure]. *Pinglun bao* [Commentary] 11 (April 16), 10–12.

Tian Yunsheng 1991. "Huanghe shui li du tongnian" [A childhood spent in the Yellow River's waters]. *Zhongmu wenshi ziliao* [Zhongmu literary and historical materials] 4, 72–73.

Tobe Ryō ichi 2010. "The Japanese Eleventh Army in Central China." In Mark Peattie, Edward J. Drea, and Hans van de Ven, eds. *The Battle for China: Essays on the Military History of the Sino-Japanese War of 1937–1945*. Stanford:Stanford University Press.

Todd,O. J. 1949. "The YellowRiver Reharnessed."*Geographical Journal* 39:1, 38–56.

Tsutsui, WilliamM. 2003. "Landscapes in the Dark Valley: Toward an Environmental History of Wartime Japan," *Environmental History* 8:2 (April), 294–311.

Tucker,Richard P. 2004. "TheWorldWar and theGlobalization of Timber Cutting." In Richard P. Tucker and Edmund Russell, eds. Natural Enemy,*Natural Ally: Toward and Environmental History of War*. Corvallis: Oregon State University Press.

Tucker, Richard P. 2011. "War and the Environment." *World History Connected* 8:2(June) http://worldhistoryconnected.press.illinois.edu/8.2/forum_tucker.html.

Tucker, Richard P. and Edmund Russell, eds. 2004. *Natural Enemy, Natural Ally:Toward an Environmental History of War*. Corvallis: Oregon State University Press.

Tucker, Roy S. 2005. *Tractors and Chopsticks: My Work with the UNRRA Project in China*, 1946 to 1947. Lincoln: iUniverse.

UNRRA 1946–1947. "Honan Weekly Report of Office of the Economic and Financial Advisor."

UNRRA 1948a. *Agricultural Rehabilitation in China*. Opertional analysis papers, no.52.Washington, DC: UNRRA.

UNRRA 1948b *UNRRA in China, 1945–1947*.

Operational analysis papers, no 53.Washington, DC: UNRRA.

van de Ven, Hans 1997. "The Military in the Republic." *The China Quarterly 150(July)*, 352–374.

van de Ven, Hans 2003. *War and Nationalism in China, 1925–1945*. New York:RoutledgeCurzon.

van de Ven, Hans 2010. "The Sino-Japanese War in History." In Mark Peattie,Edward J. Drea, and Hans van de Ven, eds. *The Battle for China: Essays on the Military History of the Sino-Japanese War of 1937–1945*. Stanford: Stanford University Press.

Vermeer, Eduard B. 1988. *Economic Development in Provincial China: The Central Shaanxi since 1930*. Cambridge: Cambridge University Press.

Wadley, Reed L. 2007. "Slashed and Burned: War, Environment, and Resource Insecurity in West Borneo during the Late Nineteenth and Early Twentieth Centuries." *Journal of the Royal Anthropological Institute* 13:1 (March), 109–128.

Waldron, Arthur N. 2003. *From War to Nationalism: China's Turning Point, 1924–1925*. Cambridge: Cambridge University Press.

Walker, Brett L. 2010. *Toxic Archipelago: A History of Industrial Disease in Japan*. Seattle: University of Washington Press.

Wampler, Ernest 1945. *China Suffers; or, My Six Years of Work during the Incident*.Elgin, IL: Brethren Publishing House.

Wan Jin 1947a. "Yi nian lai zhi nongye shanjiu yewu" [Agricultural rehabilitation and relief over the past year]. *Shanhou jiuji zongshu Henan fenshu zhoubao* [Weekly report of CNRRA's Henan branch office] 51 (January 1), 8–13.

Wan Jin 1947b. "Liang nian lai Henan nonggongye zhi jiuji yu shanhou"[Agricultural and industrial relief and rehabilitation in Henan over the past two years]. *Shanhou jiuji zongshu Henan fenshu zhoubao* [Weekly report of CNRRA's Henan branch office] 100 (December 31), 37–43.

Wang Boou 1947. "Heirebing zhi liuxing ji fangzhi" [The prevalence and prevention of kala-azar disease] *Shanhou jiuji zongshu Henan fenshu zhoubao*

[Weekly report of CNRRA's Henan branch office] 66 (April 14), 25–28.

Wang Dechun 2004. *Lianheguo shanhou jiuji zongshu yu Zhongguo* (1945–1947) [UNRRA and China (1945–1947)]. Beijing: Renmin chubanshe.

Wang Guanglin 1943. "Jiuzai baogao: Henan sheng diyi xingzhengqu jiuzai gongzuo gaishu" [Relief report: brief account of disaster relief work in Henan province's first administrative area] *Henan zhengzhi* [Henan politics] 2:1/2 (February), 70–76.

Wang Heping 2003. "Qiangu qihuo renjian jienan – zhuiji jiaxiang Huangshui zhi huan" [An unparalled calamity and human disaster – remembering our village's Yellow River disaster]. *Zhoukou wenshi ziliao xuanji* [Zhoukou literary and historical materials selections] 1:2, 117–121.

Wang Jinsheng and Jin Yinghong 1949. "Nongken jiqi zai Henan Huangfanqu de gongji yu zhanwang" [Achievements and prospects for agricultural reclamation machinery in Henan's Yellow River flooded area]. *Kexue shijie* [Science world]18: 3–4(November/December), 133–135.

Wang Kejian 1947a. "Huangfanqu renmin shenghuo de yiban" [General life of the people in the Yellow River flooded area]. *Shanhou jiuji zongshu Henan fenshu zhoubao* [Weekly report of CNRRA's Henan branch office] 65 (April 7), 3–6.

Wang Kejian 1947b. "Henan fanqu xianzhuang" [Current conditions in Henan's flooded area]. *Shanhou jiuji zongshu Henan fenshu zhoubao* [Weekly report of CNRRA's Henan branch office] 83 (August 11), 2–3.

Wang Kejian 1947c. "Henan Huangfanqu gongzuo teshu" [Special account of work in Henan's YellowRiver flooded area]. *Shanhou jiuji zongshuHenan fenshu zhoubao* [Weekly report of CNRRA's Henan branch office] 100 (December 31), 1–12.

Wang Qisheng 2010. "The Battle of Hunan and the Chinese Military's Response to Operation Ichigō." In Mark Peattie, Edward J. Drea, and Hans van de Ven, eds.*The Battle for China: Essay on the Military History of the Sino-Japanese War of 1937–1945*. Stanford: Stanford University Press.

Wang Wanchun 1948. "Gaijin Henan chumu shiye zhi shangque" [Comments on improving Henan's animal husbandry industry]. *Henan nongxun* [Henan agriculture report] 2:3 (March), 6.

Wang Xiaoqiu 1990. "Shui manHutuo cun ji" [Record of floodwaters inundating-

Hutuo village]. *Weishi wenshi ziliao* [Weishi literary and history materials] 5, 67–68.

Wang Yuanlin 2005. *Jing Luo liuyu ziran huanjing bianqian yanjiu* [Researchon changes in the natural environment of the Jing-Luo basin]. Beijing: Zhonghua shuju.

Watson, John T., Michelle Gayer and Marie A. Connolly 2007. "Epidemics after Natural Disasters." *Emerging Infectious Diseases Journal* 13:1 (January), 1–5.

Weisz, Helga 2007."Combining Social Metabolism and Input-Output Analyses to Account for Ecologically Unequal Trade." In Alf Hornborg, John Robert.

McNeill, and Juan Martínez-Alier, eds. *Rethinking Environmental History: World-System History and Global Environmental Change*. Lanham, MD:AltaMira Press.

Weller, Robert P. 2006. *Discovering Nature: Globalization and Environmental Culture in China and Taiwan*. Cambridge: Cambridge University Press.

Wemheuer, Felix 2010. "Dealing with Responsibility for the Great Leap Famine in the People's Republic of China." *The China Quarterly* 201 (March), 176–194.

Wen Fang, ed. 2004 *Tianzai renhuo – tianhuo* [Natural disasters and human calamities– natural calamities]. Beijing: Zhongguo wenshi chubanshe.

Wen Yan 2006. "Shi lun kang Ri zhanzheng dui Xibei diqu zaihuang zhi yingxiang"[Tentative discussion of the Anti-Japanense War of Resistance's effect on disasters in the northwest region] *Gansu shehui kexue* [Gansu social science] 2(March), 82–84.

Westad, Arne Odd 2003. *Decisive Encounters: The Chinese Civil War, 1946–1950*.Stanford: Stanford University Press.

White, Richard 1995. *Organic Machine: The Remaking of the Columbia River*. New York: Hill and Wang.

White, Theodore H. 1978. *In Search of History: A Personal Journey*. New York: HarperCollins.

White, Theodore H. and Jacoby, Annalee 1980. *Thunder Out of China*. 1946. Reprint edition. New York: Da Capo Press.

Wilkinson, Endymion 2012. *Chinese History: A New Manual*. Cambridge: Harvard University Asia Center.

Wojniak, Edward J. 1957. Atomic Apostle, Thomas M. Megan, S.V.D. Techny, IL: Divine Word Publications.

Woodbridge, George 1950. UNRRA: *The History of the United Nations Relief and Rehabilitation Administration*, Volume II. New York: Columbia University Press.

World Health Organization 2004. Vitamin and Mineral Requirements and Human Health. Geneva: World Health Organization and Food and Agriculture Organization of the United Nations.

Wou, Odoric Y.K. 1994. *Mobilizing the Masses: Building Revolution in Henan*. Stanford: Stanford University Press.

Wou, Odoric Y.K. 2007 "Food Shortage and Japanese Grain Extraction in Henan." In Stephen R. MacKinnon, Diana Lary, and Ezra Vogel, eds. *China at War: Regions of China, 1937–1945*. Stanford: Stanford University Press.

Wrigley, E. A. 1990. *Continuity, Chance, and Change: The Character of the Industrial Revolution in England*. Cambridge: Cambridge University Press.

Wu Shukuan 2004. "Taohuang jishi" [True record of fleeing famine]. Fugou xian wenshi ziliao [Fugou county literary and historical materials] 7, 172–176.

Wu Tianbao 1947. "Renli yu shuili de juedou – canguan Huayuankou Huanghe dukou helong jishi" [Struggle between human labor power and water power –a true record of a visit to the Huayuankou Yellow River breach closure]. *Yinhang tongxun* [Banking bulletin] 43, 47–48.

Wu Zhixuan 1944. "Luochuan zhi dizheng yu nongye" [Land policy and agriculture in Luochuan] *Shaan hang huikan* [Bank of Shaanxi journal] 8: 4, 25–38.

Xi Chengfan 1950. "Huangfanqu chongjitu de cengci pailie yu turang shengchanli de guanxi" [The structural arrangement of the Yellow River flooded area's alluvial soils and its relationship with soil productivity] *Zhongguo turang xuehui huizhi* [China soil study association bulletin] 1:2 (December), 103–106.

Xi Chengfan, Cheng Borong, and Zeng Shaoshun 1947. "Huangfanqu turang yu fugeng" [The Yellow River flooded area's soils and the recovery of cultivation] *Turang jikan* [Soil quarterly] 6:2 (June), 29–37.

Xia Kairu 1953. "Yudong Jialuhe liuyu Huangfan chenji [Yellow River flood sedimentation in eastern Henan's Jialu river basin." *Dili xuebao* [Geography journal] 19:2 (December), 245–253.

Xia Mingfang 2000a. "Kangzhan shiqi Zhongguo de zaihuang yu renkou qiany-i"[Disasters and population movement in China during the War of Resistance period]. *Kang Ri zhanzheng yanjiu* [Research on the Anti-Japanese War of Resistance] 2, 59–78.

Xia Mingfang 2000b. *Minguo shiqi ziran zaihai yu xiangcun shehui* [Natural disasters and village society during the Republican period]. Beijing: Zhonghua shuju.

Xia, Yiming 2000. "Keshan Disease." In Kenneth F. Kiple and Kriemhild Coneè Ornelas, eds. T*he Cambridge World History of Food*, Volume I. Cambridge:-Cambridge University Press.

Xie Tonglan 2002. "Huangfan qijian de Poxie" [Poxie during the Yellow River flood].*Fugou xian wenshi ziliao* [Fugou county literary and historicalmaterials] 5, 99–104.

Xie Yanzhi et al. 1942. *Taikang xuxiu xianzhi* [Continued and revised Taikang county gazetteer].Xihua xian shizhi bianzuan weiyuanhui 1992. *Xihua xianzhi* [Xihua county gazetteer].Zhengzhou: Zhongzhou guji chubanshe.

Xing Hansan 1986. *Ri wei tongzhi Henan jianwen lu*. [Record of things seen and heard during Japanese rule in Henan]. Zhengzhou: Henan daxue chubanshe, 1986.

Xing Junji 1996. *Huanghe da juekou* [The great Yellow River breach]. Beijing:-Jiefangjun chubanshe, Xinhua shudian.

Xiong Benwen 1947a. "Yi nian lai zhi zhenwu gongzuo" [Relief work over the last year]. *Shanhou jiuji zongshu Henan fenshu zhoubao* [Weekly report of CNRRA's Henan branch office] 51 (January 1, 1947), 14–18.

Xiong Benwen 1947b. "Fanqu shicha guilai" [Returning from an observation trip to the flooded area]. *Shanhou jiuji zongshu Henan fenshu zhoubao* [Weekly report of CNRRA's Henan branch office] 73/74 (June 9), 17–19.

Xiong Benwen 1947c. "Liang nian lai de zhenji yewu yu guan'gan" [Impressions of relief work over the past two years]. *Shanhou jiuji zongshu Henan fenshu zhoubao* [Weekly report of CNRRA's Henan branch office] 100 (December 31), 13–20.

Xiong Xiangyao 1947. "Gongzuo zai Xihua" [Work in Xihua]. *Shanhou jiuji zongshu Henan fenshu zhoubao* [Weekly report of CNRRA's Henan branch office] 67 (April 21), 2–6.

Xu Daofu 1983. *Zhongguo jindai nongye shengchan ji maoyi tongji ziliao* [Statistical materials on agricultural production and trade in modern China]. Shanghai:Shanghai renmin chubanshe.

Xu Fuling 1991. "Kangzhan shiqi Henan sheng Huanghe fanghong" [Yellow River flood defense in Henan province during the period of the War of Resistance].*Henan wenshi ziliao* [Henan literary and historical materials] 37, 24–30.

Xu Guiyun and Li Yu 2004. "Huangfanqu nongchang zai Fugou fenchang fenbu qingkuang" [Situation of the distribution of the Yellow River flooded area farm's branches in Fugou]. *Fugou xian wenshi ziliao* [Fugou county literary and historical materials] 7, 298–301.

Xu Kan 1997. "Kangzhan shiqi liangzheng jiyao" [Summary of grain policy during the War of Resistance]. In Zhang Bofeng and Zhuang Jianping, eds. Kang Ri zhanzheng [Anti-Japanese War of Resistance], vol. 5: *Guomin zhengfu yu da houfang jingji* [The Nationalist government and the economy in the great rear areas]. Chengdu: Sichuan daxue chubanshe.

Xu Shen 121CE. *Shuo wen jie zi* [Explaining Single Component Graphs and Analyzing Compound Characters]. http://ctext.org/shuo-wen-jie-zi/li-bu9.

Xu Shouqian 1991. "Wo dui Huanghe juekou de huiyi" [My recollections of the Yellow River breach]. *Zhongmu wenshi ziliao* [Zhongmu literary and historical materials] 4, 22–26.

Xu Youli and Zhu Lanlan 2005. "Luelun Huayuankou juedi yu fanqu shengtai huanjing de ehua" [Brief discussion of the Huayuankou breach and environmental degradation in the flooded area]. *Kang Ri zhanzheng yanjiu* [Research on the Anti-Japanese War of Resistance] 2 (June), 147–165.

"Yan min kunku xianzhuang zhongzhong" 1943 [The current difficulties and hardshipsof Yanling's people]. *Yanling zhoubao* [Yanling weekly] (July 5), 2.

Yang, Dali 1996. *Calamity and Reform in China: State, Rural Society, and Institutional Change since the Great Leap Forward.* Stanford: Stanford University Press.

Yang Hongjuan and Hou Yongjian 2005. "Qingdai Huanglong shandi kenzhi zhengce de xiaoying" [The effects of hilly-land reclamation policy in Huanglong during the Qing period] *Zhongguo lishi dili luncong* [Collected essays on Chinese historical geography] 1 (February), 125–131.

Yang Jisheng 2012. *Tombstone: The Great Chinese Famine, 1958–1962*. Translated by Stacy Mosher and Jian Guo, edited by Edward Friedman, introduction by Roderick MacFarquhar. New York: Farrar, Strauss, and Giroux.

Yang Quesu 2005a. "Guanyu 'Henan haojie' de hua" [On the 'the great Henan disaster']. In Song Zhixin, ed. 1942: *Henan da jihuang* [1942: The Great Henan famine]. Wuhan: Hubei renmin chubanshe.

Yang Quesu 2005b. "Yi minguo sanshi niandai chu de yi chang da zainan" [Remembering a great disaster in the early 1940s]. *Xuchang wenshi ziliao*[Xuchang literary and historical materials] 19: 52–62.

Yang Quesu 2005c. "Yi minguo sanshi niandai de yi ci haojie" [Remembering a great disaster in Henan during the 1940s]. In Song Zhixin, ed. 1942: *Henan da jihuang* [1942: The Great Henan famine]. Wuhan: Hubei renmin chubanshe.

Yang Xinshan 1991. "Lianheguo shanhou jiuji zongshu ji Zhongguo xingzhengyuan shanhou jiuji zongshu zai Fugou de gongzuo" [UNRRA and CNRRA's work in Fugou]. *Fugou xian weshi ziliao* [Fugou county literary and historical materials] 2, 161–172.

Yanling xian tudi fangchan guanliju 1999. *Xuchang shi tudizhi: Yanling juan* [Xuchang municipality land gazetteer: Yanling section]. Zhengzhou: Zhongzhou guji chubanshe.

Yao Guangyu 1941. "Ruhe zengjia zhanshi nonglin shengchan" [How to increase wartime agricultural and forestry production]. *Yu nong yuekan* [Henan agriculture monthly] 1:1, 1–6.

Yao Guangyu 1942. "Zhanshi nongye laoli wenti" [Wartime agricultural labor problems]. *Yu nong yuekan* [Henan agriculture monthly] 2:1/2, 1–5.

Ye Xiangyu 1991."Dui Huangfanqu kenhuang shenghuo de huigu" [Looking back on life reclaiming wasteland in the Yellow River flooded area]. *Zhoukou wenshi ziliao* [Zhoukou literary and historical materials] 8, 170–174.

"Yijiusisan nian Shuidong dulituan yijiusisan nian gongzuo baogao" [1943 River-east independent regiment 1943 work report] 1985. In Sui-Qi-Tai dangshi bianxiezu,ed. *Sui-Qi-Tai diqu shiliao xuan (zhong)* [Selection of historical materials on the Sui Qi Tai area, volume 2]. Zhengzhou: Henan renmin chubanshe.

Young, Arthur N. 1965. *China's Wartime Finance and Inflation, 1937–1945*.

Cambridge: Harvard University Press.

Yue Qianhou 2008. *Zhanshi Rijun dui Shanxi shehui shengtai zhi pohuai* [The Japanese army's damage to Shanxi's social ecology during wartime]. Beijing:Shehui kexue wenxian chubanshe.

Zhang Bofeng and Zhuang Jianping, ed. 1997. *Kang Ri zhanzheng* [The Anti-Japanese War of Resistance], vol. 5. Chongqing: Sichuan daxue chubanshe.

"Zhang Fang guanyu Huanghe juekou beizai nanmin ying guangchou yiken ti'an"(1940) [Zhang Fang's proposal that refugees stricken by Yellow River flood should be resettled on a large scale to reclaim land].*Zhengzhou wenshi ziliao* [Zhengzhou literary and historical materials] 2 (1986), 42–45.

Zhang Genfu 2004. "Zhanhuo, ziran zaihai yu nanmin qianyi – Kangzhan shiqi Anhui sheng gean yanjiu [Military calamity, natural disaster, and refugee migration– a case study of Anhui province during the War of Resistance period].*Minguo dang'an* [Republican archives] 4 (November), 105–111.

Zhang Genfu 2006. *Kangzhan shiqi de renkou qianyi – Jianlun dui Xibei kaifa de yingxiang* [Population movement during the War of Resistance – with a discussion of its influence on the development of the northwest]. Beijing: Guangming ribao chubanshe.

Zhang Huiquan 1947. "Yi nian lai yi weisheng yewu" [Disease and hygiene affairs over the past year]. *Shanhou jiuji zongshu Henan fenshu zhoubao* [Weekly report of CNRRA's Henan branch office] 51 (January 1), 19–22.

Zhang Jinxing 1987. "Huiyi Xi'an beiguan Henan nanmin shourongsuo" [Recollections of the Henan refugee reception center at Xi'an's north gate] *Henan wenshi ziliao* [Henan literary and historical materials] 23, 173–174.

Zhang, Ling 2009. "Changing With the Yellow River: An Environmental History of Hebei, 1048–1128," Harvard Journal of Asiatic Studies 69:1 (June), 1–36.

Zhang, Ling 2011. "Ponds, Paddies and Frontier Defence: Environmental and Economic Changes in Northern Hebei in Northern Song China (960–1127)."*The Medieval History Journal* 14:1 (April), 21–43.

Zhang Xianwen 1997. *Zhongguo kang Ri zhanzheng shi, 1931–1945* [History of the Anti-JapaneseWar of Resistance, 1931–1945] Nanjing: Nanjing daxue chubanshe.

Zhang, Xin 2000. *Social Transformation in Modern China: The State and Local Elites in Henan, 1900–1937*. Cambridge: Cambridge University Press.

Zhang Xishun 2007. "1938–1952 nianjian Huangfanqu de nongcun jingji yanbian qushi – yi Fugou, Xihua xian wei gean yanjiu" [Trends in the evolution of the rural economy of the Yellow River flooded area, 1938–1952 – a case study of Fugou and Xihua counties]. *Xuchang xueyuan xuebao* [Journal of Xuchang University] 26:3 (May), 110–113.

Zhang Xishun 2010. "Shilun minguo shiqi Huangfanqu nongcun shehui jingji fazhan tedian ji chengyin" [Tentative discussion of the special characteristics of social and economic development in the Yellow River flooded area during the Republican period and the causes of their formation]. *Pingdingshan xueyuan xuebao* [Journal of Pingdingshan University] 25:6 (December), 37–41.

Zhang Yihe 2008. *Zhongguo huangzai shi* [History of China's locust disasters]. Hefei:Anhui renmin chubanshe.

Zhang Zhibin and Dianmo Li 1999. "A Possible Relationship between Outbreaks of the Oriental Migratory Locust (*Locusta migratoria manilensis Meyen*) in China and the El Niño episodes." Ecological Research 14, 267–270.

Zhang Zhongli 1994. "Huangfanqu nanmin" [Yellow River flooded area refugees].*Lushan wenshi ziliao* [Lushan literary and historical materials] 10, 133–134.

Zhang Zhonglu 2005. "1942 nian Henan da zai de huiyi" [Reminiscences of the great Henan famine of 1942]. In Song Zhixin, ed. 1942: *Henan da jihuang* [1942: The great Henan famine]. Wuhan: Hubei renmin chubanshe.

Zhao Boyan 1985. "Kang Ri zhangzheng shiqi Henan nongcun jingji gaikuang" [General situation of Henan's rural economy during the Anti-Japanese War of Resistance period]. In Henan sheng difang shizhi bianzuan weiyuanhui, ed. *Kang Ri zhanzheng shiqi de Henan – Jinian kang Ri zhanzheng shengli sishi zhounian* [Henan in the Anti-Japanese War of Resistance period – commemorating the fortieth anniversary of the Anti-Japanese War of Resistance]. Zhengzhou: Henan sheng difang shizhi xiehui.

Zhe Fu 1942. "Huangfan jishi" [Record of the Yellow River flood] *Yi zhan yuekan* [First warzone monthly] 1:4 (September), 43–44.

Zhonggong Henan shengwei dangshi yanjiushi 2001. *Yu-Wan-Su bianqu geming shi* [History of revolution in the Henan-Anhui-Jiangsu border area]. Zhengzhou: Henan renmin chubanshe.

Zhongguo dier lishi dang'anguan, ed. 1991. *Zhonghua minguo shi dang'an ziliao huibian* [Compendium of archival materials on the history of the Republic of China]. 5:3:3, vol. 8. Nanjing: Jiangsu guji chubanshe.

Zhongyang diaocha tongjiju tezhong jingji diaochachu 1944. "Liu nian lai Huangfanqu zhi zousi" [Smuggling in the Yellow River flooded area over the past six years] *Diwei jingji cankao ziliao* [Reference materials on the enemy economy] 68.

Zhu Dejun 1986. "Huanglongshan, wo huainian ni! Huiyi feng fu ming jinru Huanglongshan kenqu zhi xing" [Huanglongshan, I cherish your memory! Recollections of receiving my father's orders and travelling into the Huanglongshan reclamation area]. *Huanglong xian wenshi ziliao* [Huanglong county literary and historical materials] 1, 215–229.

Zhu Hanguo and Wang Yinhuan 2001. "Minguo shiqi Huabei nongmin de li cun yu shehui biandong" [North China farmers leaving their villages and social change during the Republican period]. *Shixue yuekan* [History monthly] 1, 134–142.

Zhu Huisen, Jian Shenghuang, and Hou Kunhong, eds. 1990. Liangzheng shiliao [Historical sources on grain policy] v. 5, *Tianfu zhengshi* [Land tax collection in kind]. Taibei: Guoshiguan, 1990.

Zhu Xianmo and He Jinhai 1947. "Henan Zhongmu fanqu zhi turang ji qi liyong"[Soils in the flooded area of Zhongmu, Henan and their utilization] *Turang jikan* [Soil quarterly] 6:4 (December), 107–118.

Zuo Zhou 1947. "Wo jiandao de fanqu" [The flooded area that I saw]. *Shanhou jiuji zongshu Henan fenshu zhoubao* [Weekly report of CNRRA's Henan branch office] 85/86 (September 1), 11–13.

致 谢

这本书是为对近代中国历史感兴趣的读者，以及那些寻求更好地理解战争环境遗产的人而写的。在完成这项工作的过程中，许多中国历史和环境史领域（以及一些横跨两者）的朋友和同事都向我提供了他们的建议和帮助我欠他们所有人一笔感激之情。

首先，我要向陕西师范大学的侯甬坚，河南大学的黄正林、吴朋飞，还有郑州大学的王星光，表示最诚挚的感谢，感谢他们帮助我查阅了这本书所需要的档案。我在中国的时候，包茂红、鲍梦隐、卜奉贤、曹志红、李大海、苗长虹、潘伟、王涛、夏明方、徐玉丽、张丽、张平、张彦斌（皆为音译）等人在百忙之中抽出时间，让我的工作更轻松、更愉快。我的这项研究计划获得了乔治城大学研究生院（Georgetown Graduate School）暑期学术补助金、青年教师研究金及蒋经国基金会青年学者补助金的慷慨资助。这本书的大部分内容是在 2010 年至 2011 年起草的，当时我是新泽西州普林斯顿高等研究院历史研究学院的一名成员。我要感谢乔治城大学历史系的前任主席约翰·图蒂诺（John Tutino）和阿维埃尔·罗施瓦尔德（Aviel Roshwald），感谢他们支持我申请这些资助，感谢朱阿纳·希尔兹（Djuana Shields）协助我管理这些资助资金。

在我于高等研究院学习的那一年里，狄宇宙（Nicola DiCosmo）一直是那里的主持人，他为人和蔼可亲，活泼幽默。在那里，我有幸结识了乔恩·安（Juhn Ahn）、约翰·赫尔曼（John Herman）和诺曼·库彻(Norman Kutcher)。苏珊·纳奎因(Susan Naquin)亲切地参与了我在高等研究院研讨会上的发言，并提供了深刻的反馈。柯伟林（William Kirby）邀请我在 2012—2013 学年作为访问教授在哈佛学习，陈蒙惠（Lydia Chen）和费正清中国研究中心（Fairbank Center for Chinese Studies）的工作人员为我完成文稿的修改提供了一个很好的环境。

在许多会议上，我尝试提出了这本书中的一些想法，并收到了一些非常深刻且有益的批评，那些给我提出批评和评论的人远多于我下面提到的人名。大卫·比格斯（David Biggs）、丽莎·布雷迪（Lisa Brady）、菲立浦·布朗（Philip Brown）、高燕（音译）、泰特·凯勒（Tait Keller）、艾曼纽尔·克里克（Emmanuel Kreike）、伊恩·J. 米勒（Ian J. Miller）、大卫·皮茨（David Pietz）、威廉·斯托瑞（William Storey）和朱莉娅·阿登尼·托马斯（Julia Adeney Thomas）的评论有助于我更好地开发并完善我的研究项目，理查德·塔克（Richard Tucker）从头到尾都支持该项目。宾夕法尼亚大学的安东尼奥费罗斯（Antonio Feros），耶鲁大学的濮德培（Peter Perdue），纽约大学的卫周安（Joanna Waley-Cohen），以及加州大学伯克利分校的叶文心邀请我就这项工作的部分内容发表演讲。感谢对这些演讲提供反馈的人：卡尔·阿普恩（Karl Appuhn）、莎娜·布朗（Shana Brown）、罗伯特·克莱武（Robert Cliver）、法比安·德里克斯勒（Fabian Drixler）、费思言（si yen fei）、冯筱才、贺萧（Gail Hershatter）、彼得·霍奎斯特（Peter Holquist）、布鲁克斯·杰塞苏普（Brooks Jessup）、瑞贝卡·卡尔（Rebecca Karl）、柯丽莎（Elisabeth Köll）、杨奎松、克里斯托弗·雷顿（Christopher Leighton）、麦金农（Stephen MacKinnon）、关文斌、牛大勇、尤金·帕克（Eugene Park）、史瀚波（Brett Sheehan）、马克·斯威斯洛基(Mark Swislocki)、陈颖佳(Ying Jia Tan)、王笛、蒂姆·韦斯顿(Tim Weston)、吴一立和司徒安(Angela Zito)。如果我遗漏了任何一个人，我一定会当面感谢他们。

几位同事阅读并评论了各章的初稿。为此，我要感谢柯博文（Parks Coble）、谢健（Jonathan Schlesinger）、萧邦齐（Keith Schoppa）和章凌（音）。班凯乐（Carol Benedict）、罗继磊（Peter Lavelle）、李丞浚（Seung–Joon Lee）、罗伯特·马克斯（Robert Marks）、马寇德（Edward McCord）、米华健（James Millward）、史蒂夫·菲利普斯（Steve Phillips）和宋怡明（Michael Szonyi）都慷慨地把整部手稿通读了一遍，并提供了深刻的见解，这对理清和加强我的论点大有裨益。我还要感谢剑桥大学出版社（Cambridge University Press）前匿名评论员威廉·筒井（William Tsutsui）和拉纳·米特的宝贵评论。我特别要感谢约翰·R.麦克尼尔（John. R. McNeill），他不仅阅读并评论了这份手稿，还在他的环境历史研讨会上号召他的研究生们也这样做。同样，我也感谢在我自己的课程中阅读了部分草稿的学生。特别要感谢克拉克·阿莱扬德林（Clark Alejandrino）、约翰·格雷戈里（John Gregory）、杰森·哈卢布（Jason Halub）、费萨尔·侯赛因（Faisal Husain）、罗宾·梅勒（Robynne Mellor）、沈玉斌、石悦和薛永乐(音)，他们中的大多数人承担了不止一次的阅读任务。所以，文章中如果还有错误，那我想，一定是我自己造成的。

ᐟᐟᐟᐟ

　　像往常一样，我一直得到父母和姐姐的支持。我的妻子郑铉（Jeong-Hyun）为我提供了坚持不懈的耐心和热情的鼓励。这本书是献给她的。

穆盛博（M. S. M.）
于华盛顿特区（Washington, DC）

译后记

穆盛博（Micah S. Muscolino）是西方世界颇负盛名的中国史专家，他毕业于哈佛大学历史系，现任牛津大学墨顿学院中国史教授。其研究兴趣集中于中国环境史，此前其撰写的《近代中国的渔业战争和环境变化》（*Fishing Wars and Environmental Change in Late Imperial and Modern China*）通过对舟山渔业史的考察，探讨了中国当下海洋生态问题的历史渊源。而本书是他关于中国环境史的又一力作。

本书借用生物学的"新陈代谢"概念来分析和考察军事系统在河南黄泛区获取能量和物质的过程，为"战争与环境"这一主题的研究提供了一个分析框架。具体来说，本书对中日军事力量争斗中豫东黄泛区的形成，军事活动对能量的榨取与河南饥荒的形成，两次难民浪潮及其对迁入地的社会和环境影响，难民返回与黄泛区重建，国共两党不同的抗日军事战略导致的生态结果差异等问题都有详实的论述。得益于穆盛博先生的学术影响力、所论述问题的重要性以及研究视角的独特性，该书遄一问世即很受关注，并出现了一些介绍和书评。① 事实上，在本译本问世之前，

① 中文书评参看张岩：《环境史视野下的抗战史书写》，《抗日战争研究》2016 年第 4 期。

中文世界或许就已经对于该书有所了解。我们只是希望我们的翻译能够使读者能够更清楚、更全面地把握该书的细节。

本书的翻译由亓民帅和林炫羽共同完成，林炫羽负责导论和第一至三章，亓民帅负责第四至七章、结论和档案目录、参考文献，以及最终统稿。我们并非相关领域的专业研究者，自知翻译存在诸多不足，其大者有二。一是原著中有很多词汇，我们并没有找到完全对应的中文词汇。如含义复杂的 Power 一词在原文中多次出现，大多数情况下，我们在翻译时选择了"力"作为汉语中的对应词汇，但个别情况下只能根据具体的语境作不同的处理。二是本书作者在书中引用了大量档案、报纸和地方文献等资料，受限于各种原因，我们在翻译时没能查找到其中一些资料的原文，只能将被作者翻译为英文的中文资料转译回来。这是我们最感遗憾的事。

另外，还有两个问题需要在此统一说明。第一，本文中出现的所有地名我们基本都沿用了当时文献中的原名，而没有阐述其后来的名称。这是因为在国民政府时期的行政区划中，这些地名出现了多次变迁，如果全部罗列，一来烦琐零乱，二来也易引起读者的误解。第二，除有特殊说明以外，本书中的币制单位，我们遵照了作者的写法，统一写成了"元"。但我们必须要明白，在 20 世纪 30 年代末至 40 年代末的这段时期内，国民政府（以及各地方政府）所发行的货币种类是多种多样的，各种货币的购买能力以及各地区之间的经济差异使得它们之间的换算较为困难，而 40 年代后期的通货膨胀无疑又加大了这个问题的复杂性。我们没有纠结于这个问题，一来是因为原书中，作者也没有对此问题进行明确的表述，二来这毕竟是一本环境史著作，本书的重点还在于讲好一个有关环境的故事，如果过分纠结于币值的问题，那就很可能会使其变成另外一个故事了。

亓民帅　林炫羽

出版后记

在过去漫长的历史长河里，人与河的关系，其实就是人与环境的关系。作为一本环境史著作，本书正是从这个角度出发，通过对1938年花园口决堤及其后续事件的描述，"试图解释复杂的历史进程是如何使得中国的环境成为今天的样子"。此外本书还创造性地引入了"能量流动"概念，这个概念为本书可以更好地厘清环境、军事、人类的种种关联提供了基本的理论基础。最后，从现实意义的角度去讲，我们希望读者在读完本书之后，可以对人与环境的关系产生更为深刻的思考。

另外，本书在编纂过程中也遇到了不少问题。其中最重要的就是，许多档案资料无法进行核对和考证，而只能在英文原著的基础上进行转述，这也是本书的一大遗憾。至于其他的一些问题，译者在译后记中都做了解释，这里就不多赘述了。编者水平有限，如有讹误，敬请指出，在此谨表谢忱。

图书在版编目（CIP）数据

洪水与饥荒：1938至1950年河南黄泛区的战争与生
态 / (美) 穆盛博著；林炫羽，亓民帅译. -- 北京：
九州出版社，2020.9
　　ISBN 978-7-5108-9288-2

　　Ⅰ.①洪… Ⅱ.①穆… ②林… ③亓… Ⅲ.①花园口
决堤事件—研究②中国历史—研究—1938-1950 Ⅳ.
①K265.220.7②K260.7

中国版本图书馆CIP数据核字(2020)第128595号

This is a Simplified-Chinese translation edition of the following title published by Cambridge University Press:

The Ecology of War in China Henan Province, the Yellow River, and Beyond, 1938 - 1950
ISBN 9781107071568

©Micah S. Muscolino 2015

This Simplified-Chinese translation edition for the People's Republic of China (excluding Hong Kong, Macau and Taiwan) is published by arrangement with the Press Syndicate of the University of Cambridge, Cambridge, United Kingdom.

©Ginkgo (Shanghai) Book Co., Ltd., 2020.

This Simplified-Chinese translation edition is authorized for sale in the People's Republic of China (excluding Hong Kong, Macau and Taiwan) only. Unauthorised export of this Simplified-Chinese translation edition is a violation of the Copyright Act. No part of this publication may be reproduced or distributed by any means, or stored in a database or retrieval system, without the prior written permission of Cambridge University Press and Ginkgo (Shanghai) Book Co., Ltd.

Copies of this book sold without a Cambridge University Press sticker on the cover are unauthorized and illegal.

本书封面贴有Cambridge University Press防伪标签，无标签者不得销售。

著作权合同登记号：图字01-2020-7103
审图号：GS（2020）5601号

洪水与饥荒：1938至1950年河南黄泛区的战争与生态

作　　者　[美]穆盛博 著　亓民帅 林炫羽 译
责任编辑　周　昕
封面设计　杨　阳
出版发行　九州出版社
地　　址　北京市西城区阜外大街甲35号(100037)
发行电话　（010）68992190/3/5/6
网　　址　www.jiuzhoupress.com
电子邮箱　jiuzhou@jiuzhoupress.com
印　　刷　北京盛通印刷股份有限公司
开　　本　889毫米×1194毫米　32开
印　　张　12
字　　数　200千字
版　　次　2021年3月第1版
印　　次　2021年3月第1次印刷
书　　号　ISBN 978-7-5108-9288-2
定　　价　68.00元

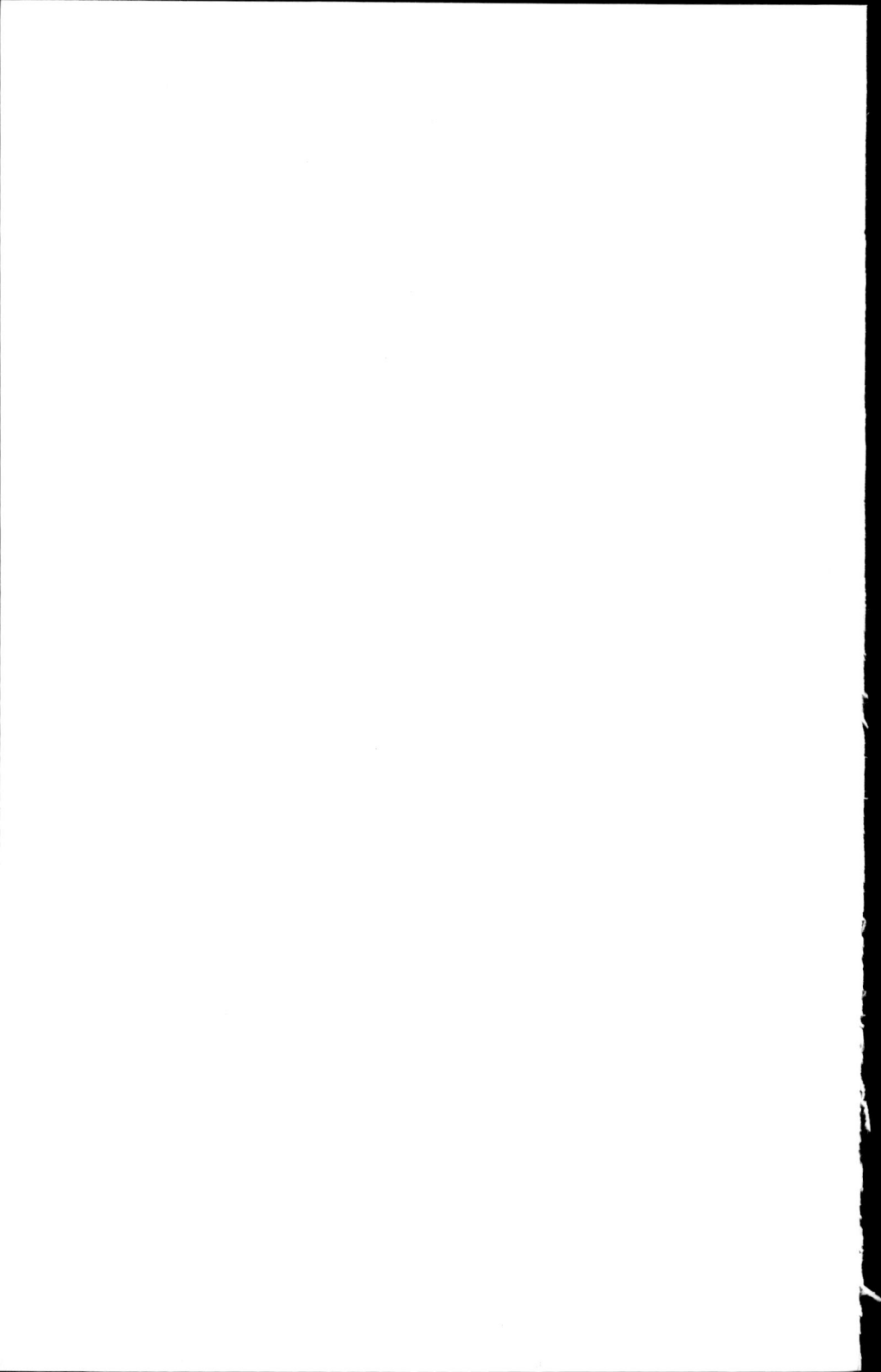